陈宝剑 主编

我在抗疫一线

北大选调生

SELECTED STUDENTS FROM
PEKING UNIVERSITY

I AM HERE IN THE
ANTI-EPIDEMIC FRONTLINE

北京大学出版社
PEKING UNIVERSITY PRESS

图书在版编目(CIP)数据

北大选调生：我在抗疫一线/陈宝剑主编. — 北京：北京大学出版社, 2020.6
ISBN 978-7-301-31384-8

Ⅰ.①北… Ⅱ.①陈… Ⅲ.①北京大学—毕业生—先进事迹 Ⅳ.①K828.4

中国版本图书馆CIP数据核字(2020)第131304号

书　　　名	北大选调生：我在抗疫一线 BEIDA XUANDIAOSHENG：WOZAI KANGYI YIXIAN
著作责任者	陈宝剑　主编
责 任 编 辑	郑月娥　曹京京
标 准 书 号	ISBN 978-7-301-31384-8
出 版 发 行	北京大学出版社
地　　　址	北京市海淀区成府路205号　100871
网　　　址	http://www.pup.cn　新浪微博：@北京大学出版社
电 子 信 箱	zye@pup.pku.edu.cn
电　　　话	邮购部 010-62752015　发行部 010-62750672　编辑部 010-62767347
印 　刷 　者	天津图文方嘉印刷有限公司
经 销 者	新华书店
	720毫米×1020毫米　16开本　26.75印张　510千字 2020年6月第1版　2020年6月第1次印刷
定　　　价	128.00元（精装）

未经许可，不得以任何方式复制或抄袭本书之部分或全部内容。
版权所有，侵权必究
举报电话：010-62752024　电子信箱：fd@pup.pku.edu.cn
图书如有印装质量问题，请与出版部联系，电话：010-62756370

本书编委会

主　　　编：陈宝剑
执 行 主 编：樊　志　陈征微
执行副主编：张　勇　张　雯
参编人员（按姓氏笔画排序）：

干雅岚	王　婧	朱蕴卿	任菲菲	刘元洋	刘心怡
刘东奇	安　芮	许文静	李佳曦	李　珣	杨淑榆
杨　森	杨善卿	杨薏璇	吴　扬	邹　杨	汪一诺
张　辰	张润芝	陈冰雅	林雨欣	周　伟	孟　畅
赵云鹏	侯梦旭	贺依林	贺　凌	袁苗苗	钱弘慧
崔君乐	崔嘉楠	程　杭	廉鹏举	谭舒眉	潘珏君
魏晓婷					

让青春之花在党和人民最需要的地方绚丽绽放
——写在前面的话

谁也想不到，2020年会迎头赶上一场如此重大的疫情。

还记得春节假期前，我和在基层一线摸爬滚打的北大学子聊天，他们说的最多的，还是村里的贫困户，以及大家伙怎么一起想办法蹚开脱贫路。"收官之年""小康社会"，是大家挂在嘴上、放在心上的热词儿。他们互相加油鼓劲，"都说小康看老乡，老乡看咱怎么帮"，找项目、引产业、走村串户、跑市场探销路，一个个忙得马不停蹄……

还是这样一群人，暂时放下帮乡亲们搭大棚的材料，拿起消毒液，戴上口罩，走上了抗疫的第一线。这回他们还有的说："没有健康，哪有小康""先排疫情这个雷，再搬贫穷这座山"……

这本书，讲述的就是他们的故事。平凡而伟大，普通而庄严。从他们的身影中，我读出了年轻一代的奋斗。他们，真是好样的！

他们有信仰。在疫情防控关键时刻，习近平总书记一个月内先后给在北京大学首钢医院实习的西藏大学医学院学生和北京大学援鄂医疗队全体"90后"党员回信，有力地激发了北大师生和青年一代担当民族复兴大任的信心与斗志。分布在全国29个省市自治区的1800余名北大选调生，以总书记回信精神激励担当作为，深入人民群众，同心战"疫",以决心书写了忠诚使命,以行动彰显了青春信仰。他们的青春在党和人民最需要的地方绽放出绚丽之花!

他们有理想。他们继承发扬了北大精神传统。作为中国第一所国立综合性大学,北京大学是马克思主义最早在中国传播的重要基地,也是五四运动的策源地,孕育形成了"爱国、进步、民主、科学"的光荣传统。从五四运动的"外争国权,内惩国贼",到改革开放的"团结起来,振兴中华",再到抗击新冠肺炎疫情中的"不畏艰险、冲锋在前、舍生忘死",赤子之心与家国情怀代代相承,谱写了爱党爱国的英雄篇章。

他们有本领。他们立志在扎根基层、服务人民中淬炼自己。习近平总书记曾谈到,"宰相必起于州部,猛将必发于卒伍"。基层作为国家治理体系末梢,是最需要人才的地方,又直接面对各种复杂矛盾,也是最能考验人、锻炼人的地方。学校加强就业引导,实施"红绿蓝"三色战略,每年都有一大批毕业生从未名湖畔走向城镇乡野,他们到条件艰苦的地方,以人民为师、与人民同行,接地气、通民声、悟国情,为群众做好事、办实事、解难事,在实践中不断积累经验、增长才干,在持之以恒的艰苦奋斗中提升了能力、施展了抱负、开创了事业。

他们有担当。经历风雨,使得热血青春更加闪光。实现中华民族伟大复兴,要有应对重大挑战、抵御重大风险、克服重大阻力、解决重大矛盾的心理准备,也迫切需要迎难而上、挺身而出的担当精神。疫情来袭,选调生不辞辛苦、日夜值守,及时将党和政府的声音传导到基层,组织动员群众做好防控,积极为群众排忧解难,抓实抓细网格服务管理,关键时刻冲得上去、危难关头豁得出来,为保护人民生命安全做出牺牲奉献,在时代洪流中砥砺斗争意志,在这次大考中向党和人民交出了满意答卷。

本书从第一人称视角，以青春故事会的形式，真实记录了100位"80后""90后"基层北大选调生代表一线抗疫的心路历程。在这场没有硝烟的战争中，他们以"越是艰险越向前"的英雄气概和"狭路相逢勇者胜"的斗争精神，经受了严格的思想淬炼、政治历练和实践锻炼。这些来自基层一线的朴实故事，蕴含了蓬勃的青春力量；他们的信仰追求、价值选择、精神状态，是新时代的青春故事，是扎实做好学生思政工作的宝贵财富，也让我们更加深刻地体会到——青年一代有理想、有本领、有担当，国家就有前途，民族就有希望。

"青春由磨砺而出彩，人生因奋斗而升华"。希望青年朋友们牢记习近平总书记殷切嘱托，内化于心、外化于行，在这本特殊"思政教材"中，找到自己的榜样和标杆，向他们学习，坚定理想信念，练就过硬本领，投身强国伟业，把论文写在祖国大地上，让青春在为祖国、为人民、为民族、为人类的奉献中焕发出更加绚丽的光彩，不辜负我们这个伟大的时代。

船的力量在帆上，人的力量在心上。此心何寄？当寄党和人民最需要的地方。

北京大学党委副书记、副校长
陈宝剑

目 录

等待春天◎蔡康强 / 1
我的抗疫记忆◎祁家宏 / 5
藏区防疫的一天◎熊雪宇 / 10
河西走廊战"疫"小记◎许伟民 / 13
直把他乡作故乡◎陈玉兰 / 16
我在新疆请战◎阿尔帕提·沙迪克 / 21
和乡党们在一起◎王晨曲 / 26
我的抗疫记忆◎李超 / 31
写给妻子的家书◎李瑞春 / 34
这片土地教会我的◎曾亮 / 39
抗疫向阳而行◎詹先辉 / 45
迎难而上与迎刃而解◎江山 / 50
8号门的守候◎孙宇 / 55
放不下的名单◎欧棣 / 59
守护家乡◎杜帅 / 63
有事就找坤◎李坤 / 67
难忘战"疫"每一天◎方俊钦 / 71
和社区居民在一起◎宋金芝 / 74
"核酸检测"的故事◎张洪涛 / 79
我的抗疫主战场◎程华 / 84

疫情期间的几通电话◎何茂增 / 88
做真正的北大人◎韩剑 / 92
月是故乡明◎吴疆 / 96
青年防疫突击队◎于京艺 / 100
"大家"与"小家"◎齐璐 / 104
社区防疫站岗记◎王泽强 / 108
共同守候春天◎张杰 / 113
华桥乡守卫记◎张建平 / 117
人间有爱◎姜研 / 122
那些可爱的人◎张治平 / 126
我是三原人◎周华庆 / 131
给母校的一封家书◎王子骏 / 135
医学生的"另类"抗疫◎张泸 / 138
筑牢防线的故事◎黄颖 / 142
与物资打交道◎杨茂 / 146
封在村外的村干部◎单光煜 / 150
战"疫"手记◎王宁 / 154
保安全也要保发展◎周福波 / 158
守"沪"春归◎诸颖 / 162
陪伴企业复工◎张玉哲 / 166
我的武汉记忆◎杨玄 / 170
从"1"到"0"◎温连奎 / 175
从"小家"到"大家"◎王惠敏 / 179
用心用情在一线◎董婧 / 183
防疫和扶贫◎周明 / 186
社区"顶岗"见闻◎邵子剑 / 190
疫情防控"督查员"◎涂明亮 / 195
板房时光◎刘现伟 / 199
养蚕里的"吐丝人"◎王茜 / 204
我们共同战"疫"◎戴亚中 / 208
蔬菜战"疫"一线◎王茹 / 211
终有雨晴时◎徐晓江 / 215

目 录

不孤独的逆行者◎李亚东 / 218
用参与去见证◎纳菡 / 222
"疫"散终有时◎杨松 / 226
拧紧防疫"螺丝钉"◎丁晓旭 / 230
在战"疫"中成长◎戴澧兰 / 234
一枝一叶总关情◎李兰英 / 238
两度连线两次充电◎上官淮亮 / 242
寸心在杨陵◎张伟 / 246
基层工作情理法◎吕思捷 / 250
逆行不只是我◎王柄焱 / 254
基层新人抗疫记◎孙经纬 / 257
疫情防控"排雷兵"◎郭倩玉 / 261
快乐"小米"服务一线◎米胜男 / 264
守望柏加花开◎李博涵 / 267
在深圳的湖北人◎朱懂斌 / 271
这次我来保护你◎施雅莉 / 275
心中涌动的热流◎张荷 / 279
梧州的冬天◎冉泽泽 / 283
疫情过后再订婚◎李文咏 / 287
"90后"随笔◎邢启磊 / 291
我在家里等你◎王雷振 / 296
有一种倔强叫逆行◎黄文慧 / 299
我在村里安了家◎朱春彪 / 303
村里的油菜花开了◎陈雯怡 / 307
疫情防控"多面手"◎魏忠凯 / 311
小弄堂没有"漂亮话"◎苏永宁 / 315
数院人的抗疫笔记◎张扬 / 320
燃起心中一团火◎李淑筱 / 324
战"疫"一线见闻◎王少川 / 327
战"疫"的日子◎高阳 / 331
守好一道门◎王斯佩 / 336
藏地日记◎钟昕锐 / 340

一路逆行一路坚行◎郭宁美 / 345

防疫的绣花针功夫◎程芷薇 / 349

数字背后的长岭岗◎向舒 / 352

界龙村抗疫小记◎张晨 / 357

成为一名"战士"◎魏天瑶 / 361

返工二三事◎朱家欣 / 365

这次换我来守护◎吕金童 / 370

虽远却近的我们◎曹珺然 / 374

体味幸福◎余冬安 / 378

和村民一起抗疫的日子◎唐阳 / 382

战"疫"心得◎沙迪 / 388

"浙"里的路上◎王壮飞 / 391

与贫困斗争◎靳高灿 / 396

勇敢战"疫"◎郭瑞丽 / 401

与子偕行◎李晓鹏 / 405

"新手"战"疫"小感◎华宇涵 / 408

后记 / 413

个人简介

蔡康强,四川广汉人,出生于1980年5月,北京大学法学院2007届硕士毕业生,在校期间获北京大学三好学生等荣誉。作为四川选调生,2008—2018年在成都市委组织部工作,响应成都市"东进"战略赴基层一线,现任成都市龙泉驿区同安街道党工委副书记、办事处主任。

等待春天

◎ 蔡康强

时间不等人

1月23日,今天是春节前的最后一个工作日。

如果是往年,这意味着我明天就可以回到久已未归的家中,看看老人和孩子的笑脸,尝尝妻子做的拿手菜。然而此次疫情来势汹汹,时间不等人,家庭的温馨幸福只能先暂时放到一边。

虽然早有预判,但在紧急召开的全区疫情防控会议上,我还是感到一些意外和吃惊——疫情蔓延的速度确实太快了。几天前街道已经做了一些准备,这让我的心里多少有点底。

会议结束的时候已经是傍晚了,我回到街道发现家家户户的桌上都摆起了热气腾腾的晚餐,这丰盛的饭菜正是春节的前奏。虽然不太忍心打破这种平静,但我还是立刻把街道的相关工作人员从家里召了回来,带着大家逐条分析疫情防控的重点难点。大家也没有埋怨我的"不近人情",都积极思考发言。

"防控物资必须马上动手准备。"

"'三无'小区的防控工作是难点。"

"辖区学校较多，相关预案必须尽快做好。"

……

经过一番讨论，我们很快理清了思路，并果断决定：迅速成立街道疫情防控指挥部，全体工作人员取消春节假期。

不够，还远远不够

1月24日早晨，疫情防控物资迅速到位。1万只口罩、150多支测温枪、20多吨酒精消毒液，成了我们扎进防控一线的有力武器。同时，机关全体工作人员和城管、综治巡逻队队员也以最快速度下沉到各小区，20多个学校和教育机构也都按照要求行动起来。针对防控难度较大的14个"三无"小区的64个单元出入口、66幢楼、12501名常住居民，我们采取集中打围、科学设置出入通道、网格化宣传管理的方式，提升防控效率。

但是，我的心里却一直有一个声音："不够，还远远不够。"

百密难免一疏，我做出了最坏的假设：如果现在辖区内已有尚不自知的感染者，我们应该怎么办？为了应对这种可能性，我决定把工作重点放到每一个居民小区的每一户家庭，而且必须带头组织力量挨家挨户上门排查登记，电话询问实在不能让我放心，必须得见着面才行。同时，我们还不能反复上门打扰，容易引起居民的抵触情绪，可以设计制定周全的信息采集表，一次性摸清摸准全部居民的相关信息。

很快,由街道、村(社区)志愿者和老党员等组成的87支排查队就开始了"扫楼式"的见面摸排工作,也肩负起宣传动员的任务,直接把疫情防控的最新政策要求传达到每一个居民。

此时,另一个问题出现了:有的人就是不听劝,怎么办?这个问题我也不是第一次在一线工作人员的口中听到。其实我在走街串巷巡查的时候,也会遇到一些没戴口罩四处闲逛的老人。面对这些老人,我就把他们当作是自家长辈,耐心地劝说,他们最后还是会理解的。于是,我就对一线的工作人员说:"接着劝,咱是为他们好,耐心点,他们总能明白。"

精 准

今天是1月29日,街道工作人员的一切努力都没有白费,短短几天的时间,街道3万多户9万余人的相关情况就摸清了。街道的交通要道和小区出入口也都设置了检测站,大家既当"守门员"又当"宣传员"。同时,我们也积极同商户联络,和他们一起想办法、找渠道,共渡难关,保证疫情期间的物资供应和市场稳定,"既确保防控效果,又方便群众生活"。

而此时的疫情防控形势也在不断发生着变化,我们的防控重点也必须要随之转移,于是"精准"成为关键词。最重要的是及时准确地领会上级精神,这样最新的防控政策和措施才能迅速落到实处。

大大小小二十几次的疫情防控工作例会已经成为我们的家常便饭,也确保了我们的工作和上级要求及防控形势保持高度一致。

春天确实来了

提笔写下这段文字时,已经是3月16日。

这段时间我心中的焦虑和不安稍有缓和,但是却不敢有丝毫的松懈,因为新的挑战已经随之而来了。中央和省市区都要求疫情防控和经济建设两手抓、两手硬,辖区企事业单位的复工复产和辖区学校的复学就成为工作的重中之重。

企事业单位和学校紧缺的防控物资该如何补充?企业工厂开工后,原料采购的渠道如何保持畅通?疫情形势缓和后,群众的防护意识麻痹和松懈如何解决?面对这些问题,我们主动联系各企事业单位和学校,换位思考,急人之所急,想人之所想,通过赠送防控物资、提供采购渠道、搭建供需平台等方式,化解了校企单位的燃眉之急。此外,我们还向各个单位提供了其他地区的优秀防控经验,以便其参考。

终于,街道内 25 个建设项目都安全复工,与此同时,几个年度重大项目也都有条不紊地动了起来。

今天上午,我们同安街道自疫情以来第一次召集全体人员安排部署工作。回想起这场疫情防控阻击战的过程,回想起一沓沓居民信息采集表、一场场疫情防控工作例会、一天天高居榜首的微信步数、一次次不厌其烦的劝说,还有不曾散去的酒精气味和眼镜上的水汽,我激动地对大家说:"只要咱们继续做好周全的准备,把工作干到位,咱们一定能取得最后的胜利!"

此时的窗外,阳光洒满大地,春天确实来了。

祁家宏，重庆开州人，出生于1982年12月，北京大学软件与微电子学院2010届硕士毕业生，在校期间曾担任北京大学第30届研究生会副主席。作为重庆选调生，2019年10月任重庆市巴南区一品街道党工委副书记，曾受区委区政府嘉奖五次，记三等功一次。

我的抗疫记忆

◎祁家宏

办公室的年历翻过两页，疫情总算慢慢好转。静下心来想想这"兵荒马乱"的两个月，我好像忘记了很多，又记起了很多。

怕

怕，是疫情期间时刻涌上心头的感觉。

首先，是怕大家感染。

疫情发生后，市场是人群最密集的高危场所，必须进行临时封闭管理。我们第一时间发布了取消赶集的公告。

但是，群众的习惯短期内改不掉，每逢尾数3、6、9的赶集日，还是会从四面八方赶来，我们只能不停在人群里穿行维持秩序。从早上五点半一直到晚上最后一个摊贩离开，"一天一小考，三天一大考"。

最让人心急的是，一些群众怎么都不愿意好好戴口罩，有的把口罩开个小洞用来抽烟，有的戴口罩露鼻孔透气，还有的试图拆开临时围墙"越狱"逃避测体温……没办法，我和同事们只能打起更足的精神来盯着，丝毫都不敢放松。

怕，还怕自己倒下。

在社会面排查和市场管控的过程中，我不得不长时间密集接触人群，而最开始，我们所有的"战斗装备"不过是一只普通口罩。

不得不承认，有些时候我很害怕，特别是接触疑似发热人员和外来人员后。2月10日，有消息称一户武汉回来的居民发热，还跟多人聚过餐，必须马上过去了解情况。我记得，上门排查密切接触者的时候，我的汗不停地从头上渗出来。

从那天开始，我在办公室睡了好几个晚上，怕回家给家人带来感染的风险。爸妈打电话来，我又不敢让他们担心，只得推说工作太忙，懒得回家。有那么一刻，我担心自己万一感染了、回不去了，该怎么办？虽然知道疫情可控可治，但人性的畏惧还是难免。

但是，在这种关键时刻，一线必须有人坚守。我知道，即使害怕，我也必须硬着头皮扛下来。

冷

冷，是这次战"疫"最深入内心的记忆。

大年初一，我们按要求在所有交通路口和公路客运站设立临时卡点，实行 24 小时值守，对所有经过车辆消毒，对所有人员测体温和实名登记。

此时正是重庆阴冷多雨的季节，在户外站一会儿就浑身潮湿，从头到脚透心凉。我值守的客运站，虽然不用淋雨，但候车厅前后通透，过堂风吹得冰凉刺骨，开着"小太阳"也起不了多大作用。

村里省道、乡道卡点形势更严峻，在野外路边值守，晴天一头灰，雨天一身泥，晚上被山风吹得"东倒西歪"。临时搭建的帐篷四面透风，在里面休息还经常需要到外面去"暖和一下"。

到了吃饭的时候，更是"八仙过海，各显神通"。

高速路卡点，一人一个栏杆墩子，一字排开吃盒饭；野外卡点，石头、桥墩、树桩就是我们的饭桌，各种各样的高难度动作，看着既好笑又心酸。即使做着这样的高难度动作，大家还是一个比一个吃得快，否则吃饭的速度就赶不上饭菜"凉凉"的速度了。

这期间，由于每天要洗很多次手，喷很多次酒精消毒，我的手上裂了很多口子；头发像枯草，脸上还不小心被口罩划破了，寒风一吹，嘴都咧不开。可即便这样，我也不知道从哪里来的精气神，每天都想冲在最前面。同事们都笑我是"越吹越精神"。

就是在这样的环境中，我和街道、村居干部以及志愿者坚守了六十余天，检查了 26786 台车辆和 50569 人，无一起失误，辖区无一例确诊。

愁

说到愁，最愁的还是和"不配合"的群众"讲道理"。

3 月 6 日，一位年长的村民在没有佩戴口罩的情况下，不顾工作人员的阻拦，硬闯菜市场，不仅大吵大闹，还抓伤工作人员。得知消息后，实在没办法，我们只能让他在派出所先冷静一下。

我决定和他从孩子聊起："万一大家都不戴口罩，病毒传染开，你家小孩也没办法置身事外是不是？"看他仍然无动于衷，我想起了在农村的工作经历，农村就怕丢人。于是，我又和他商量："你要是态度好，保证今后不再这么干了，我们就不通报到你们村，可以保证你绝对不会丢面子。"听到这里，他才逐渐缓和态度，愿意接受我们的批评教育。

还有一次，一家烧烤店刚恢复营业，就在深夜被群众举报只顾生意、不管防控，造成大量人员聚集。我赶到现场后发现，不到 20 平方米的小店已经人满为患，食客们正推杯换盏，大快朵颐。见此情况，我立即联系防控人员到场展开疏散工作，将人与人、桌与桌拉开距离。此时，一个小伙子口罩戴在头顶，满嘴油光，大声嚷嚷："你们还让不让人活了啊，憋了这么久，还不让人好好吃顿肉吗？"

对于这种情况，我心里虽然觉得委屈，却也有些习以为常，耐着性子，慢慢和这位小伙子探讨：到底是吃肉重要，还是安全更重要。经过几个回合的"辩论"，最后总算得到了他的理解。

难

以前没想过，疫情期间最难的事，竟然是签名。

随着疫情逐渐好转，组织辖区 103 家企业复工复产，成了压在我肩头的一座大山。最大的压力，就在于我要对每个企业能否复工、每名员工能否上岗进行审批，对复工后生产行为是否达标进行评估，并最终签字同意。

这一笔签下去，是沉甸甸的责任。可以说这是迄今为止，我人生当中最艰难的一百多次签名。

一百多家企业，经营情况各不相同，管理水平参差不齐，员工来自天南海北，再加上有的企业责任心不强，甚至想打马虎眼钻空子，审核难度可想而知。而企业提交复工申请，当天必须完成资料审核，次日必须给出结论。没办法，只能熬夜赶工。

就这样，我在办公室度过的多个不眠之夜，换来了现在辖区内所有企业的有序复工，同时没有出现一例确诊病例。

暖

尽管又"怕"、又"冷"、又"愁"、又"难"，但我还是迎来了最"暖"的春天。

企业虽然复工了，但受大环境影响，要恢复生产水平还是困难不小。一家企业因为人手不足，甚至自己到市场门口贴小广告招人。还有的企业忙中出错，不认真参加培训，用84原液消毒结果腐蚀了不少设备，老板"一脸懵"。有的安排专车去外省接员工，忘了跟员工分开食宿，结果回来自己也被隔离了14天。

为了帮他们解决难题，我们想了不少法子：争取政策扶持，帮企业办理通行手续；把企业复工复产与脱贫攻坚、稳就业结合起来，举办特别招聘会……最后，我们帮助30名建卡贫困户、受疫情影响没能外出务工的农民工找到了工作，也缓解了企业用工之急。之前到处贴小广告的企业负责人专程来感谢我们，一遍一遍地说："关键时刻，还得靠政府。"

从大年初一到现在，不知不觉已经连续战斗了六十余天。回想这些天的工作，最让我暖心的还是一条微信语音。

一个小企业因历史原因被罚款20万，追加滞纳金20万，面临强制执行。企业本就运转困难，疫情期间更是无力支付。业主是个单亲妈妈，当她带着儿子，和着满脸油污与泪水出现在我面前时，我的眼泪也跟着打转。我跑了很多单位，总算帮他们渡过了这一关。

"祁书记，真的感谢你这么关心我们，那么忙还要为我们跑上跑下，我们一定好好干，把厂子运行下去。"

听到语音的那一刻，我意识到，一切付出都是值得的。

个人简介: 熊雪宇，四川凉山人，出生于1983年10月，北京大学物理学院2015届博士毕业生。作为四川选调生，选择赴藏区，曾在甘孜藏族自治州人民政府办公室工作，现任泸定县烹坝镇党委副书记、镇长。

藏区防疫的一天

◎ 熊雪宇

我们镇目前没有确诊病例，我们县也没有，但是由于地处交通要道加之外出回镇人员较多，疫情防控形势依然严峻、压力依然很大，现在正是最吃劲的时候。县委县政府已进行全面部署，我们的任务就是抓好落实。当前，核心是做好科学防控、群防群控，要围绕控制传染源、切断传播途径、保护易感人群、及时上报信息来组织施工；关键是要有效动员群众，细化强化措施，压紧压实责任，做好督查督办。

上　午

在镇上处理完工作后，我便马上起身去村里。

先是到设在我镇的县级卡点了解卡点运行情况和人员流动情况，加强输入性风险研判和控制。随后，去喇嘛寺村查看工作开展情况。

六公里的上山路比较颠簸，速度快不起来，正好可以想想几天来该村的工作情况。村两委及党员干部尽心尽力、担当作为，村民主动防疫、积极配合，但是仍然有问题和不足：宣传动员还有不够深入的地方，对新增的可能的传染源还没有及时排查到位，切断传播途径的措施还不够细化、不够管用，村民预防意识还需提高。

到村后,先到卡点看了进出人员登记情况和通行证管理情况,上次登记不规范、管理不到位的情况已经整改到位。再沿村道小路看了村里的情况,公告、方言版劝导词在不停播放,标语、横幅、通知悬挂张贴位置比较醒目,微信宣传比较及时有用,宣传资料村民都拿到了,但有些家庭还没有打开看过。

之前村民反映的"宣传资料多、防控要求多,信息零碎,每天看不过来,看了也记不住、记不全"的问题,通过签订一份简明的承诺书(一页纸的承诺书上简洁明了地把核心的防疫知识、关键的防控要求体现出来)的办法得到了一定程度的解决,也增强了村民的防疫责任意识。但是部分家庭的老年人、小孩对承诺书上要求的内容还不熟悉,家庭内部的防控管理还需加强。

之前通过各种渠道争取到一些防疫物资,今天给贫困户、困难户分发部分口罩。疫情发生以来,他们基本上都还没有达到人均有一个口罩。在之前各种宣传的基础上,今天和他们聊了疾病预防和增强免疫力的重要性,聊到了合理膳食、适度锻炼、保证休息、心情舒畅有助于提高免疫力和抵抗力,减少基础疾病。

"预防是最经济最有效的健康策略。"要求村两委要进一步引导村民建立疾病预防的理念,重视通过增强自身免疫力来预防疾病,要借助疫情防控时机,加强相关科学知识普及,引导村民养成健康的生活习惯,摒弃乱扔乱吐乱倒等不文明行为,提升公共卫生意识,促进乡风文明。

下　午

参加疫情防控视频调度会，会后安排有关工作，到沙湾村查看工作开展情况。

村上巡查队、喇叭喊话作用发挥较好。部分村民不理解为什么有这么多次排查，"你们排查了一遍又一遍，为什么还要排查"，和他们交流沟通做了解释。我们来了解大家的旅居史和检查身体状况，就是想间接地找出可能的传染源，然后提早管理好；直接地找要用核酸检测，现在做不到每个人都检测，所以我们要做大量的排查，确保及时掌握动态的情况，请大家理解支持。交流之后，村民表示可以理解并将积极配合。

看望了外地回来的居家观察人员，交流沟通和要求他们要增强信心，提高责任意识，积极配合，做好家庭内部隔离，防止交叉感染，家庭成员与外界交流要保持足够的距离，防止向外扩散。

和村民探讨了自制布口罩的方法，在当前买不到口罩的情况下，鼓励自制口罩来做好初级防护，推广好的制作方法。向村民推介了一些好的电影电视节目和网络资源，鼓励村民注册网店，学习网络销售，引导村民用好网络，待家里，少外出。

晚　上

到烹坝村查看工作开展情况，处理文件资料。

卡点工作人员全部在岗，运行规范。部分老人、小孩和独居户自我防范意识还不强，需要根据村民喜好和接受情况，做好分类精准宣传，有序递进宣传，提高宣传的针对性、有效性，打牢疫情防控的基础。一些测温枪测量不准，可通过对比校准增加测温准确性，网格员巡查时间、网格划分疏密还可进一步优化。

回到办公室后，阅读处理有关文件，学习疫情防控新要求，了解疫情发展情况。梳理上级的安排部署和指示要求，结合今天收集的各村存在的问题，整理研究，进一步补短板、堵漏洞、强弱项，做好后续的工作计划，准备好明天的工作。

疫情尚未结束，我们务必继续努力，守土负责，守土尽责。

个人简介

许伟民,山西大同人,出生于1984年6月,北京大学软件与微电子学院2013届硕士毕业生,在校期间获北京大学三好学生标兵等荣誉。作为甘肃选调生,先后在金昌市多个工作岗位锻炼,现任金昌市团委副书记,永昌县河西堡镇党委副书记、镇长。

河西走廊战"疫"小记

◎ 许伟民

绵延千里的河西走廊上,有座赫赫有名的乡镇,叫河西堡镇。这座乡镇位于金昌市区和永昌县中间,兰新铁路从这里经过,金昌市火车站也在其境内。这里,被称为河西走廊"工业第一重镇"。

最辉煌的时候,永昌县地方财政税收的近七成都来自这个乡镇,即使是承受着转型升级压力的当下,河西堡镇依然承担着全县财政税收的近六成。疫情来袭的时候,除了防疫压力,这里还背负着沉重的经济压力。

1月22日,疫起风寒

上午,抽空走访了镇上热力、环卫、消防部门,给辛苦劳作了一年的职工们道谢,也送上新春的祝福。祝福完别人,自己也觉得喜悦,这一年,快到头了。

喜悦的气氛还没淡去,紧急通知就从市里传来。市领导检查火车站防疫工作的时候提到,全国确诊感染人数已经突破了400人,我们要对湖北,特别是武汉驶来的列车进行测温登记。我们的防疫战正式开始了。

八位乡镇公职人员负责测温登记,六位民警负责维持秩序,两位火车站工作人员从旁协助,这是我所有的兵。而我们的武器,是从镇上药店买的三把测温枪、两包口罩。

晚上 8 点 44 分，Z231 列车缓缓进站。我们这十几个人，平静地等候在出站口处，等待第一批乘客涌出。

下火车走到出站口需要几分钟时间，这是我此生经历的最漫长的几分钟。

这列火车途经武昌和襄阳东，谁也说不好下车的乘客里，是否有病毒携带者。我仿佛能看到未知的危险在慢慢向我们走来，但我们必须站牢站稳，一步不退。

对 Z231 列车下车的 72 名乘客进行测温登记，整个过程历时一个多小时。

所有工作结束的时候，大家沉默不语，却相视而笑。

我们开启了河西堡镇的防疫战，我们战胜了恐惧，坚守在这里。

2 月 5 日，冒险接车

13 点 52 分，看着那辆"鄂 K3303 挂"货车通过消毒通道驶入高速，我悬着的心终于放下了些。心里仍默念着"进来的时候测温、检疫、消毒，四个多小时的卸车过程，司机和随车人员始终没有离开驾驶室，应该不会出问题的"，不断给自己宽心打气。

昨夜，一阵急促的手机声，中断了久违的踏实睡梦。

"县里的疫情防控 8 号公告说得很明确，对于外地来的湖北籍车辆一律劝返，这是再次请示高速卡口处交警得到的答复……"瓮福公司郭主任在电话里着急地说道："如果明天这车原料运不进来，整个厂子就得停产，这可关系到全厂人的生计呐，你们再帮想想办法吧！"

本来还睡眼惺忪的我，一下子清醒了。

"我听明白了。当前疫情防控是大事，但企业运转也不能不顾，我们再想想办法……"

这是件棘手的事。当防疫与厂子工人的生计撞在一起，哪一样我们都不敢大意，也不能大意。连夜跟书记商议，上报请示。第二天一早，镇上开了专题会议，研究接车方案。

我又要与湖北驶来的车辆正面接触了。由我负责，包含政府、交警、公安、医疗、企业等单位工作人员的接车专责组严阵以待湖北原料车的到来。

然后，就有了开始那一幕。

3月9日,开工大吉

今天,是个值得庆贺的日子,园区第一个新项目开工了。

河西堡镇是个工业镇,昼夜不停的生产线给这座小镇带来了营收,带来了活力,而疫情却给这里按了暂停键,这座镇子仿佛被冰封在了这个寒冬里。

如今,冰终于开始慢慢融化了。

驻镇的4家市属规模以上企业全部复产,21家县属规模以上企业复工了20家,不少中小企业也正走在复工复产的准备之路上。

瓮福公司或许是由于那车原料的及时供应,维持了正常的生产和运转。这家公司,在春耕备耕的关键时期,满足了全省乃至整个西北地区的春播化肥需求,把疫情的影响阻断在冬季,为春耕和秋收提供了保障。

一家家企业的复工,是河西堡镇在防疫和经济发展之间的艰难平衡,也是疫后恢复经济生产的有效努力。凝滞的空气渐渐开始流动,我感受到了生机重新降临。

就在今天,河西堡化工产业园东大山综合服务项目正式破土动工。奠基仪式上,大家都戴着口罩,遮了大半张脸,但遮不住喜上眉梢。

这个特殊的时候,项目的动工仿佛不仅是破土,还是破疫。大家都期待着,期待着这片土地上因为疫情被冰封的生产力,在春天来临时开出更鲜艳的花朵。

个人简介

陈玉兰,山东五莲人,出生于1984年6月,北京大学马克思主义学院2017届博士毕业生。作为山东选调生,先后在德州禹城市十里望回族镇及禹城市教育和体育局挂职锻炼,2019年志愿留任基层,现任齐河县晏北街道党工委副书记、办事处主任。

直把他乡作故乡

◎ 陈玉兰

己亥年的除夕本应是一个普通的跨年夜。临近年根,我几乎已经看到,2020年在稳稳地向我走来。唯一与往年不同的是,由于刚到基层任职,担心辖区内有什么突发事件,所以今年第一次没回老家。

当时的我并不知道,这个除夕注定不同于以往。

第一个不回家的春节

36岁的人生中,这是第一个没有父母陪伴的春节。我努力忽视心底的一些遗憾和想念,若无其事地计划着大年夜的过法:包饺子,吃年夜饭,带孩子到楼下看烟花。

尽管疫情的持续扩散已经让我心里绷紧了弦,但在阖家团圆的日子,我还是努力装作若无其事,尽量让丈夫和孩子,过一个如往年般幸福的春节。但疫情显然并不打算让我如愿。

年三十夜里七点多,我接到领导打来的电话:辖区内出现了一例新冠病毒性肺炎确诊病例的密切接触者。我洗掉手上沾着的面粉,穿上外套就奔出门。

宽宽的路上,没有人。偶尔遇到一两个晃动的人影,走近了一看,是民警,是医生，是街道干部。我们接到了同一个通知，正在奔向同一个战场，灯火阑珊当中，突然有了遇见"战友"的踏实感。

出现了密切接触者，怎么办？必须严格隔离，进行医学观察。那么，问题也随之而来。隔离期间他的生活怎么保障？大过年的他不配合隔离怎么办？还有没有其他的密切接触者？他的家人是否需要密切关注？会议室里，讨论声此起彼伏，讨论工作方案取代了看春晚、抢红包、互赠祝福，成为我们这群人，这个大年夜里最深的记忆。

天亮了，工作也陆续开展起来。摸底湖北返乡人员成为摆在面前的新难题。外出打工一年，趁着春节团圆回来看看父母兄弟，会会老友亲朋，热热闹闹地、欢欢喜喜地、轻轻松松地、舒舒服服地。可一旦被确认是湖北返乡人员，势必要闭门谢客，严格隔离，不仅生活不便，过节的气氛也荡然无存。于是，大家不想、不愿，而我们的工作也陷入难解和难办的境地。

怎么办呢？同事们一边继续上门跟湖北返乡大伯掏心窝子、打消顾虑，一边启动了大范围、接地气的宣传。

横幅、传单、广播、公众号，我们尝试了能想到的所有方式，迫切地向民众传达疫情的紧张和我们的担忧。好在，工作起了效果。

"我真是不忍心再看你们这么来回折腾了。我承认了吧，确实去过，之前害怕被隔离，所以一直不说。"当我们第四次上门去做返乡人员登记的时候，大伯终于松了口。我们清楚他的顾虑，也理解他的担忧。尽力保障他的生活，帮他解除后顾之忧，是我们能做也想做的事。

"刚出锅的馒头，你们一会儿尝尝"

无数个在抗疫一线的日夜，我最惦记的、想起来就揪心的，除了大大小小、村村必备、在寒风里日夜坚守的劝返点，还有那些原本就不富裕，甚至可以说很困难的家庭。

虽然说病毒面前人人平等，但疫情袭来的时候，往往越脆弱的群体越容易受伤。辖区里的困难家庭，我在心里码了一遍又一遍，打算着什么时间可以去挨户走走，计划着能给他们带点什么。

"不用担心我们，现在这么紧张，你们安心工作就行。"看见我和同事行色匆匆地赶来，两位年近七旬的老人显得很高兴，又有点无奈。他俩带着我们去看年前发放的困难户物资，指着米面告诉我们饿不着、吃不完。老太太在房子里四处张望，想找点什么拿给我们吃，扫过灶台的时候，眼睛一下亮了。“锅里正蒸着馒头，你们一会儿尝尝！”

在农村里，过年蒸馒头是大事，鼓鼓的馒头是一年到头辛劳后的丰收，是正月里招待亲友的食粮，更是对来年好运气好收成的向往。而能尝到刚出锅的过年馒头的，都是家人。

我们多想能在这儿多坐一会儿，陪着两位老人等着开锅、停火，等着馒头出锅。村里的老人们总是朴实而善良，儿女不在身边，就拿我们这些常来常往的陌生人当亲人。但肆虐的疫情，让我们无法安心待在这片温暖的小天地，我们细细叮嘱他们防范疫情、不要出门，然后带着被这份馒头情谊填满的心，再次走进寒风里。

村里还有一户残疾夫妻，年前刚刚添了二胎。本是喜上眉梢的好事儿，却因为疫情成了难事儿。道路封堵、商店关门，消耗很快的婴儿用品没了着落。我和同事们联系，打听靠谱渠道、确定采买数量、解决往返交通、筹措资金保障，担任起了婴儿用品采买专员的角色。每次去送物资，看着他们哄睡小孩，轻声细语地跟我拉家常，心头都会涌起一股非常难得的平静和柔和。

自从疫情暴发，我无时无刻不处在焦虑和担忧当中，总是奔走在路上，总是在处理突发和紧急状况，这种无处释放的压力，这些无处言说的委屈和煎熬，神奇地在这个家里、这个奶娃娃面前消逝。小宝宝咯咯的欢笑、夫妻之间不言自明的扶持和关爱，仿佛在说，不管外面怎么变化，只要家里人都在，生活就可以继续。

每次从他们家走出去，我心里想要守护更多家庭宁静祥和氛围的信念，就会更坚定一分。

我成了家里的旅人

"你快吃，吃完赶紧去吧。"

"村里没路灯，晚上太黑了，我送送你。"

"妈妈，你又要走吗？"

"妈妈，你什么时候能陪我玩呀？"

疫情暴发以来，这是我跟丈夫、跟儿子最常发生的对话。我的工作地点，最远处距家也不过几千米，但我却成了家里的旅人。

对于我的行色匆匆、早出晚归，爱人从来没抱怨，而是默默帮我把一切都准备好，把家里照顾好。每次送我出门前的对视，我都能从他眼里读出没说出口的担心，和始终如一的支持。

但，五岁的儿子还不太懂。

他不明白新型冠状病毒是什么，不知道为什么连以前一周只有一天跟妈妈在一起的时间也没有了，不理解别人家的妈妈最近都在家陪着孩子，怎么自己的妈妈反而更忙了。我没有时间，也没有力气去跟他慢慢解释，总是安抚一句就匆匆出门，还是孩子的爸爸有办法。

他网购了一台显微镜，带着孩子在家读科普读物、看细菌。不知道他跟儿子经历了怎样的对话，但现在的儿子已经能够像个男子汉一样，在我上班前叮嘱我戴口罩，许诺我在家会好好听话。

疫情暴发直到现在，在"守小家"和"顾大家"之间，我一直坚定地选择后者。因为我知道，就像歌曲《国家》里唱的，"家是最小国，国是千万家"，有大家的安全，才有小家的安宁。但也会有一些时刻，面对爱人和孩子，会生出很多很多的内疚，很多很多的抱歉。

一个多月以来，我用口罩作为自己全部的防疫装备，走遍了辖区内所有的村庄、社区；用嘶哑的声音开过无数的会，安排部署防控工作；挑灯夜战看完了所有的文件，确保落实落细上级精神；朝思暮想思虑了所有的防控方案，确保无一遗漏；事无巨细安排了所有的工作，确保不留死角。

一个多月以来，我从无数普通人身上汲取了力量：他们在隆冬半夜坚持在村头值守，冷了就把手缩进袖子里，饿了就掰块方便面；他们顾不上自己家的老人和孩子，去照顾别人的家人；他们哪怕在隔离期间，也努力料理好自己，不给工作人员添麻烦；他们煮好了热汤热饭，出来送给防疫工作人员。

疫情确实冲散了这个春节的年味，但人情味还在。邻里互助、彼此守望、互相体恤，一点心意、一声问候、一片支持，哪怕在最艰难的日子里，这些生活中细碎的瞬间，依然让我觉得心暖眼热。

这是最冷的一个隆冬，也是最暖的一个春节。

个人简介

阿尔帕提·沙迪克，新疆奇台人，乌孜别克族，出生于1984年9月，北京大学公共卫生学院2011届硕士毕业生。作为新疆选调生，先后在多个岗位锻炼，现任乌鲁木齐高新技术产业开发区发展和改革委员会发展规划科科长。

我在新疆请战

◎ 阿尔帕提·沙迪克

怀揣着对新年的美好期盼，迎来了农历庚子鼠年。

但疫情的突然暴发冲淡了浓厚的节日氛围。面对充斥在网络和电视上的各种疫情动态，身为一名"公卫人"，我在家里如坐针毡。

遏制疫情蔓延势头，离不开对疫情前线流行病学的调查研究。临床医务人员直接面对患者，我们"公卫人"也要以自己的方式战"疫"。

我迫切地想加入到疫情防控队伍中。1月26日，在家人的大力支持下，我主动向区委递交了请战书。

持久战：为了最初的理想

1月27日，这是我递交请战书的第二天。

夜里九点半，我接到了来自区委的工作安排。组织通知我前往区卫健委，支援疫情防控指挥部医疗救治疫情防控组，尽快投入工作。

时间紧张，我立即动身。

妻子和孩子还没睡，送我到门口，神色有些担忧。女儿紧紧攥着我的手指，我安慰道："别担心，爸爸很快就回来了。"

晚上十点,我来到区卫健委报到。

大年初三的夜,办公大楼仍灯火通明。楼里工作人员依然在研判疫情、调查排摸,一切都在紧张而有序地进行中。这样的工作氛围很快感染了我,我似乎看到了当年那个决心填报"预防医学"专业的蓬勃少年。

看着周围忙碌的同事,我也迅速投入到准备工作中去。我找来两份近期的重要指导文件:《关于加强新型冠状病毒感染的肺炎疫情社区防控工作的通知》和《国家卫生健康委办公厅关于印发新型冠状病毒感染的肺炎防控方案(第二版)的通知》,通读之后对于疫情的应对思路有了大致的了解,当然也更加感受到了此次疫情的严峻。

不多一会儿,大概十一点左右,有人来通知:"情况紧急,接下来两个月可能都回不了家了,待会儿大家回家收拾点行李,明天早上带过来。"

我听了心里一沉。疫情的严重程度还是远超我们的想象。

回程的车上,我思虑着无法回家的这两个月,对妻儿的挂念和与疫情战斗的激情在我心中交织。

电台里正在播放水木年华的《为梦而生》。

"压抑在心里的那一种莫名感动,在深夜里一遍遍敲打我的灵魂,为梦而生,一生为梦而活着,我不要无所谓的存在过。"

这句歌词仿佛唱出了我此时的心情。尽管毕业后的这些年,我都没有从事"预防医学"专业相关工作,但"公卫天下、天下为公"的谆谆教诲从来也不曾遗忘。

携起手：直至最后一刻

乌拉泊是进入乌鲁木齐和北疆地区的分水岭。为了有效防控疫情蔓延，这里建立了一个重要的疫情监测点。

1月28日，我大清早就收拾好了行李，告别了妻子和女儿，同其他工作人员一起回到了卫健委大楼。

为了动员更多人参与到这场疫情防控阻击战中来，团区委线上发布了招募青年志愿者的公告。这份公告迅速在乌鲁木齐市各界青年中传播开来，很快就收到了170余名各族青年志愿者们的"请战书"。

当前，集中医学观察点、重要交通卡点、卫生系统相关部门的工作力量十分紧缺，我们根据志愿者们职业、特长制定了详细的分配方案，确保志愿者们的工作热情不受打击、工作特长充分发挥、工作安全全面保障。

下午四点半，我带着首批24名志愿者驰援乌拉泊监测点。

领取防护服、口罩、鞋套和笔后，我和志愿者们一起接受了当地工作人员的简单培训，之后便迅速投入到了工作中。

1月底的乌鲁木齐依然处在寒冬里。乌拉泊的风很大，室外温度接近零下20度，电子测温枪被冻得失灵。我们只好把它揣在怀里捂热，用的时候迅速抽出，用完消毒后再赶紧放回怀里。

条件艰苦，大家自动每隔两个小时就轮班，轮流到暖房里取暖休息。食物也很紧缺，一天下来，我们都只吃了些泡面和饼干。

夜里，一辆车抵达了监测点，从车上下来的工作人员提着几个包裹，远远就招呼我们："大家辛苦！给大家带了些盒饭来，吃点热的！"

我们忙迎上去，原来是团区委关心我们条件比较困难，特意派人送来了可口的饭菜。忙碌了一天，大家一起坐在暖房里吃着饭谈谈天，感觉整天的疲惫都消散了。

晚上十一点，我开车带着四名志愿者从乌拉泊检查点回到市区。我们在路上聊了很多这一天的感动瞬间。

我印象最深刻的是，一位小伙子今天买了一个大保温桶，开车从家到乌拉泊检查点，往返四趟，只为让这里的工作人员喝上热水。大伙儿都非常感动，连连道谢。他冲我们笑笑，把水装给我们后就又带着桶回去，装上新的热水再运过来。

乌拉泊监测点寒风刮个不停,他的一桶桶热水仿佛冬日暖阳,温暖了我们的身体,更温暖了我们的心。

凌晨,将志愿者们安全送达之后,我又回到单位商定明天的志愿者分配及后勤保障方案。这是一项长期性工作,必须确保各项物资到位。

等到工作安排全都敲定,已经是凌晨两点了。在回单位宿舍的路上,我突然心生感慨:危难之时,人们之间的联结和善意总是更加令人感动。面对艰苦的条件,志愿者们没有任何怨言;面对无尽的加班,同事们一起熬到凌晨也充满激情。而我们这里只是全中国的一个点。有无数的人和我们一起努力着,在这种最真实又最强烈的情感下,有什么疾病和困难是我们战胜不了的?

这个冬天很冷,但无数充满了爱与希望的心灵,正温暖着分分秒秒的当下。这场鏖战正酣,但那些坚定而又勇敢的步伐,正奋力迈向期待已久的春天。

守护者:无言的付出

1月29日,我将一批筹集来的物资送往各个观察点。

这是一批玩具和书籍,即将被送给在观察点里隔离的孩子们。在疫情的特殊时期被隔离在观察点,难免会产生紧张和焦虑的情绪,尤其是对于小朋友们来说。

前几日,在和我爱人视频聊天时,我提到了这件事,告诉她有许多在接受医学观察的小朋友,年龄跟我们的女儿差不多大。

妻子当时就很心疼这些小孩,也担心孩子们的父母会受到影响。

很快,她和女儿一起整理了一些家里闲置的玩具和书籍,又通过微信群、朋友圈发动身边的亲友们,很快就征集到了两百多件玩具和一百多本书籍。她转交给我,说:"希望这些孩子都好好的。"

我来到隔离点,将玩具和书递给医护人员,经过消毒再交到孩子们手上。孩子们很礼貌,会远远地冲我说"谢谢叔叔"。希望孩子们不会因为隔离而感到焦虑,也希望这些小礼物能给观察点里的孩子们带来更多一些纯真的笑声。

中午,我爱人打电话给我,让我回家一趟。到家才发现,原来她做了两大盘手抓饭,让我带到社区分给大家吃。我有点吃惊,她笑着说:"你们忙起来,饭都顾不上吃,好多人几天没吃上热乎饭了吧。把这些带去给同事尝一尝,一点心意。"

手抓饭热乎乎又香喷喷,很快就被大家分完了。算不上什么美味珍馐,但大家还是夸个不停。

我们在前线冲锋，身后，总有人在守护我们。

作家马尔克斯在《霍乱时期的爱情》中写道："爱情始终都是爱情，只不过距离死亡越近，爱就越浓郁。"

当初递交完请战书后，我第一时间告诉了我爱人，那一刻，她心里很担心。但是我知道，其实她也许早就猜到了我会这么做，她一定会坚定地站在我的身后。

这场战"疫"注定是艰苦而持久的，我爱人在以她的方式默默支持着我的工作，默默支持着这场战"疫"。而那些同样外出常驻在工作岗位上的工作者们，身后也一定有无数坚实守护的力量。

眼前短暂的离别，都是为了春暖花开时最温暖的相聚。

王晨曲，山西吕梁人，出生于1985年5月，北京大学前沿交叉学科研究院2017届博士毕业生。作为陕西选调生，挂任礼泉县副县长，兼任县行政审批局局长，城关街道办党组成员、副主任。新冠肺炎疫情期间，担任县疫情防控指挥部常务副指挥、办公室主任。

和乡党们在一起

◎ 王晨曲

细蒙蒙的雨丝纷纷沥沥地飘洒了一整天，结束工作回到宿舍时已近晚上十点。入夜，路上掠过零星几辆车，窗外的万家灯火也渐次熄灭。转眼间，持续作战抗疫已有42天，终于有空坐在书桌前回想这一个多月，却总还觉得恍如一梦。驻扎一线的每一天都像在打仗，身体虽然很累，但和礼泉50万乡党们在一起战斗的这些日子，每天都收获着满满的感动与成长。

当指挥官？起初我真有点畏惧

来到礼泉工作已两年有余，县城里大大小小的街道、三秦父老们的方言，我都已经十分熟络。这里地处关中腹地，交通发达，来往流动人员众多，疫情防控期间要摸清底数、全面管控，难度之大不言而喻。

作为县上分管卫健的同志，守在战"疫"一线是我的职责，我主动退了过年回家的机票坚守在工作岗位。最初担任县疫情防控领导小组组长，后调整为县疫情防控指挥部常务副指挥、指挥部办公室主任。说实话，刚接到任务时，缺乏实战经验的我，内心的确挺畏惧。我虽然本科毕业于医学院校，也曾在北京多家三甲医院轮转实习，可以说对医疗卫生领域并不陌生。但是，这次疫情形势这么严峻复杂,坚守的阵地是拥有16个镇办(社区)、50万人民群众的县城。每一个环节、每一项安排都不允许出现一丝一毫的马虎。

年前爸妈一直身体不适,我已有近一年未见他们,更别说生病时能在身边照顾了。原本想着过年回家自己下厨弥补一下,但这个心愿也没能实现。从1月21号到除夕夜,一直忙着在疾控中心、医院、交通检疫点、乡镇等各个重点场所督查防疫备战情况,慰问留守在一线的战友们。除夕那天慰问结束已是晚上八点多,回到宿舍给爸妈打视频电话,鼻子突然呲溜一酸,忍不住吧嗒吧嗒掉起泪来。

爸爸宽慰我道:"怎么还像一个小孩子?你身在战场,要头脑冷静、多听多看多想,你的每一个决定都直接关系到全县人民群众的安全和健康,你的责任和使命就是保护好他们。千万别因为我和你妈妈的身体分心,我们的病很快就会好,你安心工作,自己第一次在外过年,也要照顾好自己。"爸爸除夕夜的叮嘱我一直牢记在心,始终不敢松懈。

"喂,这里是县疫情防控指挥部,请讲"

这几十天,我耳畔回响的好像总是这么一些话:
"我们镇有个隔离对象脱管了,急需协调公安协办!"

"市里转了一份疑似患者密切接触者协查函,需要阅示。"

"《外省滞留人员定点酒店管理办法》已拟定好,亟须审示。"

"针对这几个问题尽快拿出管控措施,请晨曲同志牵头负责落实。"

"根据今天会议的最新要求,指挥部抓紧时间安排部署,请晨曲同志负责。"

还记得在抗疫初期,由于对一些部门的职能职责了解不够全面,我在安排部署过程中有时会出现错分的情况。

有时部门领导会直接拿着批文到指挥部找我:"领导,这就不是我们的活,你看上面是这么要求的,你怎么能分给我们呢?"

听到这些话,我心里有着说不出的委屈和心酸。每天要批阅三四十份文件,挨个督促核查各部门和乡镇的工作落实情况,接打四五十通电话来协调处理各种意想不到的突发事件,不敢喝水,没时间吃饭,为什么有些部门不能理解一下?

但事后仔细一想,因为自己的经验不足,对事情拿捏不准,安排错误部门执行工作,会因专业不符而导致落实有误。但如果重新再安排又会耽误时间,延误时机很有可能会引发大问题。

"这样下去可不行,千万不能乱!我得赶紧想法子彻底解决这个问题。"工作中再遇到不熟悉的领域时,我会第一时间和分管领导仔细沟通,明确职责,听取建议。每晚十点多回到宿舍后,我就抓紧学习,吃透上级文件精神,冷静分析县里的实际情况,并对整体大局全面掌握,之后安排部署工作时再无类似问题发生。

凌晨的"全盘头脑风暴"

凌晨两三点常常得爬起来处理紧急事件,说实话,有时候没有电话进来,我反倒还不习惯了。每每瞪着两只眼睛睡不着时,我就把白天的工作和遇到的情况在脑子里一遍遍过电影,想想我们的工作还有哪些疏漏。

有天凌晨快一点钟,有位镇长给我打电话,说他们这段时间好几个村都反映近期从省外返回的群众较多,有些人大半夜不走村口,从地里绕小道回家,还不主动上报,都要等到第二天村干部巡查时才能发现,看县里能不能给支个招。

我思索再三,给这位镇长出了三个主意:一是加强村口24小时值守,按要求每个村只保留一个出入口;二是加强村巡逻队排查强度,每日都要地毯式排查一遍;三是再加大宣传,每天早晚大喇叭广播时把举报电话公布出来,发动群众举报监督。

挂了电话，我翻来覆去，仍久久不能入睡，把交通检疫这第一道防线从头到尾细细想了一番，脑海里不断地在问自己这么几个问题。

所有回县的群众都要经过县里的九个交通检疫点，守好大门是关键，同时还要第一时间把信息传到乡镇，真正做到联防联控。

我们县里各交通检疫点的工作流程是否按要求执行了？

我们制定的措施在基层有没有可操作性？还有没有疏漏之处？

交通、交警、卫健、公安四支队伍是否各尽其职了？

来往车辆人员信息记录是不是详实？

如发现外地返回人员，交通检疫点、指挥部和所在乡镇间的信息共享渠道是否及时、畅通？

"头脑风暴"后的第二天一大早，我没顾上吃饭，马不停蹄赶到高速路口和几个主干道的交通检疫点检查各项工作的落实情况，又现场和交通运输组组长、信息统计组组长及执勤点负责人开了一个小会，讨论完善了工作流程后才放心离开。全县的防疫工作是一个大盘子，一环扣一环，漏了其中哪一项都可能引发大问题。我能想到的方面要第一时间跟他们传达到；我尚未想到的，更得从日常遇到的普遍问题、紧急事件中及时总结出来，事无巨细地进行考虑。

和礼泉的父老乡亲们在一起

几十天以来，那些万众齐心、握指成拳的感动瞬间，更令我久久不能忘却。

大年初五晚上八点，在接到咸阳市里反馈来的一批上千例数据后，由于任务紧、工作量大，我们临时决定从不同职能部门抽调干部同志补充核实力量。半小时内，近百名同志全部到岗，迅速认领任务，即刻投入工作。直到晚上十点半，我从指挥部离开时，大家依旧坚守在岗位上。

看见农业局周书记这位近六十岁的老同志戴着花镜、佝着背，对着清单一条一条地打电话，我过去请他早点回去休息。他却赶忙摆摆手对我说："没事儿，你从早上八点多到这儿就没回去，这段日子天天这样，你早点回去休息，明天还有一堆事儿等着你呢。我们晚点睡没关系，关键是要早点把这些重点人员找到。早一点找到，全县人民群众的生命安全就少了一些危险；多找到一个，我们就多一份安心。"

雨中，那些还在匆匆赶路的，是我们疾控中心的战友们。他们有时凌晨接到外县协查函，为了第一时间掌握密切接触人员的情况，尽早对重点人员进行管控，得立即出发进行流调。

街巷小区里，老乡们在网格员的引导下形成自治委员会，自发值班，协助做好小区进出人员管理、为隔离管控人员上门递送生活用品等工作。

村口的大喇叭里、老乡们的抖音视频里，唱的是我们宣传抗疫的秦腔戏、快板。这是宣传干部们带领县城里的小戏班子，连夜创作出的通俗易懂、朗朗上口、传播度广的剧目，可谓是"花式抗疫"。

不过这几日，天渐回暖，老乡们卖果子的事情令我十分操心。礼泉是全国的果业大县，全县85万亩耕地，各类果品种植约75万亩，大小果库近80家，春耕生产、果品销售直接关系到老乡们一年的生计。随着气温升高，他们果库里的近千吨果子再也存不住了。

昨天我走访了几个果库，发现在做好通风消毒、员工戴好口罩、保持安全距离、动态体温监测的情况下，逐步恢复果库运营是可行的。不过，有好几家果库经理都反映，现在纸箱厂大都未开工，果品包装跟不上，联系运货车辆也很难，在线排队等车，也影响了果品的销售。看着老乡们着急的神色，我真是急在心里。

回到指挥部，我赶紧联系了农业农村局、交警队、工信局，告诉他们在抓好疫情防控、加强群众个人防护意识的前提下，为相关企业做好服务、打通渠道，同步做好果箱供应、车辆顺畅运输等全链保障工作，并叮嘱他们要多利用些网络资源，提升线上销售的能力。

驻守、冲锋、隔离、重逢，50万淳朴赤诚、踏实坚韧的礼泉乡党们守望相助，日夜奋战在这片故土上。正因为他们，也因为有他们一起，我一遍又一遍告诉自己，绝不敢懈怠，也绝不能懈怠。

不知不觉夜更深了，这座小县城在渭水的波光中、秦岭的山梁间静静安眠着。我查了下农历时令，竟已快到惊蛰，由于这场疫情而沉睡许久的三秦大地，正在缓缓地苏醒。春水初生，玉兰初绽，暖风拂面，田野萌动，相信没有一个冬天不可逾越，春意确是渐进了。

李超，安徽亳州人，出生于1985年5月，北京大学城市与环境学院2017届硕士毕业生。作为黑龙江选调生，曾任职于省生态环境厅，并在不同岗位挂职，2019年10月主动申请到基层，2019年12月起任佳木斯市桦南县梨树乡党委副书记、乡长。

我的抗疫记忆

◎ 李超

2019年12月，刚来到这个乡工作时，看着稍显简陋的办公室，我从没想到上任不久就迎来了一场硬仗，也不会想到因为疫情和这片土地产生如此深厚的联结。

疫情来势汹汹，虽然我们县没有出现确诊病例，但这里和疫区桦川县以及七台河市的勃利县毗邻，外防输入的压力非常大。

22个村37个屯的群众，都因为疫情近在咫尺而感到异常焦虑。如果封村，物资怎么办？交通和水电怎么保证？现在回想起来，总觉得当时能硬着头皮和乡亲们一起在37个屯设立37个防疫检查站，每天24小时值班检查过往人员和车辆，真是一件不容易的事儿。

大家都说，"生命中真正重要的不是你遭遇了什么，而是你记住了哪些事，又是如何铭记的"。其实每天奔波忙碌，只记得那些北国特有的冰天雪地里，每天跑完村屯所有的检查站后，摘下帽子所有人头顶升腾起的热气，在夜晚的路灯下渐渐汇聚，就像在这块土地上每个人因时代羁绊所产生的联结。

每隔四五天，当所有人都开开心心结束工作回家时，我常会接到母亲和爱人的电话。今天也不例外，她们问我疫情是不是快结束了？最近吃饭是不是规律？能不能多休息一会儿？每次都是她们打给我，每次都只能匆匆聊几句，她们怕我的工作受到打扰,我担心她们听出我忙碌一天勉强打起精神后的疲惫。

每个夜晚,结束了和所有人的联系,呆呆地坐在办公桌前,回想起一天发生的事情,都变成了疫情中最真实的注脚。

平凡与伟大,天涯咫尺

平凡与伟大,有时远在天涯,有时近在咫尺。

早上八点十分,到桦庆公路梨树乡第一个防疫检查点民主村卡点了解防疫执勤情况,上岗测量体温,手写过往车辆和人员基本信息,一天的工作就开始了。

天气太冷了,不论里外穿了多少衣服,都能感受到手脚逐渐失去知觉,而测温枪绝对是不给力的队友,怕冷,比我们人类还要怕冷,一冷它就失灵。我们要解决这个问题,有的同事贡献了自己的暖手充电宝。

九点多,安排好专人到各个交通路口的分流点去把外地返回人员接回到村里进行居家隔离,再次提醒村支书按照要求做好隔离人员情况上报,贴好隔离标识,做好管理,做到责任到人。

因为乡里赴韩国务工人员较多,我们要定期走访核实全乡 242 名赴韩务工人员和 25 名赴日务工人员的家庭,一个一个告知他们的亲属当前防疫情况,挨个核对他们的具体工作地点,问他们有没有回来的意愿。最难的还是情绪的引导,大家对疫情走势普遍焦虑,这也随着国外疫情的扩散逐渐加剧。

忙忙碌碌一天临近尾声,到了晚上,用钉钉给所有村支书开会,又走访检查了四五个村的防疫卡点值班执勤情况。将近十二点,我终于回到乡里值班室,开始总结今天的工作。

真希望每天能像今天一样平稳度过。疫情防控期间,但凡发生一点点小事,都会拨动大家敏感的神经。

3月1号晚上,南大村防疫检查站报告一辆轿车载两人没有进行登记,直接闯过检查站,把当时负责的村民急坏了。我马上联系派出所查询车辆信息,通过调取监控录像找到车牌号,联系车主和司机到派出所报到,让司机带着我们和警察、南大村书记一起排查闯南大村检查站所载乘人员下车点,并根据体貌特征描述逐户排查,找了数十户,终于在凌晨找到了外乡返回人员。

没有生而英勇,而是选择无畏

当初考选调的时候,就有同学开玩笑说我是"东北人口外流大趋势的逆行者"。迷迷糊糊中我突然想,也许是深爱这一方黑土地的守夜人吧?

随着疫情的缓解,经济社会的发展逐步有序恢复到正常轨道。乡镇工作千头万绪,春耕生产、秸秆禁烧、农村人居环境综合整治、产业化项目谋划等工作,需要齐头并进、齐抓共管,抗击疫情最艰难的时刻必将过去,在基层忙碌充实的日子还将持续。

去走访排查的路上,绿意越来越多了,冰雪逐渐消融。

大家都说公务员工作偏向稳定,按部就班,做一些常规的事情。我之前也是这样想。来到黑龙江辗转多个岗位之后,我渐渐懂得,所有的平常都是在给后面的不平常打基础,都意味着我们随时要准备走向战场。

个人简介

李瑞春，内蒙古包头人，出生于1986年3月，北京大学经济学院2016届硕士毕业生。作为河北选调生，2017年11月起任保定市满城区政府办副主任科员。

写给妻子的家书

◎李瑞春

吾妻：

见字如面！

算算日子，这两天你就快临产了。写这封信时，已近凌晨，我刚下班回家，看着睡得正香的你，想着新生命即将到来，我真的好幸福！

自从疫情暴发，我被调回单位上班，每日我们虽朝夕见面，我却总是匆匆离去，甚至饭都没正经在家吃过几顿。今天看到了你在情人节给我写的信，一时感慨万千，有很多话想和你说，于是就写了这封信。

老婆大人，这十个月来，你辛苦了！特别是最后临产的这两个月，我本该多照顾你和孩子，结果却是你替我照顾了整个家。尽管你从未抱怨过，但我好想向你道声歉，在我们人生中最重要的时间点我没有尽到责任。我也好想对你说无数声谢谢，你对我毫无保留的支持和理解，钻石般地珍贵。

你总问我，工作累不累，进展怎么样？我想在这封信里写下来，算是对你的牵挂的一个交代，也算是对这些天我的坚守、你的陪伴的一个记录。

我还清晰记得接到任务那天的情景。大年初三，我们正在家看着电视上播放的疫情新闻，突然我的手机响了，电话传来单位的通知："瑞春，防控工作任务重，来单位报到吧。""好。"我没有犹豫地回复了，当即不敢看向你。

你在我旁边,电话声也听到了。然后是一段沉默,我不知如何开口。

你却率先表态了:"去吧。这段时间我没办法工作,现在疫情这么严重,我不能再耽误你工作。放心吧,我会照顾好自己和宝宝的。"听到你这么说,我有些愧疚,但更多是感动。我点点头,摸了摸你隆起的肚子。"老婆,对不起,谢谢你的理解!"我在心里默默对你说,你知道我不善表达。

返岗第一天,我总顾念你和宝宝,我们爸妈都不在身边,你一个人在家身体不舒服怎么办?思前想后,我向领导说明了情况:"主任,我老婆还有一个多月就生产了,她一个人在家,行动不太方便,我能不能每天抽点时间买菜回家?"领导拍拍我的肩膀:"没问题,照顾好家里人。"

开头几天,很多工作都在筹备中,汇总上来的疫情防控数据不算多,中午晚上都能准点把饭菜带回家,晚上还能和你聊聊天,陪你在家里绕绕圈。没过几天,疫情越来越严重,成立了数据专班,我被抽调担任副组长。从最开始对数据的简单描述,到现在一整条流水线——需要大数据清洗、推送、统计、督办、协查、对重点群体疫情排查统计汇总、报送数据统计审查。还要及时调整更新的数据,上报最新、最准确的感染和疑似病例筛查结果。

我还记得,那天上午市里督导组突然来检查,一边陪着市里领导督导检查,一边还要为区委书记下午三点汇报材料提供数据。眼看就到了饭点,想到你和宝宝不能饿着,但组里忙得不可开交,作为数据专班的现场负责人,决不能临阵脱逃。于是厚着脸皮给你打了一个电话,没想到怀孕九个月的你说:"明白,听从组织安排,家里有菜、有米,我自己做吧。"你又是爽快地表态,我们都笑了。

来不及想太多,一心扑在数据上,通过耐心对比分析,一条条趋势明显的统计图,慢慢呈现在屏幕上,报告也逐渐成形。提交完数据材料,又转头收集整理督导检查材料,一直到下午六点,工作才告一段落。低头扫了一眼手机,恰好看到了聊天列表里置顶的你,说中午吃了二十个饺子,问我几点回去。没来得及细想:"刚把着急的数据资料提交完,晚上还有几个重要的表格要梳理上报,回家早不了,不用等我,早些休息,照顾好自己。"放下手机,肚子开始叫了,这才意识到还没吃午饭。那天我就吃了一桶泡面,但想到你和宝宝都吃得饱饱的,工作也在顺利开展着,泡面吃起来也香了。

那天之后,你习惯了我的忙碌,在我一早出门的时候,不再问我几点下班。有时深夜回家,看到桌上摆着用保温饭盒装好的饭菜,我心里总是五味杂陈。本应该在这时候悉心照料你,却反被你照顾着,我觉得好对不起你。想对你轻声说句谢谢,但你已熟睡,看着你腹部随呼吸起伏的曲线逐渐饱满,我又充满期待——还好,我们的宝宝就要出生了。

后来我们白天见面的时间越来越少,我开始了在卫健局数据专班、政府办两头跑的工作状态。白天和同事们处理各项数据、下社区督导,晚上回政府办处理文件,维持金融办和督查室的日常运转。

有一次我连续值班了三天两夜没回家,看到你发来"晚上回家吃饭吗"的消息,突然好想你。我那时眼睛有些酸痛,看不清数据,也敲不动代码了,身体提醒我需要休息了。晚上七点半,我出现在家门口,你满眼透露着关心,却没多问什么,桌上摆着热好的饭菜。然而,还没来得及和你说说近况,突然接到了八点开会的通知,你笑笑,态度依旧明确:"理解理解,吃完就去吧,注意身体。"我赶紧吃饭,没敢和你多说几句——怕话匣子一打开,耽误了开会。那天再回家已是十一点,你却没睡,坐在桌旁担心地望着我,就像我几个小时前离开时那样。我轻声解释:"今天晚上市里安排了紧急任务,乡镇数据明早才能报上来,我实在放心不下,所以先回家了。你以后不用等着我,早点休息,宝宝也要睡好觉。"说着轻轻拍了拍你的肚子,我们笑了起来。

就这样连轴转了一个半月,我们之间形成了一种默契,不再需要过多解释。

就像你最初说的那样：我认真工作，你努力照顾好自己和宝宝。

你有时也问我，最近工作有没有什么坎，我怕你担心，总回复一切顺利。其实这些天来也并非总是一帆风顺。一开始，很多表格设计存在统计重复、标准和口径不统一等问题，造成很大的不准确性。譬如对"发热人员"的理解就有多种说法，具体填写表格的人、录入数据的人的理解不同，同一个样本就能收集到截然不同的数据信息，数据质量不过关——这是我们面临的第一个难题。第二个难题，由于部门间信息不互通，多重统计导致表格数量激增，我们在终端的工作量成倍增加。第三个难题，是我们对数据挖掘的深度不够，如何才能提高数据信息对防疫工作的指导和服务功能？

我们都在基层工作，我想你也很了解，在基层推进"云"和大数据存在的困难。数据专班基本的操作流程，是下发表格、统计数据。很多基层乡镇工作人员统计信息依然是手写笔填，再让年轻人录入电脑。而网上问卷想想也不太可行，乡民们大多是"电子盲"，短时间内使用新办法，无疑又给基层增加了工作量。

我总在琢磨这些问题，也总想着，要是时间充裕，和你头脑风暴一下，肯定会有不一样的灵感。说起来你也曾在乡镇做过宣传委员，现在在市委组织部工作，对于如何同基层群众打交道，比我有经验。可是我一直忙着，没有机会。不过也有好消息！总结了这段时间的经验教训，我们开始横向获取数据，减少了不少表格的报送任务；同时六表合一，规范填报内容。现在，不仅数据质量提高了，也减轻了村干部们的工作量。

这些天来，我时常想起我们初次见面的场景。2016年我硕士毕业，来到河北做选调生，通过校友联系，认识了同从燕园来冀选调的你。我们本不相识，因为共同的理想，才缘聚保定；因为共同的信仰，决定一起组建家庭。我们既是夫妻，更是守护基层群众的战友。

老婆，其实我一直对你有很多亏欠。2018年年底我们准备结婚，而父亲突如其来的一场大病，让我们家无论是经济水平还是精神状态，都受到不小打击。要不是你对我不离不弃，我根本扛不过那段最艰难的日子。老婆，对不起，没有给你一场欢喜圆满的婚礼，婚后也没有浪漫轻松的蜜月，只有粗茶淡饭、奔波忙碌的日常。谢谢你一直都在，在患难中相濡以沫，给予我无限力量。

最近这段日子里，我和数据打交道的时间，远比陪伴你和宝宝的时间长。但对你们的牵挂，从不比对数据的认真少一分。好几次深夜回家，看见垃圾桶里堆着泡面桶，我真的好愧疚。你平时是多注意三餐营养的人，能自己在家做，就决不去下馆子。而现在我忙起来，为了不打扰我，你却吃起了泡面。自从和我在一起，你一直在吃苦，而你却从未抱怨过一分。我真的很幸运，我的另一半是你，能够理解我、支持我，永远和我站在一起。

这场突如其来的疫情，多多少少冲淡了等待宝宝出生的喜悦，但我也更深刻体会到健康平安的珍贵。说实话，每次想到即将有新生命走入我们的生活，每次想到我们即将多一个身份——爸爸妈妈，我都恨不得跳起来抱着你转圈。

我们的孩子，来到世上的这一年，是特殊的。而孩子的爸爸，在这一年，也完成了特殊的使命，用自己的专业本领去护佑更多人的健康。我真希望，若干年后，我们一家三口共同回忆 2020 年时，你和孩子会因我的坚守而自豪。我也能向孩子骄傲地说：当年，你爸参加了这场战"疫"行动。

现在，我答应你，也向宝宝承诺，等疫情结束，等我的工作圆满完成，我一定第一时间回到你和孩子身旁，弥补这段时光！

愿你和宝宝健康。

永远爱你的老公

2020 年 3 月 16 日

曾亮，湖南娄底人，出生于1986年8月，北京大学地球与空间科学学院2018届博士毕业生。作为广西选调生，2019年11月被选派到玉林市博白县双凤镇挂任脱贫攻坚（乡村振兴）分队长，现为玉林市自然资源局矿业权管理科负责人。

这片土地教会我的

◎ 曾亮

归心似箭

"都是新冠肺炎闹的，过个年都不安生！"

"我们是脱贫攻坚工作队，疫情防控工作需要我们来搞？"

正值大年初二，我却没有心思过年。疫情暴发并迅速向全国蔓延，我们脱贫攻坚工作分队收到通知，要求全员立即收假，即刻返岗投入疫情防控工作。队里不乏不解和不满的情绪，尽管论年龄阅历，我比不过这支26人队伍中的大部分队员，但在这时，作为分队长，我知道绝不能任由退缩怀疑的情绪在队伍里蔓延。酝酿了语句，我在工作群说道：

"大家不要埋怨。疫情突发，病毒凶猛，谁都想不到。这个时候每个人都是基层一分子，疫情防控不单单是乡镇、村干部的职责。我们作为双凤镇脱贫攻坚工作队员，更应该冲锋在前，站好最末端的岗，保护好村民。如果我们都不来搞，还指望谁来搞？疫情不能控制，我们就搞不了脱贫工作。希望大家多点理解担待，我们一起努力！"

与此同时，我第一时间请示领导，身在湖南老家的我能否尽快返回玉林开展工作,得到"尽量避免省际流动,可以线上组织部署,暂时先不要回"的答复。于是我开始远程工作:一边尽量调动队伍积极性,一边落实具体部署。

然而,"云管理"却不奏效。在家的几天,我不断收到"嘴皮子"无法解决的难题:"队长,镇里没发口罩,我们怎么下村去摸排啊""队长,我们既要入户摸排、写标语、拉横幅,又要天天整理、上报信息,忙不过来啊""队长,我们没日没夜加班好几天了,什么时候(可以)休息啊"……

问题越积越多,迟迟不能解决。我心急如焚,知道如果我再不返岗,回到一线做好表率,工作队的工作随时可能停摆。

终于,初四晚上,我的返岗申请得到批准!初五一大早,来不及好好吃早饭,我装上行李就匆匆驱车往玉林赶。我的"归心似箭"仿佛被路况感知,当时各地卡点路障还未设立,九百多公里,除了高速出入口,一路顺畅。那天出家门是上午七点,回到玉林已经晚上十点了。不管怎样,终于顺利返岗不用遥控指挥了,我长舒了口气。

重整队伍

我们这支脱贫攻坚(乡村振兴)队一共 26 人,主要由市、县各单位分别选派组成,脱产全职驻村开展工作。绝大多数年龄偏大,超过 50 岁、临近退休的也不在少数。26 名队员负责整个双凤镇近三万人、九个行政村和一个农村社区的脱贫攻坚工作,其中五个贫困村由一名第一书记和两名工作队员组成工作小组,剩下的村(社区)分别由两名驻村工作队员组成工作小组。

疫情暴发,我们全队整建制加入镇里的疫情防控工作,充当绝对主力。现在,入户摸排、走村宣传、环境卫生整治、设卡监测……在各自负责的村里,驻村工作队员奔走的身影随处可见。

但在返岗之初,我需要解决的首要难题是队伍中弥漫的不满情绪。

"为什么其他乡镇的工作队员不需要干这个?"某天工作群里布置任务的时候,一位年纪较大的队员说出了心中的苦衷。

"是啊,队长,好几个镇的工作队都没有做,为什么这边要求我们干?"

这下坏了,炸群了,几个工作队员你一言我一语跟着嚷了起来,其他人则沉默不语——大多数队员都有类似想法。

时间紧任务重,疫情防控不等人,得赶紧做好大家的思想工作:"各位,就像广西的情况和武汉、北京没有可比性,同属玉林市的博白和玉州、北流、容县等地的情况也不同,每个乡镇有每个乡镇的特点。我们现在把工作做在前面,就是跑在疫情前面,现在辛苦一点,把工作做扎实一点,后面就相对轻松一点!大家这段时间多辛苦辛苦。你们有什么困难,随时跟我说,我能解决的,就地解决;我解决不了的,想办法找人解决!拜托大家了。"

打那天起,队员们端正了工作心态。

疫情形势不断变化,防控工作也面临新情况新问题。为了更好带领队伍开展工作,我经常下到各个村和卡点了解最新情况。

"队长,我们执勤卡点没有雨棚,下雨怎么办?"

"队长,我们没有测量体温的工具(非接触式),怎么去测别人的体温?"

"队长,……"

我立即表态:"大家放心,别着急,这些问题我来想办法解决。"

一回镇里,我立马找镇领导反馈情况,大家或是直接采购,或是寻求上级援助,雨棚、红外体温测量仪等,第二天全部相继发放到位。

看到反馈的问题得到及时解决,大家悬着的心放了下来,工作更尽心了,整个队伍也更齐心了。

"百家饭"口罩

"队长,我们什么时候发新口罩?我戴的还是初一自己买的口罩,快一周没换了。"

起初,几乎每天都能听到这样的反馈。看着他们戴着褪色起毛的口罩,有的甚至穿孔断绳了,我有些心疼。口罩是刚需,防护措施不做好,大家都干不踏实。

一天下午,得知县防疫指挥部获赠了一批防疫物资。等不及镇里派人去取,我赶忙驾车出发,想第一时间领回口罩等紧缺物资。三十多公里的距离,因为年久失修,路况不好,来回折腾了三个多小时。当天下午我又把口罩一一送到了每个队员的手里。十几个主要卡点四散分布,来回将近一百公里,基本都是弯弯曲曲、上上下下的小山路,说不辛苦是假的。但看到大家接过口罩时不由自主咧开的嘴角,听到一声声"谢谢队长"——我舒了口气,这趟没白跑,跑得值!

说来惭愧,疫情防控前期,每人每周平均下来只能领到一个口罩。用个两三天,或喷喷酒精,或是温开水洗洗,挂在窗前晾一晾,然后接着用。一个口罩,用到颜色斑驳,甚至穿孔了,才舍得换新的。而这些口罩其实都是不能重复使用的一次性口罩,N95那是想都不敢想的。

没办法,防护物资实在太紧缺。我们每次领到的口罩型号、颜色、质量、产地都不一样,蓝的、白的、绿的、黑的,厚的、薄的,软的、硬的,国产的、泰国的,甚至还有巴基斯坦的,什么样的都有。看着花花绿绿、深浅不一的口罩,我们也时常打趣:我们"吃着百家饭",护着万家人。

吃了半个月一周一换的"百家饭"后,镇上开始每隔两三天分发一次口罩。虽然依然达不到半天一换的标准,但经历了之前的苦日子,大家都觉得很幸福。新口罩舍不得乱用,除了一个用来替换,其他都用保鲜袋装好存起来——"万一谁临时有紧急情况,咱手头有货,心里不慌!"

队员们的乐观,耳濡目染地感染着我。

春天来了

双凤镇的四季变化在庄稼地里表现得最为淋漓尽致。春夏秋冬,不仅是自然万物的变化规律,更蕴藏着春耕、夏耘、秋收、冬藏的农事哲理。随着春风送暖、气温回升、虫鸣渐起、惊蛰到了，布谷鸟的叫声不断提醒着村民：春耕生产，成了时下最重要的事情。农家讲"春争日，夏争时"，庄稼早几天晚几天播种，长势大有不同。春耕，须得在惊蛰后将荒废了一冬的土地全都翻耕一遍再播种，秋收才能有好收成。

然而，有相当一部分贫困户不愿意发展种养产业。一来，疫情多少影响了大家的生产积极性；二来，家中劳动力大多选择外出打工，能下地干农活的少。但春耕的好时节却不等人，眼看着地里还没动静，大家都有些着急。这时，上级下发的产业奖补惠民政策帮了大忙。我们驻村工作队开始挨家挨户宣传优惠政策，积极动员贫困户抓紧春耕备耕。

"老乡，现在在家闲着也是闲着，随便养点什么，种点什么呗。你家地这么好，就这么丢荒，多可惜啊。现在政府的产业奖补优惠政策下来了，门槛比往年低，但奖励比去年多了不少。种一亩水稻补贴400块，五分田就能申请；大豆/花生每亩政府补贴1000块；养15只鸡，每只补贴14块；养一头牛，可以得4500块；……3月底完成，额外再奖励50%。"老乡们的积极性瞬间高涨："这个有搞头，是要抓紧干活儿了。正好我儿子暂时没法返工，待会儿就和他一起下地。"

春耕，终于拉开了序幕。

我在镇里住的地方，附近都是农田。每天见证乡亲们日出而作、日落而息，一场热火朝天的春耕行动，让田间地野一下子生动起来。

印象最深的，是一位哺乳期的妇女背着孩子下地劳动的场景：从早期除草翻地，再到播种、打药、施肥都是她一个人。她弓着腰，将种子洒在田地格里，汗珠随着早春的微风吹落，背篓里的婴孩睡得香甜。我看着她，再一次强烈感受到农民们面朝黄土背朝天的踏实感。我随即按下快门，用相机记录下这一幕。

她抬起头，擦了汗，瞥见了我："靓仔，你又来拍照了啊。"

"是啊，过来转转瞅瞅你们种了啥好东西。你在种什么啊？"

"玉米。今天天气好，日头不算大，风也暖和，正好带娃娃出来晒太阳。"

每次聊起农活，老乡们都有说不尽的话，眼神中透露着欣喜，仿佛在憧憬着秋天的好收成。我也下到田间，在一次次对春耕的探访与记录中，与乡亲们熟络起来。

黄昏时，坐在小溪旁的石头上休息，常常看到对岸总有几个小孩子。有时他们逮住一只蜻蜓，捂在手里朝我炫耀，我冲着他们比上大拇指，过会儿他们双手朝天空张开，蜻蜓又顺着孩子们的目光盘旋着飞走了，接着又是一场追逐，又或是一根草、一把泥巴，总能玩得不亦乐乎。

随着气温升高,夜晚,在溪谷两旁繁茂的竹林、草丛里,经常能观赏到一群群"黑夜精灵"的表演:它们忽左忽右、忽上忽下,排列成不同的神秘图案,合着潺潺的流水声、渐弱渐强的虫鸣声、此起彼伏的蛙叫声,在静谧的田野里演奏着自然生灵的神奇。

就这样,一天的疲惫逐渐消散——在这并不广袤的田野,这片土地让我有了前所未有的踏实感,领略了春风的温暖。村民们如火如荼的春耕播种、孩子们在田间地头的嬉戏欢笑、萤火虫暗夜中的翩翩起舞……都在用无声的语言告诉我:日子不会因为一场疫情暂停,生活依然充满希望,没有一个冬天不可逾越,春天必将如期到来。

这是这片土地教会我的,生活的真谛。

个人简介

詹先辉,福建尤溪人,出生于1986年10月,北京大学社会学系2012届硕士毕业生。作为福建引进生,现任沙县南阳乡党委书记。

抗疫向阳而行

◎ 詹先辉

"书记,春节期间咱们乡里人来人往,情况比较复杂,现在这个形势,还得您拿个主意。"

刚刚回到家,乡里的干部就打来了电话,尽管上级还没有明确取消干部休假,但看到铺天盖地的疫情信息,我心里已经清楚事态的严重性。

"一会儿咱们吃顿团圆饭,吃完饭我就得回去了,而且我估计一时应该是不能回来了。你们在家安心过年,最好哪儿都别去了。"

"家里年货都置办好了,你就放心吧,不过你自己也得小心做好防护啊。"

家人大概已经习惯了我这个乡里"一把手"的工作节奏,谁也没多说什么。看着桌上热腾腾的饭菜,再看看窗外因疫情显得格外肃杀的寒冬景象,我告诉自己,必须帮乡亲们、帮家家户户守住这个"平安年""幸福年"。

虽说在社会学系多年的专业学习让我对社会治理中可能面临的挑战有所准备,工作至今也积累了将近八年的基层经验,但面对这场突如其来、势头强劲的疫情,我也完全是个"新手"。自知缺乏防控经验,我便通过各个渠道埋头恶补新冠肺炎防控知识,边干边学。决策有疑虑,便主动请示上级指挥部;老百姓对严格的防控措施不理解,便第一时间入户做工作……连续奋战月余,我欣慰地看到,南阳乡这张疫情防控网正在不断织密织牢。

让大家行动起来

返岗后，摆在我面前的是前所未有的挑战。沙县小吃闻名全国，乡里 1/3 的人口平常都在全国各地经营小吃店，春节一到，我们将迎来大规模的人员返乡，防控压力巨大。与此同时，我们还面临着人力和防控物资的双重缺口，我心里实在是着急。但我更加清楚，越是危急的时候，大家越是需要我这个"主心骨"，绝不能自乱阵脚，要时刻保持"满电"状态。

那段时间，我一个人几乎要"掰成"好几个人用，一边要深入分析防控形势，帮助一线干部找准防控重点和难点，一边要查找工作疏漏和薄弱环节，广泛动员村干部和党员带头开展摸底排查工作。

各村人群聚集区、交通道口每天都要走一走，发现聚集人群便耐心说服劝导，发现工作疏漏便严肃指出、立查立改；外省返乡村民和奋战在防控一线的干部职工每天都要看一看，特别是有着感染风险的一线干部，总是叮嘱完再叮嘱，让他们一定做好自身防护；防护保障物资储备和发放情况每天都要查一查，得知高速路口卡点的工作人员连测温枪都没有，我赶紧联系朋友，硬是从别人手里"抢"来三把测温枪……

这一走、一看、一查，经常是连续五六个小时停不下来，常常忘记喝口水却也忘记了口渴。"咱们可以歇歇脚，可那病毒不会等你歇好了再来啊"，我总是这样提醒自己和身边的干部们，他们也跟着我一刻不休地忙碌着，很多时候我也顾不上宽慰他们，但他们也从来没有任何抱怨或退缩。

功夫不负有心人，很快，短缺的物资渐渐找齐补全了，干部们的工作思路和工作抓手清晰了，整个南阳乡的底数也都摸清了，外防输入、内防扩散的措施不断强化，疫情防控的效果越来越明显了，自己熬过的那些日日夜夜也算都有了回报。

"你每天都到这些'危险'的地方，不怕被感染吗？"

巡访过程中，总有老乡担心我。而我也总是和他们讲，我做的这些，比起一线的医护人员，实在不算什么。作为乡镇干部，做到情况在一线掌握、问题在一线发现、工作在一线推动，是我应尽的本分。只有我先行动一步，大家才能跟着行动起来。

让群众重视起来

面对疫情,仅仅我一个人着急是没用的,更重要的是带动所有群众。

防疫工作刚开始的时候,尽管早已下发了外地返乡人员的相关管理规定,但执行效果并不好。一次排查中,我发现我们一个村的副主任居然瞒报了自己母亲从湖北返乡的信息。这一方面让我痛心,另一方面也让我意识到,大部分群众的防疫意识还是非常薄弱的,远远没有达到疫情防控的要求。

我把这位副主任叫到办公室来,把乡里下发的所有跟疫情防控有关的文件打印好,一份一份请他细读。"传染病不是儿戏,假如你的母亲是携带者,你和你的家人怎么办?和你见面接触的人民群众怎么办?你这里开了一个头,下面的群众都跟着瞒报,都不隔离,我们的村、我们的乡怎么办?"干部的一举一动、一言一行从来都不只代表他自己,群众时时看着,甚至上行下效。要让群众重视起来，干部必须以身作则。

为了将疫情的相关信息第一时间传递给每位群众，我组织各类宣传载体齐上阵，吹响战"疫"的集结号。乡里面所有的重要位置都挂上了宣传条幅，每家每户门口都贴上了防疫公开信；我们的宣传车在各个村之间流动，用普通话、方言交替循环广播……线上线下各类宣传方式我们都用上了，终于形成了立体宣传攻势。

变化是明显的，群众不再问"大过年的，凭什么不让我们聚在一起聊聊天"了，也不再偷偷摸摸聚集打牌了，甚至当发现邻居偷偷从省外回来时都能做到立即拨打举报电话了……

居家隔离不聚集的基本意识虽然有了，但是当遇上婚丧嫁娶的传统习俗时，大多数群众还都有点含糊。停办红白喜事，很多人是不愿意的，一方面会觉得慢待家人，另一方面，也会担心邻居们说闲话。了解了老乡的心思，很多工作做起来就有了抓手。

还记得一位老乡的父亲在疫情暴发后不久过世了，老乡很孝顺，说是一定要办法事、摆酒席，让父亲走得体面。那段时间，我们天天到他家里做工作，跟他讲重养轻葬的道理，减轻他的心理负担，让他不要被"丧事不隆重就是不孝"这样的错误观念所影响，同时也跟他反复强调疫情防控的刚性要求，让他意识到事情的严重性。

"让你们天天往我这里跑，真是有些不好意思。"最终，老乡松了口，"其实我也知道你们也是为我们好，只是怕邻里乡亲的觉得我怠慢了老人。"

一户的工作做通了，其他群众的工作就更好做了。疫情防控以来，南阳乡共劝停红白喜事六起、聚集性活动一百余起。群众一旦重视起来，我们的疫情防控就多了一道保险。

让产业运转起来

2月下旬，气温开始回升，路边的草长高了，春天真的要来了。

春耕时节对乡里的产业发展而言，无疑是极为重要的。以南阳乡盛产的"南阳葡萄"为例，开春以后，葡萄园本该进行剪枝、培土、施肥等一系列春耕活动，但受到疫情影响，外村果农不能进村，防护物资也购买不到。有一个葡萄大户，家里二百多亩的葡萄田迟迟不能开工，眼看着天气越来越暖，却只能坐在家里干着急。我知道，如果真的误了农时，恐怕全乡都要减产甚至绝收，复工复产已迫在眉睫。

但面对复工复产的指令,许多干部还是放不开手脚,他们倒不是懒怠,只是担心大规模的人员流动,会让疫情防控出现漏洞。面对这种情况,我组织乡里党政班子召开专题会,大家一起坐下来,共同分析疫情防控形势和复工复产的必要性。会上,我帮大家算了一笔账,用数据告诉大家,如果继续停工停产,误了农时,将会如何影响乡里全年的经济收入和产业运转,同时,我也宽慰大家,只要防控到位,疫情复燃的风险微乎其微。

经过一天的分析、劝解,很多干部的疑虑终于打消了。

当然,复工复产并不意味着对防疫放松懈怠。"防控不松劲儿、发展不停滞",本着这个原则,我和干部们详细调查研究复工过程中可能遇到的各种情况,从防护物资到工人密度,从健康监测到人员登记,"凡事预则立",解决了后顾之忧。有了行动指南,干部们迅速投入工作,先后为葡萄园果农解决行政村管制入村难的问题,为烟农解决入沙难的问题,为林场作业工人解决住房难的问题,为龙虾养殖场解决口罩购买难的问题……

到目前为止,葡萄、烟草等作物种植受疫情影响已减到最小,全乡生产生活秩序已经安全有序恢复,疫情后的丰收指日可待。产业是发展的血脉,让血脉贯通起来,让血液流动起来,经受疫情考验的南阳乡必将很快恢复她的生命力。

危机来临时,要冲在大家前面,让干部和群众看到方向、树立信心;发展乏力时,要站在大家后面,给干部和群众最大的支持与助力。疫情真的是一场大考,我们都是匆匆上了考场的赶考者,但我始终相信,只要心中有信念、脚下有行动,就一定能交出一份让组织放心、让群众满意、让母校骄傲的答卷。

南阳的花开了,群众脸上的笑容也渐渐多了起来。愿抗疫路上的所有艰辛曲折都化作催人奋进的力量,指引着南阳永远"向阳而行"。

个人简介 江山,四川德阳人,出生于1986年12月,北京大学法学院2014届硕士毕业生。作为四川选调生,先后在德阳市经信委、中江县杰兴镇秀塘村、省委组织部、中江县黄鹿镇、中江县投促局、中江县古店乡工作,现任中江县凯江镇党委副书记、镇长。

迎难而上与迎刃而解

◎江山

旅婚计划梦一场

腊月廿七,拿着手机编了又删,删了又编,信息还是没有发出去。我知道,这次我可能又要失约了。

放下手机,突然收到了她的消息:"这次咱们就不出去了,你应该需要守好你的阵地。"

她在山的那一边,我们都奋战在脱贫攻坚的一线。面对这次疫情,我们心照不宣,又心有灵犀。筹谋已久、憧憬万千的春节旅婚计划又要泡汤,遗憾、愧疚、矛盾,都被她这么一句简单的善解人意的话儿,一语释怀。

我们知道,我们又将奔赴新的战场。

中头彩

腊月廿九,备战第三天,镇上就"中了头彩"。

全市首例输入性确诊感染患者阮某是刚从武汉打工回来的本镇人，对于一个外出务工人员输出大县来说，这无疑是一个重磅炸弹。

凯江镇一下子成为全市的焦点，一举一动都被时刻关注着。因为仍处于疫情初期，没有一套系统的应急预案，我们只能摸着石头过河。

第一步，先隔离！这是阮某回来的第六天，短短几天内，他接触的亲友就高达 67 名，我们只能一家一家登门走访。他去过的超市、公园、茶楼等场所也都成为"重灾区"，一个角落都不能放过。

从清晨到日暮，经过加班加点的紧张排查，我们终于找到了所有密切接触者，并将他们送入了隔离点。

一波未平，一波又起。卫生院传来消息，阮某的亲属在和工作人员发生冲突后"逃之夭夭"，玩起了"捉迷藏"。无奈之下，我们只得重新开始搜寻。监控、路人、邻居……都成了重要的线索，最后，总算追踪到了他们的位置。经过轮番上阵、苦口婆心的劝说，才将他们重新带回了隔离点。

无"硬核"，不"管控"

今天是大年三十，镇上正式启动重大突发公共卫生事件一级响应。由于防护条件的限制和老百姓的不了解、不习惯，在最开始几天里，举步维艰。

没有防护服，口罩和测温枪严重不足，在防护物资还没到位的情况下，很多工作人员都不敢直接接触"嫌疑人"。

于是，我组建起了第一支"敢死队"，直接"带头入户"，来到武汉归来人员的家中。除了测体温，还得了解他们这些天身体怎么样，见了哪些人。

"你们这是侵犯我个人隐私，是非法入户！"大多数老百姓都能理解，但也有一些人就是不愿意开门。还有的群众更是趁我们不备，四处串门。

面对这些情况，除了好言相劝，我们只能采取非常措施，比如安置监控或者门口贴封条。

特殊时期，为了大多数人的安全，只能牺牲少数人的自由。

当好"指挥长"与"作战员"

大年初一了,街上的店面关了么？小区的喇叭在响么？街道的标语突出么？居家观察人员的食材够吃么？他们的垃圾清运问题解决了么？

这些问题，都不是坐在办公室里想得出答案来的。

作为镇上的"指挥长"，我深切体会到，抗疫工作不能靠"运筹帷幄、决胜千里"，必须"身先士卒、深入一线"。

于是，带着种种问号，我开始走街入户。

除了确认这些问题，我还带上了一叠写给市民的信。信里不仅有温馨提示，还有志愿者倡议；不仅有健康防护知识，还有一级响应的法律告知书。

我们抱着信，挨家挨户地分发，有时碰到眼神不好的老人，就得停下来一条一条地跟他讲解清楚。这种"笨"方法虽然效率不高，但却能确保每位居民都全面地了解疫情。

基层的事情基层来办

日子到了正月初七，疫情防控已过去十天，农村地区的管控成效显著，但是城市人口众多，结构复杂，在管控上一直没有一个统一的方案。

我们决定不再坐等指令，基层的事情基层来办，自己先把方案给拟订出来。

夜已经深了，办公楼却依然灯火通明，经过加班加点的讨论，《城市社区人员排查管控和小区封闭管理工作方案》终于完成。这时，时针已经转过了两点。

小区被划分成三种：有物业管理的小区、单位宿舍和三无小区，我们一次性发动了县级干部先锋者志愿队 649 名同志积极参与到小区值守执勤中。

"这份防疫小贴士要确保全镇居民人手一份！""消毒工作全覆盖，确保每天至少两次！""随访监测不仅仅只是监测居家观察人员的体温，还要了解他们的需求，给予帮助！"……

每天晚上汇总、研判全镇疫情成了常态。疫情期间，这座不大的办公楼总是最后一个熄灯。

发动群众才能叫人民战争

正月初八，面对二十多万居民、六百多个小区和三百多个村社院落，光靠干部是远远不够的。我意识到，要真正打赢这场战争，必须依靠人民的力量。

老党员、教师队伍、退役军人、热心居民……接到我们的志愿者倡议书后，越来越多的人自愿担任楼栋长、院落长和街区长，组建起城市健康护卫队。宣传、消毒、随访、值守……这些工作再也不用愁人手不够了。

我印象最深的是一位老人。他在禁止钓鱼期间外出钓鱼，被发现后着急地辩解："我是个闲不住的人，这几天实在是待在家里憋坏了！"听到这里，我马上邀请他成为志愿者。第二天，他果真加入了防控队伍，而且工作积极、服从安排，给我们帮了不少忙。

据不完全统计，我们发动的普通志愿者高达 6738 名，他们都是无偿自愿参加，在全镇各个角落中发挥着自己的光与热。

我相信，这就是市民力量和市民意识。

高手自在民间

在正月十五元宵节的宣传工作中，我们选择用老百姓喜闻乐见的方式和语言来进行警示与科普，取得了很好的效果。

通过收集群众的智慧，我们编了顺口溜，带上大喇叭，走街串户，让老百姓不反感、不抵触，反而与我们一起成为大众广播员。好几个视频在抖音上浏览量都达到了几十万，在此选取一段。

鼠年是个特殊年，冠状肺炎到处传；
不要觉得没得事，是大事。

冠状肺炎传染快，咳嗽乏力发高烧；
最可怕是人传人，要人命。

科学预防最重要，必须阻断传染源；
武汉人回中江县，要报告。

走亲串友和聚会，自身安全命要保；
公众场合少去好，要记到。

……

春暖花开已快到，冠状肺炎全要消；
全要消！全要消！

让基层自治成为可能

抗疫第 60 天，我发现城市社区和农村院落治理暴露出明显的短板和空白，我们还普遍缺乏基层自治和社会共治的公民意识和人文土壤。

通过这次广泛发动普通群众和社会组织的经历，我们积累了许多经验和资源，也探索了不少基层治理的机制，比如"五个一"模式、小区自治和社区共治机制等等。

经过这一次的历练，我对于基层自治又多了一份信心。如果能运用好这些经验和智慧，就能让基层自治成为可能。

有人说，时代的一粒灰，落在个人头上，就是一座山。但我相信，我们唯一能做的事，就是把这一切都扛下来。只有勇敢地迎难而上，问题才能迎刃而解。

孙宇，吉林长春人，出生于1987年3月，北京大学马克思主义学院2012届硕士毕业生，在校期间担任学院研究生会主席，曾荣获北京大学"五四奖章"。作为吉林选调生，在省委组织部工作，基层挂职期间获白城市抗洪抢险通令嘉奖。

8号门的守候

◎ 孙宇

"孙宇，生日快乐！"3月28日下午，我回到休息室，摘下已经凝满水汽的护目镜，收获了一份惊喜。这是我们党员突击队机场分队上岗工作的第37天，全队给3月份出生的五名队员精心策划了一次集体生日。耳畔传来生日快乐歌，手中拿着写满祝福的贺卡，跟大家一起吃着蛋糕，一个大老爷们儿的鼻头竟有点酸。

这温暖的一幕让我突然回想起2013年参加"大安市抗洪抢险党员突击队"的经历。那时，我第一次坐上"突突突"的拖拉机前往大坝，第一次扛起150斤重的沙袋。作为城里长大的孩子，第一次到乡下参加抗洪抢险，更多的是挑战。烈日把我的皮肤晒得黝黑，我穿着迷彩服、大军靴，和突击队的战友们并肩战斗。补堤坝是我们最重要的任务，从铺棚膜到垒堤坝，再到筑险段，都是我们靠双手、挥铁锹一点一点完成的。汛情异常险峻，得用绳子将我们彼此拴在一起，我们"一串人"互相支撑，共同抵御惊涛骇浪，在奋战了四十多个日夜后，终于成功击退洪水，为群众筑起了一道坚固的生命防线。

今年是我第二次参加党员突击队。不同于第一次的青涩，这次的我更加坚定和自信。接到通知后，我第一时间向单位报名请战，主动加入"吉林省直机关疫情防控党员志愿者突击队"，与来自省直部门的60名党员共同负责长春龙嘉国际机场的疫情防控工作。

2月21日,我们正式到机场上岗。作为第五小组组长,我和队员们共同负责防控宣传、人员登记、体温测查、视频监控、流动巡查、消毒消杀、应急处置等工作,同时配合省、市疾控中心和医院的医务工作者对体温异常人员进行流调,此外还承担突击队的组织建设、理论学习、简报编辑等工作。

长春龙嘉国际机场每日旅客吞吐量保持在15000人左右,国际航班和国际转国内的航班是我们关注的重点。我驻守在T2航站楼8号门。8号门测温区人员密集,工作量很大,是主要的出港检测口。从早到晚,每天七八千名旅客走马灯似地从我们的测温区走过。工作虽有些单调,却十分重要——只有守住吉林省的空中大门,才能有效控制病毒蔓延。

这两个月里,我每天早上六点乘坐机场大巴,从百里外的家中赶赴机场,一路上在微信群里组织突击队员观看疫情动态、学习最新政策,到机场后熟练地换上防护服、扣上护目镜、戴上红袖标,拿起我们的"武器"测温枪,八点半准时站在机场大厅,为往来旅客做一次系统的"体检"。下午四点,脱下浸满汗水的装备,脸上勒得生疼,不用照镜子就知道是被护目镜和口罩压出的一道道印痕。

驻守8号门的这段时间，每天做得最多的工作就是提醒旅客脱帽、间隔一米、露出手腕配合测温。同样的话要重复上千遍，特别是我们戴着口罩时说话的声音很小，机场又十分空旷，所以只能大声喊："旅客，请您摘下帽子，配合测温，谢谢！"一天下来，嗓子发干甚至嘶哑成了常态。

我遇到过对我们连连道谢的旅客，抬过担架送突发疾病的旅客去急救，也遭遇过拒绝配合甚至态度恶劣的旅客。令我印象深刻的是，我和一位非洲旅客之间发生了一段"不打不相识"的故事。

那是3月中旬的一天，我们测温区来了十多位非洲旅客，他们着急登机前往广州，再转机回赞比亚。其中一位旅客进入红外测温区时，警报声立即此起彼伏。我立刻用测温枪再次测量，37.5度。我告诉这位非洲旅客，按照规定要等20分钟之后，再次复测体温。

这位旅客看着同伴纷纷顺利通过了关卡，都在登机安检口的方向等待，显得特别焦急。他用并不流利的英语不断发问："为什么？我的身体一向很好，他们都没事，我怎么会有事？登机时间快要到了，能不能放我过去？"他边说边用丰富的肢体语言比画，生怕我不理解。队伍中的两名翻译也无能为力，他们说这名非洲旅客看我身穿防护服，认为我是专业人员，希望直接同我沟通。

这时，他的非洲同伴纷纷围了过来，一双双怀疑的目光都投向了我。一个身着白色防护服的黄种人，周边围着一圈身材魁梧的非洲人，其中一个还在大声吵嚷，这引来了安保人员的注意。当时的我有一丝急躁，但转念一想："不行，他们是国际友人，语言不通，我更不能着急，要耐心做好工作。"这些非洲旅客注意到了前来维持秩序的警察，眼神中布满焦虑，开始指手画脚。

我稳住他的情绪，对他说："两次测量您的体温都高于正常值，需要再次进行检测。"他皱起眉，两手一摊，不理解为什么体温异常。我耐心解释："体温升高有多种原因，吹风、出汗、运动都可能导致体温变化。现在我们无法确定您体温异常的原因，但疫情期间，为了您和身边人的健康，请您配合。您别担心，请相信我们。"一番循循善诱，逐渐缓和了他急躁不安的情绪。

我仔细打量，发现这位身着羽绒服和毛衣的非洲旅客满头大汗，于是我递给他降温神器——酒精喷雾。他张开手心，让喷雾在他的手心蔓延又散去，凉快了不少。在一旁围观的旅客觉得有趣，纷纷伸出手。就这样，酒精喷雾在我们中间弥漫又挥发，驱散了躁热，缓解了焦虑情绪，也拉近了我们之间的距离。

复测，这位旅客体温竟然高达38.5度！

我猜想，可能是他穿得太多，加之情绪紧张造成的体温异常，于是我建议他脱掉外套，消消汗，降降温。我们把他送到了疾控中心在机场设置的留观区，等待检测结果的过程中，他慢慢打开了话匣。原来，他们专门来中国学习汉语，因为疫情暴发，担心家人健康，想马上回国，现在体温异常，难免情绪激动。

三个小时后，这位旅客体温回落到37.2度。为保险起见，疾控中心工作人员把他送到长春市里的宾馆隔离观察。随后几天，我一直跟疾控中心联系，关注这名非洲朋友的情况。万幸的是，经过医学观察，这位旅客排除了新冠病毒感染，可以安全出行。

三天后，我照例在8号门口执勤。他魁梧的身材和熟悉的眼神让我一眼就认了出来。

"您好，这几天感觉怎么样？"我友好地向他打招呼。

"这几天一直在宾馆休息，感觉很好。我现在可以安全回赞比亚了。谢谢你们！谢谢中国！"他微笑着朝我招手，眼角都是笑意。

"也谢谢你，欢迎再来中国！"我送这位非洲朋友到了安检口，与他挥手告别。一句"谢谢中国"，顿时让我充满了无尽的力量，心里满是自豪感。

也许有人认为我们是"执法者"，正在履行管理职能，实际上我们是"服务员"，在为广大群众提供优质和贴心的服务。每当想到旅客们在我们的帮助下或是清楚了解体温状况，或是及时得到专业监测和医学观察，我就不再觉得疲累。每每听到接受测温的旅客说"谢谢你，辛苦了""我理解，你们严格工作是为了大家的安全"时，我都倍感欣慰。是啊，人与人之间多一点理解，多做换位思考，就多了一份快乐和一丝感动。

很多人问我们，突击队员为什么义无反顾地冲锋一线？我的答案只有一个：因为我们心中有爱。此刻的爱不是万千情话，不是雪月风花，是付出，是坚守，更是共产党员的责任与担当。

只要疫情的威胁还在，我就会坚守在机场T2航站楼8号门，直到全面胜利的那一天。

个人简介: 欧棣，湖南怀化人，出生于1987年6月，北京大学深圳研究生院2012届硕士毕业生。作为福建引进生，先后在尤溪县西城镇、尤溪县县委办、台办工作，2015年在省生态环境保护厅挂职，2016年起任尤溪县管前镇人大主席。

放不下的名单

◎ 欧棣

疫情期间，"名单"是贯穿我工作始终的词语，也是我放不下的牵挂。

每一份名单都压实一份沉甸甸的责任，名单上的每一个数字和名字都传递一种浓厚的关怀，而每一份关怀背后都是一群共产党员在共同织牢一张抗击疫情的密网。

初次接触名单

今天是1月31日，分管卫计工作的同志腾不出身，县挂镇领导安排我负责镇上重点人员的监测工作。

下午两点，我拿着前期摸底名单去了镇卫生院，想要先了解他们对重点人员的监测情况。一路上，街道周边的群众都居家紧闭，只有三五个戴着口罩的人提着生活物资行色匆匆，"战争"的味道早已弥漫，我心中一沉，不由自主地加快了脚步。

医院的发热门诊有很多群众在等候，但无人交谈，他们眼神中流露着担忧和恐惧。医务人员比以往更忙了，来回穿梭于各个科室。

院长把数据给我，经过比对，我不禁大吃一惊，两份名单竟然有不小出入。

他们监测的部分重点人员我们数据库没有，我们数据库的部分重点人员他们没有进行监测。情况非常糟糕，顿时感到后脊梁一股冷汗直冒，事态紧急，需要迅速弄清楚。

我马上询问监测数据来源，院长告诉我这是镇政府前几天转给他们以及村医自行报送的。一听这话，我明白了：数据摸排和重点人员管控上，镇卫生院、村医、各村、镇政府四条线没有统一。

我跟卫生院院长说："从明天上午开始，你们的监测数据必须以数据库为准，不然会出大事。我今天会重新核对全部数据，村医要对这些人进行每天两次的体温监测和身体随访，每天下午四点以前报告监测数据。这就是我们以后工作的准则。"听完这番话，他们也感觉到情况不妙，一名负责监测业务的医务人员紧张地拿起电话，不小心打翻了自己的水杯。

回到镇政府，我立即安排各村马上和村医先核对摸排数据，晚上六点之后请各包村领导到数据统计办公室逐个与我核对确认。有太多重要的细节需要弄清，比如隔离期起止、到底从湖北哪里过来、挂包责任人是谁，等等。

六个多小时过去了，全镇重点人员基础数据台账总算整理完。看着眼前名单，我感叹这简单的一串数字关系着个人、家庭甚至全镇群众的生命安全，千万马虎不得。

名单背后的群众工作

2月1日上午十点，卫生院给我发了一份重点人员体温监测数据，全部正常，人员信息与数据库一致，终于走上了正轨。上午村里又报告了几个新增人员，我想排查工作只要常态化运行下去，做好动态管理，问题应该不大。

但在下午的时候，县里又给了我们一份名单，只有姓名、电话号码，但不知道他们的村别、旅居史、管控状况，这给我们的摸排工作增加了难度。

我先剔除与数据库重复的名单，然后安排七名干部分头对剩余人员进行电话联系，弄清楚人员村别、生活轨迹等详细信息后，马上分解到各村进一步核实。

打电话的过程中，同事向我抱怨很多人不配合，有的一问就挂，有的前言不搭后语，有的怒发脾气。我自己也联系了其中一部分，有的人怀疑我是诈骗，所以不愿意配合；有的人说他是从河南途经湖北，中间没有下车，不属于重点人员，没必要一直给他打电话；等等。

对于不配合的群众，那一刻我真的感到很生气，但冷静一想，特殊时期大家有这样的态度我们更应该理解，越是在特殊时期，我们更要有一颗镇定的心。

我对同事说不要着急，我们先亮明自己政府工作人员身份，再耐心解释，做好关怀，不要发生争执，实在不行就换个人用本地话沟通，这两天大家坚持一下，排查清楚就是我们的胜利。

看着一直没有休息的同事，我想疫情数据统计本质上是一项群众工作，沟通中不能急躁激进，但工作又要和时间赛跑。所有人都担心哪个对象没有联系上，或者哪个对象的信息统计不全，压力不言而喻，对于他们的抱怨我很理解。

名单不是冰冷的数字

今天是2月5日，我去308省道交通卡口值班。

这个卡口是进入管前镇的必经之地，如果能详细登记进出人员信息，基本上就能掌握全镇县外返乡人员情况。由于进出车流量很大，全部掌握真实信息不太容易。人员劝返有原则，但也会碰到一些特殊情况，需要妥善处理，否则太容易激起矛盾。

晚上八点左右，一位老乡从外县重点地区开车送两个小孩回管前老家，并且计划随后返回。尽管体温检测正常，但按防控规定，只能劝返。面对工作人员，对方露出难色，因为此时折返，极有可能被其他高速路卡拦截，也许要很多天没地方落脚。

查看身份证确认他是管前人后，我打电话给当地村书记，并打开电话免提，请他承诺将改变行程在家隔离14天。这个老乡很感动，双手紧紧握着我的手，连连道谢，一直点头表示肯定做到。

我和工作人员看着这名老乡驾车远去奔赴温馨的家，大家下意识地互相对视了一下，轻叹了一口气，心里有所触动，我们很明白这样做承担的责任和获得的意义。但意义大于责任的念头，对于我们来说，在那一刻不言而喻。

实际上，交通卡口时常会碰到较多类似情境，我们既要硬性防控，也要柔性管理。卡口值班不只是为了方便人员信息排查，从而得到一份完整的名单，更重要的是传递服务态度，每一串数字的背后都是一个个活生生的人。

寒冷的冬天，要让群众感到温暖，也要让身后的百姓感到安心。

一张防控密网

2月6日，我带领工作组开始新一轮的重点人员排查，结果真发现了漏洞。

一位居民从湖北黄冈回来不久，因为害怕一直没敢如实报告，但又害怕承担法律责任，所以在家中每天心惊胆战、坐立不安，直到再次排查时终于说了实情。我跟他交流过，他很惶恐，也诚恳地向我们道歉，我并没有用很重的语气说一些教育之类的话，反而是不断宽慰他，不要紧张害怕，请他接下来好好配合我们的工作。我那时在想，如果狠狠教育他一下，他也会配合，但会拉远我们与群众的距离，会让他害怕工作人员，这就背离了我们工作的真正目的。

这件事也让我意识到，隐瞒不报的情况可能还有存在，必须广泛发动群众深挖细找。但是，特殊时期怎么动员和组织呢？我突然想到了村里的党员，包村走访时我与他们很多人都建立了感情联系，试一下吧。

我找到村里一位威望较高的老党员，向他说明来意，他马上表示，"疫情当前，作为老党员要积极响应党支部的号召，愿意帮助村党支部发动其他党员一同参与"。这个村一共17名党员，除了3名在外，第二天上午全部在村卡口处集结。在接下来的日子里，党员同志们分成三组，包片入户，拿着移动小喇叭、带着防控宣传单走遍了村里每条道路。寒冬里，大家奔走着，互相帮助着，也共同守护着。有一次和大家聊到疫情期间这份"额外工作"，女党员蔡爱荣同志非常坚定地告诉我："现在国家有难，只要需要我们，我们就应该站出来。"

看到他们忙碌的身影，我知道一定会找到"潜伏者"，这个村一定会平安，这场"战争"我们一定会赢。

个人简介

杜帅,山东枣庄人,出生于1987年10月,北京大学国际关系学院2017届硕士毕业生。作为山东选调生,先后在滕州市洪绪镇、滕州市政府办工作,目前任职于枣庄市政府办公室。新冠肺炎疫情期间,被抽调到枣庄市疫情防控工作领导小组工作。

守护家乡

◎ 杜帅

早上,匆匆吃完了早饭,出门去上班。

小区门前的这条路,走了有几年了。记忆里,这里总是熙熙攘攘的,街边的小贩、下班的行人、呼朋引伴的初中生,构成了我对这里生机勃勃的记忆。偶尔出差、借调,很长时间不回来,但每次回到这条路上,听到熟悉的公交报站,看到满眼的路人,都有一股归家的踏实心安。但现在,它空荡荡的。

今天,是我调到枣庄市疫情处置指挥部的第48天,我第95次见到这条冷清的街道,还是不习惯。

一小时内的报到

大年初一,看到了两段让我眼眶湿润的视频:解放军陆海空三军医疗队450人除夕之夜驰援武汉,上海首批医疗队136人驰援武汉。奔赴"疆场"本身就是一场苍凉而雄壮的告别,何况发生在万家团圆的除夕夜。

摄影机扫过一张张坚毅的脸,我在这头恨不能一夜变成医学人。我也想上战场,也想为苦苦支撑的武汉做些什么。

正月初二,一整天窗外都阴沉沉的,往年这个时节正是年味浓郁的时候,但现在却一片沉寂。疫情相关的消息一波一波地传来,紧张感像雾一样渐渐弥漫。

"下午两点前到卫健委426办公室报到。"接到通知的那一刻,距离报到时间只有一个小时。我没有丝毫的为难,相反心里有些兴奋和期待。我知道,终于可以为扫平疫情做些什么了。

哪怕不能真正走上战场,我依然有机会跟病毒正面较量。

我顾不上吃饭,匆匆跟母亲报备:"单位有事,我得赶紧回去。"怕她担心,没敢告诉她我要去参与防疫工作,可能好长时间不能回家看她。一想到刚过年就留她自己在家,过意不去的情绪慢慢翻涌上来。

这两天天气不好,下了雨夹雪,附近又在修路,母亲不让开车,唠叨着:"再急还能急过命,再大的事还能大过平安吗?"母亲还不知道我们要去做的,真的就是守护性命、守护平安的大事。

两点前,我准时赶到单位,所有同事都到了。

这一天,我跟同事们一起,成为枣庄市疫情防控工作领导小组的一员,开始用漫长的时间和无数人的努力,砌起守护枣庄安宁的高墙。

当天晚上,北大第一医院、人民医院、第三医院的60位兄弟姐妹开赴前线。揪心、骄傲、祝福,很多情绪混杂在一起,我在心里暗暗告诉自己,他们去战场,我来守家乡,战"疫"路上,一起扛。

杜帅◎守护家乡

坐着战"疫"的日子

在这场守卫枣庄的全民战"疫"中,我在做什么呢?我一直坐在电脑前。

每天来到工作组的第一件事,是查看邮箱。离开这个座位也就七八个小时,积累的邮件已有上百封。查收每一封邮件,把重要的信息下载、编辑、标红,这是我工作的日常。这一封封邮件,像一根根看不见的线,穿起了整座城市的疫情防控网,疫情防控指挥部的电话、传真、邮箱不知疲倦地汇集着各方信息。各区县有无新增?隔离点的床位还剩下多少?基层防控人员防疫物资是否充足?生活必需品市场供应是否稳定?……一桩桩一件件都关乎疫情,关乎民生。

两篇疫情动态、三篇工作简报、一篇工作专报,这是我每天需要整理上报的材料。六份材料,万余字,涉及几百上千个数字、人名、地名、商品,要求无一有差错、无一不精确。从调度到整理,从起草到检查,每一次,都核实再核实,修改再修改,字斟句酌,力求精确,唯恐因为自己贻误防控时机。

我坐在电脑前,却每天都游走在这座城市间。滕州、市中、薛城、峄城、山亭,哪里有确诊,哪里有疑似,住哪家定点医院,分别各有多少人;抗疫期间的交通管控、市场保障、医疗救治、宣传科普、防控物资调度,每一天的新举措、新变动、新要求、新尝试,我"门儿清"。

正是处在这个综合协调的岗位上,我真正建立起了对整场枣庄保卫战的认识,也找到了自己的位置。每一天,我在这些数字和材料中与枣庄同悲同喜,在夜以继日的数据整理、文字总结中夯实我的阵地。我看着这座城,从第一例确诊到现在,我陪着我的家乡,在日复一日与病毒的对抗中,更加顽强。

这儿从来都是一座英雄的城市。台儿庄战役在此爆发,铁道游击队在此诞生。处在山东最南的关口,这里从来不缺少困局和挑战。历史的枪炮声还未远去,枣庄人民磨不灭、打不垮。

我在这座城市的滋养中长大,如今,终于轮到我来守卫她。

一起守护的"寻常"

春风渐暖,好消息不断传来。

2月8日,元宵佳节,全市第一例确诊病例治愈出院;

2月23日,中央召开统筹推进新冠肺炎疫情防控和经济社会发展工作部署会议，企业复工复产拉开帷幕；

3月7日，全市24例确诊新冠肺炎患者全部治愈出院，持续二十多天保持着"零新增病例"，疑似病例也同样保持零增长……

心情一放松，身体上的不适开始袭来。连续工作的第六周，牙齿开始钻心疼，连吃几天止疼药，也不见好转。家人打电话嘱咐多喝水、去医院，我嘴上答应着，却粘在座位上不动。再疼也疼不过失去家人的家庭，再难忍也总好过身穿防护服连续作战的医护人员。

还有我不知疲倦的同事们。从工作组成立到现在，无一天歇班，无一人请假。全组同志连轴工作，每天十几个小时的工作量，没有一个人抱怨。他们中的不少人，是防控一线中的"夫妻档"，爱人在前线，孩子留给老人，不眠不休地工作。大家都是这座城市里的普通人，有家有口，有工作有负担，他们有些和我一样，生在枣庄、长在枣庄，有些却是毕业了才来落地生根的"外乡人"。但在这场保卫战里，我们是共同战"疫"的战友，一起握手成拳，齐心成钢。

随着疫情结束人员归位，这间繁忙的办公室最终将恢复往日安静。我的家乡保卫战也终会落幕，就像从当年"无墙不饮弹，无土不沃血"到归于平凡，今日的枣庄，也终会从疫情的冲击中平复，回归平常。

宅在家中的人们会重新走进人间烟火；街边的行道树上会抽出嫩芽；幼儿园里，会充溢着清脆的欢笑；公交车上，会恢复往日的摩肩接踵；小区门前的路上，也不再那么空荡荡。

但对我而言，守城的记忆会一直在，一名战士的勇气和决心一直在，枣庄人民再下一城的精气神儿一直在。

> 淮海北沿沂蒙旁，
> 史载鲁南英雄乡。
> 铁道运河两支队，
> 威显枣庄台儿庄。[1]

---

[1] 摘自贺敬之.《台儿庄散歌》.

个人简介

李坤，四川营山人，出生于1987年12月，北京大学信息科学技术学院2015届博士毕业生。作为四川选调生，先后在成都市发改委、市政府办工作，2017年4月任邛崃市火井镇党委副书记、镇长，2020年1月起任邛崃市固驿街道党工委副书记、主任。

有事就找坤

◎ 李坤

从2017年扎根乡镇起，这片热土和这里的群众，就成为我最深沉的牵挂。

"我得走了，大伙儿更需要我"

去年底，妻子刚刚生下可爱的女儿，新冠疫情到来时，我正享受初为人父的喜悦。妻子还在卧床、女儿还没满月，但我很清楚，必须第一时间赶赴抗疫前线。

临走前，我用手机拍了很多张孩子的可爱模样，累了困了，就拿出来看看。我哽咽地轻轻向妻子说了句："我得走了，大伙儿更需要我，家里就辛苦你俩了。"妻子却坚毅地勉励我："疫情面前，你不仅是丈夫、是父亲，更是一名公仆、一名党员，你肩膀上扛起的更是组织的信赖和村民的依靠。"

我也在这场战"疫"中，拥有了更多亲人。有八十多岁的高龄独居老人，有留守家中的小朋友，有分散特困的五保户，有焦急卖菌子的大叔，有并肩奋战的党员同志，有街道的每一家每一户……

全天候的陪伴与守护永不缺席，我深深地爱着这个大家庭。

党员先上

我总在想，我们街道党员，既是防控疫情的铜墙铁壁，更是关爱困难群体的小棉袄。

疫情来得急，防控需要万无一失。我和同志们第一时间研判疫情、完善机制，从网格划分、宣传排查、消杀应急、卡口检测等几个方面认真细致地做好部署，确保落地排查与防控监管全方位全覆盖。在农集小区，我们不知疲倦逐户摸排；在检测卡点，我们顶风冒雨严把关口；在线上线下，我们耐心细致做好群众宣传；在公共区域，我们全方位无死角完成消毒工作。

防控与关怀不能落下任何一个人。我组织街道两千余名党员一同前去采买物资，为居家医学留观群众上门送去生活补给。对要重点关心的群众，我们构建起"1+3+N"服务体系，为大家提供清单式全天候贴心服务。而对于困难群体，我们倾注更多关怀和温暖，为困难群众送去口罩和防疫物资，全力保障好大家的生活。

党员先上！大家走向包片负责的村逐户走访，每到一户，都耐心向村民询问情况、了解困难、讲解政策。很多党员还自发在自己的小汽车上装上喇叭，到各村轮流宣传防疫要点，提醒大家不要麻痹，也不要恐慌。

大家都是 24 小时轮流值班，冒风雨、顶严寒，常常有时候饭都没来得及吃一口就又得匆匆出发，但从来没有一个人抱怨过一句。

当群众足不出户自我隔离的时候，党员们却在走村入户——送菜送粮、站岗消毒、救急解难。这是我心里一道美丽的防疫风景线。

有事就找坤

一直觉得特别幸运的是，很多群众遇到困难时的第一反应是"有事就找坤"。

1 月 31 日，我接到开元村三组吴惠蓉大妈的电话。吴大妈有些焦虑，疫情当下儿子没法回家，自己又行动不便，家里播种的近两亩萝卜无法收成。我安抚好老人后，立即组织开元村党员干部下田帮忙收萝卜，并电话告知吴大妈的儿子"不要回家，你担心的事，我们正在解决"。

萝卜收完后，我又立即联系附近的合作社来采购。当我把钱和采购清单交到吴大妈手中时，她激动地说："大妈感谢你们，有你们在，咱就感到踏实。"

萝卜收好了,卖出去了,大妈放心了,我也就踏实了。

梨园居小区是我们固驿街道最大的集中居住小区,防疫期时常有居民给我打电话,说蔬菜粮食等必需品供应不上,吃不上便宜、新鲜的蔬菜和肉,大家很焦急。于是我立即找到邛崃新农公司合作,在固驿街道梨园居设立惠民蔬菜供应点,让农产品稳价保供,让大家放心吃好饭菜。

2月19日,固驿街道梨园居惠民蔬菜服务点正式开售。胡萝卜、藕、西兰花、老南瓜、香菇……这里给大家提供了四十余种蔬菜。现场秩序井然,工作人员随时清理白色垃圾、纸箱,并及时进行消毒。

前来买菜的张阿姨虽然戴着口罩,但也不能掩盖发自内心的笑容。那一刻,我感慨,群众的胃暖了,我们的心就暖了;大家笑了,我们就开心了。

带"货"达人

春节通常是农产品的销售旺季,但受疫情影响,固驿街道形势不容乐观,各类应季果蔬虽然价格实惠,但销路依旧受阻。

"我卖姬松茸好多年了,现在周边餐馆的订单几乎全停了。我现在每天差不多有10吨的量,如果不能卖出去,这些菌子大概都要烂在手里了。"固驿街道三河村菌类种植大户何学成焦急地和我说道。

由于招工困难、交通受阻,从采收到销售整个链条受阻,耀辉蔬菜专业合作社目前地里还有约8000吨萝卜待销。看着连片的萝卜地,原本应是大丰收,但现在大伙却都笑不出来。

为了让大家把优质产品卖出去,2月26日上午十点,我们组织了一场别开生面的农产品产销对接活动,为十余家合作社提供场地展示自己滞销农产品的样品。现场也邀请到了多家大型商超、蔬菜批发市场,以及农产品流通电商企业。产销双方面对面沟通洽谈对接,减少了中间环节,活动达成多项合作意向。

活动当日交易量就有500吨,采购金额达200万元,解决了滞销农户的燃眉之急,助力了农民增产增收,同时也让固驿的优质生鲜产品迅速到达更多有需求的市民手中,丰富了大家的"菜篮子"。

这期间,我也体验了一回"固驿特产主播",亲自为合作社滞销的耙耙柑进行网络直播带货。万和兴合作社负责人乐开了花,激动地把我拉到他的气调仓库:"真是太感谢你们了,现在东北的网络订单蹭蹭往上涨,我现在这儿120多个工人轮流加班加点装车发货!"

一年之计在于春,农时不等人。春耕备耕又到了关键时期,我带着大伙一起利用无人化设备进行田间管理,提高作业效率,也降低人员聚集,把最新的技术融入抗疫保产一线。这春种播下的,是我们满满的希望。

认认真真办理一件件民生小事、实事,我逐渐发现,村民们越来越愿意有事找我帮、有话找我谈。而在田坎边、在山沟头、在院坝里、在走家入户中,我深刻体会到,多跨群众的家门槛,大家就把我们记心坎。

个人简介

方俊钦,广东普宁人,出生于1987年12月,北京大学地球与空间科学学院2015届博士毕业生,在校期间曾担任学院团委常务副书记(主持工作)。作为福建引进生,曾任泰宁县委常委、下渠镇党委书记,2020年4月起任沙县县委副书记。

难忘战"疫"每一天

◎方俊钦

2020年2月8日,多年后我一定会反复记起,这个在下渠镇度过的夜晚。

下渠镇每到晚上,总是极静谧、极幽深的。整个镇子在宁静的夜色中安眠,静静地期盼着天亮。但自新年以来,镇卫生院、党政办、卫健办、综治办几处,到了夜里却总是灯火通明,与周遭的黑夜形成鲜明反差。

翻开笔记本，重新梳理一天下来的防疫工作情况，整理台账，不知不觉镇上的灯火又只剩下这最后几盏。但灯火越少，头脑里堆积的问题却越多。

健康管理对象和县外返泰人员基数庞大，干部"一管多"无法兼顾到位，要如何统筹？口罩、测温枪、消毒液、交通劝导点补给……防疫物资是重中之重，后续的缺口，要如何补足？

持久战的疲惫心理，群众的防护意识松懈，要如何克服？马上春耕备耕，企业复工，全镇经济社会发展和老百姓生产生活秩序，要如何保障？

数字连接着牵挂

自大年初二从广东普宁老家返回泰宁战"疫"一线到现在，时间过得又快又慢。说慢，全镇上下每天笼罩在疫情的阴霾中，看到辛勤的医护人员和志愿者们昼夜不停地艰苦奋斗，可以说是度日如年。说快，不知不觉已是元宵节了，单位距离泰宁县城的家才短短十公里的距离，今天却已经是我未曾回家的第十三天了。今晚视频里，儿子一声"爸爸"把我的心喊化了。"爸爸在战斗，等爸爸打了胜仗，马上回去陪你……"但我心里清楚，阻隔的是家人的思念，撑起的却是下渠镇131平方公里的希望。

自打疫情暴发以来，我的办公桌上就长期放着一份健康管理对象名单。名单上每天更新的数字，背后是镇包村干部、卫生院、村干部三级联防联控机制，每日跟踪面访、医学观察的无数努力……今天更新的县外入泰人员三级管控名单，我镇共有外省（除湖北外）返泰人员465人。

平日里亲朋好友们，总是在微信运动中展示自己每天的步数，暗暗比较着运动的成果。疫情暴发后，大家隔离在家，步数纷纷一落千丈。但是，公务人员们的步数，却一天比一天多。26205步也只能在我的微信运动中排到第三。今天跟卫健、交通的分管领导一起走遍了各交通劝导点，了解交通情况，并给轮班值守的镇村两级干部们传递信心、送去慰问。大坑村、下渠村、宁路村的《人员进出登记信息表》都登记得很详细，村里开具的《泰宁县疫情防控期人员出行凭证》不多，在广泛宣传、设立卡口和严格落实县指挥部7号公告之下，人员流动确实明显地减少了。

在下渠村交通劝导点还有老百姓给我们点赞，有个大爷告诉我："下渠有你们，一定平平安安！"那么平实的语言，却那么温暖。

前几天我联系了在深圳从事医疗物资行业的同学，他捐赠的3000个医用口罩和 15 把测温枪均已优先保障防疫一线工作者。今天，终于听到交通劝导点上兄弟们的反馈，目前防疫物资配备充足，心里的一块石头才算暂时落地了。至少目前的物资供应，我们还是有能力保障的。

"好累，真的好累！"

这句话我没对妻子说，没对儿子说，没对同事说，没对百姓说，甚至也不敢、不愿对我自己说。我只能趁着夜深，轻轻地记在我的日记里。个中辛酸，就交付给时间，好好回忆，细细品味！

战战兢兢，如履薄冰。面对重大疫情，每天都感觉自己背上有很多沉甸甸的分量。每天一睁眼就需要对接各种各样的工作，生怕自己出错一下就耽误很多人的很多事。每天报表的"0"真的会让人从喜悦变成焦虑，因为每一个零都代表着这个镇子全体百姓的平安。真的体会到了《三体》里面壁人的苦楚，也多少次在深夜辗转反侧，问自己在历史十字路口，怎样才能做到坚定无畏，大步向前。

年关难过，大家都希望在这个时候和家人、朋友团聚，我和他们一样，但因为疫情，我们都在同一个地方感受着不同的艰难。庙会取消、龙灯取消、聚餐取消，每一次站在老乡面前沟通这些事情时，我都要反复琢磨好久，第一句话怎么开口。遇到家里有人去世的，这种沟通就显得尤为艰难，每次都要在门口徘徊很久，墙内的哭声和墙外的焦虑，这种七上八下的心情，真的不想再体验。

可是，不管昨夜的内心有多挣扎，当新的一天开始，我还要鼓足劲头、走向岗位，因为坚守平凡岗位，就是在守卫所有人的平安。每一天的天亮都是昨夜挣扎的消退和今天坚定的开始。

虽然口罩遮住了老乡们的脸，但发自内心的支持和微笑却无法被阻断。就像这个小镇最近的天气一样，民若安好，便是晴天。

个人简介

宋金芝，宁夏永宁人，出生于1987年12月，北京大学基础医学院2017届博士毕业生。作为宁夏选调生，在石嘴山市大武口区青山街道工作，2019年3月起任街道办副主任。新冠肺炎疫情期间，担任青山街道疫情防控工作组副组长。

和社区居民在一起

◎ 宋金芝

键盘上敲下的文字删了又写，偶尔门外走廊传来窸窸窣窣的声响，夜已经深了。今晚又轮到我值夜班，少有的安静，属于自己的时间。想到今年春节，有点遗憾，没能和家人见上一面；但更多的是，松了口气。新冠肺炎疫情暴发以来，我和同事们在社区待了51天，实现了整个青山街道"零感染"。疫情的寒冬里，和社区居民在一起的日子，酸甜苦辣尝了个遍，想来真是一段难忘的记忆。

并不两难的选择

除夕夜，怀着和家人团聚的期盼，我和同事们加班加点，站好最后一班岗。为了避免火灾、爆炸等安全事故，我和社区干部们中午就前往辖区的主要街路，引导大家自觉到祭祀设施处规范祭祀。忙碌了一整天，看着社区平平安安，我悬着的心放了下来，在此起彼伏的爆竹声中倒头睡着了。然而，一觉醒来，我迎来了人生中最饥饿，也最有成就感的一天。

初一一早，没等吃早饭，我匆匆驾车赶往永宁老家，爸妈还有公婆一家都等着我回家吃团年饭。十点左右，我收到街道工作人员尽量返岗工作的消息。

宋金芝 ◎ 和社区居民在一起

这一刻没多想，顾不得给爸妈和公婆打电话，我在最近的一个路口离开高速，调转回头，踏上了返岗的路程。

中午回到单位，单位已经热火朝天：小到防疫物资采购、辖区人口排查、社区卡点设置，大到社区防疫宣传、重点人群监控、医学防护措施……没顾上吃饭，我和同事们认真规划，千头万绪！随着夜幕降临，"致居民朋友们的一封信"的广播响了起来，"众志成城，万众一心，坚决打赢疫情防控阻击战"等字样的横幅挂了起来，社区卡点设置和辖区人口全面排查等工作也开始推进。看着居民们纷纷戴上口罩，我舒了口气，算是开了个好头。

回到宿舍，已经凌晨两点了。打开手机，看到一条条疫情相关的新闻，心情有些沉重。尤其当我看到妈妈和老公询问我是否平安的信息时，眼泪开始打转，有些想念他们。但我知道，眼下防控疫情才是我最重要的工作。我希望远方的家人能平安顺遂，更明白此时此地，有一群朝夕相处的居民需要我来守护。

物资采购行动

我们面临的首要难题是采购防疫物资。疫情暴发突然，加上春节大部分店铺关闭，采购物资变得尤为困难。可没有口罩、消毒液，巧妇也难为无米之炊——一场"物资采购行动"就此开始。我们在线上发布求购帖，迟迟无人回应。时间不等人，我们决定出门，直接搜索开门的商户。

"您好，咱们这儿还有口罩么？"是我当天说得最多的一句话。我骑着自行车，穿梭在街头巷尾，视线扫过一排排商铺。每每看到开张的铺面就会登门问询，当抱上几盒口罩走出店门时，心中就一阵狂喜。就这样，抱着试一试的心态，车筐逐渐被堆满了。那天风刮得脸疼，戴着手套也敌不住风往手心灌，街路上挺空荡，没什么年味儿。但看着车筐里的口罩，我还是很激动。

我和同事们分头跑遍了散落在大武口区街巷里的每一个商户，深夜终于购置到3500只口罩和50瓶消毒液。当我们拎着大包小包的"战利品"，把它们放上办公桌的那一刻，手腿的酸痛一扫而空——明天单位同事就都能用上口罩了。

当然，紧缺的不止口罩。防护服由区里统一派发，平均下来，一个社区只能分到一到两件，这是最珍贵的物资。最开始社区工作人员进行门洞消杀时，"日抛"防护服。看到只用了一次就被扔进垃圾桶的防护服，我心疼得直跺脚，怒气直冲上脑门："怎么用一次就扔了呢！喷上消毒液，放在太阳下晒几个小时还能再用，医生看到咱们这么浪费不知道多心疼。"现在想想当时没控制住情绪，还挺不好意思。好在同事们理解我，也相信我作为医学生的判断，自那以后我们一套防护服可以用两到三天。后来，区里防护服也不够用了。我灵机一动，告诉大家"雨衣即战衣"。于是，冬天大日头下，社区的各个居民楼里，时常能看到一片花花绿绿的雨衣。

知识战胜恐慌

2月4日，我管辖的一个社区出现了一位特殊的隔离对象，一位七十多岁的老人。当日，她的女婿被确诊为石嘴山市首例新冠肺炎患者，女儿也被隔离了。想起前些天看到的新闻——父母确诊住院，居家隔离的孩子没人照看饿肚子——我意识到一定要保障好老人的生活。我立即打电话给老太太，老人情绪有些激动，她一个人住，居家隔离无法购买生活物资。挂了电话，我开始动员社区干部，对重点隔离人员提供代买代办等生活服务。

没想到，团队内部过度恐慌，是我要攻克的第一个难关。

"代买代办等生活服务如何开展？我接触她，如果我被传染了怎么办？"

"我也上有老下有小，我不能倒下。"

"口罩够吗，防护服够吗？"

此起彼伏的质疑和恐慌让这间本就不大的社区办公室显得更逼仄了，气氛有些紧张。这一刻，我真切感受到了基层工作者缺乏专业知识带给工作的阻力。我深吸一口气："大家先不要吵，重点对象没那么可怕。我是学医的，我会告诉大家如何做好防护。你们要相信我。"

大家将信将疑。

第一次给辖区的"重点人员"倒垃圾，我和一名社区干部一同上门。出发前，他在我面前穿戴防护服、口罩、手套武装了好几层，不停问我："这样真的没问题吗？"看着他把自己包得严严实实，我忍不住笑："别说新冠病毒，空气都近不了你的身。待会儿接触前后各喷一次消毒液，过一个小时再把垃圾放到专门的垃圾桶，保准没问题。"

就这样，我边示范边引导，一点点纠正社区干部的错误观念。慢慢地，大家不再害怕了。

由此，我们对来自湖北等11个重点省份的500多名重点人员开展"四包一"服务——一名包抓领导、一名包抓党员、一名网格员、一名社区医生，四人负责对接一名重点人员，提供精准服务管理，实实在在地筑起了防线。

我知道，我们多跑路，群众在家才能待得安心放心；我们有知识，工作才能做到万无一失。到后来，居民在屋里听到我们上楼的声响，好多隔着门对我们大声喊："你们辛苦了！"

食物的温暖记忆

食物往往是最能让人瞬间感到温暖的。一天中午，我在辖区一个卡点进行日常检疫登记，手机突然响了——"宋主任，现在回社区来吃饭，有好东西！"我心中疑惑，哪来什么好东西呢？去了才知道，原来一个社区干部家里人看我们工作太辛苦，特意包了饺子，大伙儿一起吃。热气腾腾的饺子装在塑料饭盒里，摆了满满一张桌子。我大口吃了起来。

吃着吃着，莫名有点想哭：我真的太久没有好好吃顿饭了。吃饭是我日常生活中最发愁的问题：我白天奔波在各个卡点和小区，晚上常要值夜班，没时间自己做饭，过年到现在，每天都靠泡面顶着。前两天，因为工作强度大，没撑住，我去医院吊了盐水，打完针骑上自行车就匆匆往卡点赶。而在惠农区上班的老公，本想来照顾我的生活，也因疫情管控，无法出行……

"这个比较大，姐你来一个！"社区一个小姑娘夹了个饺子到我碗里——幸好！这把我从"自我怜悯"的状态中及时解救了出来。

大家你一言我一语，吃得满足，我又跟着开心起来。肚子饱了，心也暖了。在我心里，这顿饺子就是迟来的年夜饭。

关于食物最深刻的记忆还是来自社区居民。2月4日，市里公布第一例确诊病例的当天，我在小区门口的卡点执勤。那天，石嘴山刮起了凛冽的寒风，天气很冷，四点左右天就暗下来了，我裹着厚厚的羽绒服，还有些哆嗦。还在想着怎么做好居民的思想工作才能让他们更好配合我们的工作，后背突然被戳了一下。转头一看，是平时常打交道的一位大叔，他举起手中的购物袋，笑着说："今天天冷，你们辛苦了，有你们在，一定能战胜疫情，我们放心！"有些意外，但真的好感动，我连声说谢谢。喝着大叔送来的牛奶和八宝粥，虽然冰冰的，心里却格外甜。后来告诉交班的同事，居民专门送来慰问品，大家都很感动：被社区居民理解和惦念的幸福，千金不换。

前些日子，受母校邀请，我和西藏、新疆等八个省市的选调生代表在线上集体学习了习近平总书记给在北京大学首钢医院实习的西藏大学医学院 2015 级本科班同学回信精神。信上写道:"希望你们珍惜学习时光,练就过硬本领,毕业后到人民最需要的地方去,以仁心仁术造福人民特别是基层群众。"读起来真是感慨,一幕幕往事走马灯般在眼前闪过:三年前,我从基础医学院毕业,带着以"仁心仁术"干一番事业的决心意气风发地回到了宁夏。这几年,面对纷繁复杂的工作有过迷茫,但在听到群众的一句感谢后,真切体会到被需要就是一种幸福,我因而不断地被激励。

疫情当前,我更明白了造福基层群众,不仅需要千万个我们日日夜夜地付出和守护,更需要播下一颗种子,以"一棵树摇动另一棵树,一朵云推动另一朵云"的姿态,去唤醒更多的灵魂。

现在的我,希望成为那颗种子。

个人简介

张洪涛,河北卢龙人,出生于1988年11月,北京大学公共卫生学院2014届硕士毕业生。作为河北选调生,在秦皇岛市海港区海港镇锻炼两年,在市卫健委挂职一年,现任秦皇岛市海港区卫生健康局副主任科员、区疾控中心副主任(挂职)。

"核酸检测"的故事

◎ 张洪涛

1月22日,河北省卫生健康系统全面取消节假日休假。两个月以来,我和疾控中心的同事们坚守在抗疫一线,放弃了与家人团聚的机会,时刻准备出发。到目前为止,一共完成770份样品采集送检工作,无一差错。

采 样

1月31日凌晨2:00,"铃铃铃……"一串急促的电话铃声响起。

"核酸检测阳性,回单位吧!"

接到领导的电话后,前一天晚上十一点才回家的我立刻起身赶往单位。

十分钟后,我投入了疫情防控分析会的讨论中。分析确诊病例行程,摸排密切接触者,手头的工作做完,已经早上九点了。

这位患者一周前从北京返回秦皇岛,是海港区首例新冠肺炎患者,也是秦皇岛市首例确诊病例。按照区委主要领导要求,我和同事们制作出他的行程示意图,并摸排出了89位密切接触者。

2月5日12:30,我们接到后续任务——对这89名密切接触者进行鼻咽拭子采样,做核酸检测。

完成采样工作，需要采样组、消杀组两组人员间的密切配合。采样组的成员都是检验科的同事，我这个组长却是"外来人员"——分管检验科的副主任负责消杀组的工作，我被临时抽调来主持采样工作。

事实证明，能与他们共同奋战在一线，是我极大的荣幸。

日复一日地实践，我和同事们早已对采样工作的流程烂熟于心。八个人，四个小组，24小时轮班倒，配合默契。接到流调组传来的名单后，我立即将其中的人员按地区划分，分配给四个采样小组。与此同时，队员们争分夺秒地准备采样用具，核对病毒采样管、鼻咽拭子的数目，在病毒管上标注好每一位待采样者的姓名。

我要与每位居家隔离人员电话沟通，获取对方的同意。有时也会遭到质疑："你们都穿着防护服，会不会把我家污染了？"我一遍又一遍耐心地解释："我们每采集完一个标本都要消毒的，肯定不会把病毒带到您家。如果实在不放心，我们就在家门外给您采样。"所幸听完解释大家都很配合。

17:10，随行车辆、消杀组安排到位，四队人员先后出发——其中两队前往集中隔离点，另两队则对居家隔离人员挨家挨户登门采样。

目送身着防护服的同事们离开，我回到办公桌前，等待电话铃声的响起。

"铃铃铃……"半小时后，第一通电话如期而至。

"组长，住在303号的隔离人员不在屋里！"电话来自前往隔离点的同事。

"好的，我马上确认。"

我立刻联系隔离点的负责人员，核对好情况，再把电话回拨给同事。

"他换房间了，现在住在510。"

"收到！"电话中随即传来忙音。

这样简短的通话充满整个采样过程，新发情况接踵而至，我负责把它们一一解决。

采样、送样，直到凌晨一点，最后一组才完成工作任务。

2月份的秦皇岛，夜间温度低至零下12度。寒风阵阵，将脸庞吹得通红，却没有人有怨言。

回到单位，看到大家脱下防护服满头大汗的样子，我问道："很累吧？"大家摇摇头："我们都知道这个春天特殊，这是我们的工作，哪有什么累不累。"

回　家

首例确诊患者出现，拉响了秦皇岛市基层工作的警钟，也开启了我长达20天的"战地"生活。

等待流调组统计采样名单，根据名单分配采样任务，做好采样前期准备，出发采样，采样—消毒—再采样，送检样本，等待核酸检测结果，汇总数据并上报——每天的工作流程明晰，却容不得任何差池。

为了提高工作效率，也保护家人的健康，我和同事们被安排住进了单位周边的宾馆，隔离居住，晚上不能回家。我有一个月没见到妻子和孩子。

在社区工作的妻子大年初一就返回了岗位，我留宿在外，意味着她在工作之余，还要独自承担起照顾小孩的重任。我担心三岁的儿子太顽皮，会牵扯她太多精力，一有时间就打电话过去询问情况。

一天，妻子接起电话，不等我开口，就迫不及待地分享："咱们儿子太贴心了!"我有些好奇,这个小捣蛋鬼还有贴心的一面?

"我今天下了班去咱妈家接他,妈说儿子下午吵着嚷着要早点回家,说要回家陪妈妈呢!"儿子的懂事让我惊喜不已,嘴上却佯装吃醋道:"什么时候也懂得关心爸爸就好了!"

20天后,我终于又站在家门前,转响了门锁。"谁呀?"妻子的声音从洗漱间传来。"是我!"妻子急忙跑了出来,手上还挂着水珠。她右手接过我的手提包,左手把食指比在嘴边,小声说:"儿子睡啦!"我点点头,用力呼吸着只属于家中的熟悉气息。

第二天早晨,听到闹铃的我从床上挣扎着坐起来,却被妻子按回了被窝。"你再睡会儿,别去买早饭了,我给你做!"我乖乖躺了回去,贪婪地享受着久违的温馨。

吃完早饭,儿子拿着玩具车蹭到我身边:"爸爸,你好久没陪我玩了!"我一阵心疼,连忙拉着儿子走向他的"玩具世界"。

"爸爸,我告诉你个秘密。"儿子突然停下了手中的动作,任由小车飞出了赛道,"昨天晚上我睡不着,一直在想你,想着想着,就听到你回来了。"儿子用澄澈的眼睛凝视着我:"下次我一想你,你也会回来吗?"

我怔了一下,鼻头有些发酸:"爸爸答应你,每天一定都回家。"儿子笑了。此后的一个月,每当我因高强度的工作觉得疲惫,儿子的笑容都会浮现在脑中。

妻儿是我时时刻刻的牵挂,却又为我带来了无穷的工作动力。因为他们,我感受着百倍的幸福。

声 音

两个月来,从"外防输入、内防扩散"到重点防范境外病例输入,疾控部门的工作重心发生了变化,难度也逐渐升级。面对不断变化发展的形势,我们丝毫不敢掉以轻心,尽力把工作做到没有疏漏。防疫工作屡见成效,我却总会回忆起一些印象深刻的画面,在心里告诉自己:我们应该做得更好。

疫情初期,我曾因信息接收过载,出现过短暂的焦虑。破百、破千、破万……确诊数字失控般增长。"这到底是一种怎样的病毒?它从哪里来,又会怎样影响我们的生活?"对未知的恐惧一度让我有些焦心。这种难以纾解的精神压力,使我意识到了心理干预的重要性。对疾病的认识需要过程,在群众建立起理性的心理防线之前,心理辅导必不可少。只有心理干预发挥更多作用,才能使社会消除恐慌，更加科学地应对疫情。

随着工作走入正轨，防疫工作流程日渐完善，"上报表格"逐渐成为我和同事们工作的重头戏。操作规范、档案真实、数据严谨，这是我们工作的基本要求。全国人民每日关心的疫情数字，离不开各地疾控部门夜以继日的统计。

但在实际工作过程中，针对同一批样本，不同上级部门往往需要采集不同数据，这使得基层工作人员每天要花费很多精力整理数据。我们常因为处理数据的压力，不得不压缩采样、送检的工作时间，这不免有些"喧宾夺主"。

工作任务固然繁重，我却不能，也不应当停止思考。来自基层的声音，是推动整体工作发展必不可少的动力。我坚信，只有在日常工作中想得更多，做得更细，才能在面对挑战时更从容有力。"聚是一团火，散是满天星。"哪怕每个基层工作者的思考都只是微弱的光，聚在一起就是照亮百姓生活的明亮火焰。

程华,湖北黄冈人,出生于1988年11月,北京大学经济学院2019届博士毕业生,在校期间曾赴美国波士顿学院访学一年。作为湖北选调生,现挂任荆门市东宝区政府党组成员。

我的抗疫主战场

◎ 程华

哪里有需要,哪里就是战场

"有人愿意来做志愿者吗?党员优先!"社区微信群里响起一条消息。

1月23日,武汉封城。我所在的黄冈市——湖北仅次于武汉的疫情重灾区也随之宣布封城。

这是我回家的第二天。2019年博士毕业后,我被选派到湖北荆门市东宝区,成为一名基层挂职干部。正值春节假期,我从单位回到老家黄冈市蕲春县。第二天,疫情防控响应级别升级,所有人都被要求自行居家隔离。

因为封城,蕲春县和荆门市的通道已全部关闭。看着逐渐攀升的感染人数,我意识到,自己可能短期内无法回到荆门的工作岗位了。

但是,只有回原岗位才能工作吗?

我想一定不是的。既然这是场疫情防控阻击战,那么对于一名党员来说,哪里有疫情,哪里群众有需要,哪里就是战场。

"我报名!"面对群里的消息,我坚定地敲下三个字,点击发送。

2月4日,我前往居住地社区正式报到,成为社区第一批党员志愿者。

从这一刻开始,社区,成为我的抗疫主战场。

是"守门员",也是"信息员"

社区防控的第一步,就是实行封闭式管理。所以,我成为社区"守门员"。

每个小区路口需要派专人负责值守,最大范围减少人员流动,想要有效阻断病毒传播,就必须守好社区的这扇大门。

守门员的工作听起来简单,但每天精神紧绷地坚持下去却有诸多不易。有时,碰见南方的阴雨天气,寒风从袖口往里灌,一阵湿冷侵袭全身,对着鲜有人经过的小区路口,心里退缩的念头还没来得及出来,又被按了下去。面对严峻的疫情,我深知把好小区这道关口的重要性。处于疫情重灾区,更加不能松懈。

除了做好"守门员",我还要当好"信息员"。

蕲春县距离武汉市和黄冈市区都很近,春节期间有大量从疫情中心返乡的人员。于是,我也报名参与了社区排查工作。

其时,社区能提供的防护资源非常有限,最初只有普通的口罩,我还得计算着、节省着使用,不能时常更换。而我面对的许多群众也并没有储备口罩等防护物资,只能够"坦诚相对"。面对越来越严重的疫情发展,每次上门排查前,家人总是忍不住反复叮嘱我戴好口罩、注意防护。

家人的担心我能理解,我也一直宽慰着家人,但是说实话,有时候我心里也会忍不住打起鼓来:"每天接触这么多人,暴露在各种环境中,我会不会也不幸'中招'?"还好,忙碌的工作节奏让我来不及多想。每一天,排查的脚步都不能停下,只有快速行动,不落一户、不漏一人,才能精准掌握人员情况,把疫情扼杀在摇篮里。再怕,再担心,也要硬着头皮上。

每日的排查是一方面,数据的全面掌握和记录也非常关键。收集人员信息后需要及时汇总、核实、梳理以及上报,做到人员信息及时有效更新、动态监测。经济学专业的学习背景,让我在这方面有一定积累,做得还算得心应手。于是我主动接下这份工作,成为名副其实的"信息员"。

每天,需要统计的信息量都很大,我时常要工作到后半夜。但是,当我看到一条条信息被梳理清楚,可能存在的风险和盲区被一个个消除,实时的动态监测不断更新,我感觉自己这点儿困倦劳累真不算什么。抗疫工作中容不得一点马虎,我所做的事情虽然微小,但是只有将它们都做到位了,我才能够放下悬着的心,安稳睡去,迎接离抗疫胜利更近一步的明天。

只要群众需要,我就是"快递小哥"

身处疫情重灾区,群众的生活多有不便,我所在的志愿者小分队一直在为居民们提供"上门服务":逐户测量体温、排除隐患、普及知识、听取需求。在挨家挨户地上门走访过程中,我们也与居民们逐渐熟悉起来,发现了很多居民的现实问题和困难。有位准妈妈已经怀孕八个月了,急需去医院完成进一步的产检,但是疫情之下小区封锁,公共交通也暂停了,可以说是"寸步难行"。了解她的情况后,我们赶紧上报申请,第一时间为她开辟了绿色通道:小区已经封死的卡口重新打开,在专车接送下,这位准妈妈前往妇幼保健院检查完毕并安全返回。之后,我们也与这位准妈妈定时联系,继续为她提供"定制化"服务。疫情形势严峻,我们更要尽全力呵护好即将降世的小生命。

社区封闭管理后,居民们都需要自我隔离,很快物资供应就成了大问题。不少居民都反映家里的大米、蔬菜、肉类、卫生纸等食品和日用品出现短缺。

有问题,就必须得解决!经过讨论,我们很快决定给大家提供"快递服务"。

按照居民们的需求，我们列出了长长的清单，每天清晨，对照清单，在全县范围内进行大批量、精准化的采购。采购齐全后，再把物资运回社区，在楼下分类发放，真正成为居民们随叫随到的"快递小哥"。

室外天气严寒，每天的物资种类又多，"快递小哥"的活儿并不好干。采购物资刚送到小区时，居民们"蜂拥而至"，心情急迫。我得耐着性子不断解释，活脱脱像个"播音小喇叭"：一边提醒居民们注意秩序、不要聚集，一边念着清单报数，帮着居民们翻找物资、仔细核对，避免出现多拿、错拿的情况。有的居民年纪大了腿脚不便，又是独自在家，我很早便将这样的情况记下，每次物资发放时便早早提醒他们不用出门，在家等着我"送货上门"就好。

快递小哥的工作说难不难，说简单却也不简单。做一名合格的快递小哥，将一袋袋蔬菜水果、纸米油盐分发到位，我能感觉到自己在切切实实地帮助社区居民们解决生活问题。每帮到一个人，我的心里就踏实一分。

抗疫战场上，我不是一个人在战斗

抗疫的战场危机四伏，但我知道，我不是一个人在战斗。

在防控形势严峻而防护物资严重缺乏的条件下，我所在的枫树林社区第4和第8党小组一直冲在第一线，没有一位同事后退一步。

一位同事感慨："这么大的事情，我这辈子可能只会碰到一次，能够在一线为大家做点事情，我真的感到很幸福！"这样的话说出了我们共同的心声，大家互相鼓励、互相支持的精神也让我积蓄了更多的力量。

截至目前，我们负责的蕲春县漕河镇枫树林居委会燕子楼社区没有一人感染，成功做到零病例零确诊，这可以说是对我们的最大鼓励！

虽然没能回到荆门的工作岗位，但我一直远程参与那边的工作，可以说是"身在蕲春、心系两方"。我负责对接联络的游泳运动员傅园慧通过公益组织"抱抱熊"爱心捐赠的十吨蔬菜已经运抵湖北省荆门市，第一时间全部免费发放到各个社区和卫生院。

看到荆门的情况也逐渐好转起来，在蕲春下沉社区的我，心也更加安定了。

在社区抗疫的一天又一天过去了，最近社区里的人们变得更加亲切热络。疫情总会过去，破晓终将到来，岁月依旧静好，我相信，那些负重前行的人也都会在放晴的日子露出更加灿烂的微笑。

何茂增，山东菏泽人，出生于1988年12月，北京大学软件与微电子学院2016届硕士毕业生。作为重庆选调生，在渝北区双龙湖街道办事处工作，现任经发办副主任，2019年8月至今被推荐到重庆市扶贫办顶岗锻炼从事扶贫工作。

疫情期间的几通电话

◎ 何茂增

今天上午，重庆最后一例确诊患者治愈出院，重庆确诊病例清零。在这样一个特殊时点，我内心有些想法，想回顾这近两个月的经历，想给自己的抗疫之路写个小总结。然而，脑海里最先蹦出来的，居然是几通电话。

这下真的帮不上什么忙了

大年初二，我给街道党工委书记打电话："刘书记，听说大家初一就开始上班了，我想早点回去支援街道疫情防控。"书记说："你现在借调到市扶贫办，又在山东老家，你灵活安排吧。"我查了查原定初七的返程票，发现能改签的最早返程时间还是初六。后来，春节假期延长了三天，其间家人劝我再多待几天，我只是说那边还有点事，还是早点回吧。

出村公路被一辆报废的三轮车斜挡着，三个人硬是将它又往边上推了一步，我们才顺利出了村子。去车站的路上，还要途经几个村庄。保险起见，我们绕上了105国道，一路上测了两次体温，终于到了火车站。候车厅里空荡荡的，进到车厢里也只有四个人，大家离得远远的，安静地坐着。北方寒冬，早晨还有白雾，迎着太阳也只能看到一片光影。我心里很是压抑，拿起手机翻看消息，想尽快从压抑中摆脱，谁料却看到了市政府发布的外地回渝人员一律居家观察14天的通知。这下真的帮不上什么忙了！

我好像得到了心理补偿

回渝第3天，市扶贫办社扶处打来电话，让我统计山东省和中央单位支援重庆市疫情防控医疗物资捐赠情况。

医疗物资源源不断地驰援重庆：烟台市从市级储备物资中调拨2万只口罩发往巫山县；两家日照企业协调捐赠1.2万余只口罩用于黔江区疫情防控；威海市组织挂职干部、专业技术人员捐款2.48万元；中核集团向石柱县捐赠100万元用于防疫工作……一串串数字背后是一双双期待的眼睛，一箱箱物资背后是一道道忙碌的身影。

看到不断变长的捐赠记录列表，我心里热乎乎的，不光因为我是山东人，更因为患难之中这份难得的情谊。这种情绪之下，起草给山东省和中央单位的感谢信变得很容易，我本来就有万分的感谢、万分的感动想要表达。全国各地汇集来的爱心，各个省市和单位守望相助的温暖，让我不时感到激动振奋，居家观察的焦躁不安也少了几分。

"没问题，我可以两头跑"

回渝第14天，我接到办事处主任的电话：企业复产复工人手短缺，希望你和市扶贫办协调一下来支援街道。我当即表示："没问题，这边事情不算多，我可以两头跑，我一定支持。"第二天，我来到熟悉的街道办和同事们并肩作战。

我在街道的主要工作，是汇总和初审持续营业和申请复工企业、个体户的上岗人员信息，对接派出所核查人员活动轨迹，研判和反馈核查结果。

刚开始有些不顺手：很多新情况没有明确标准，不好把握；持续营业的企业和个体不在少数，我必须尽快核查完持续营业的员工的活动轨迹；递交了复工申请的企业也特别着急，天天电话催，一次次跑过来问。大家的焦急和关注我很理解，这也鞭策我必须把工作做好做细也做快，当天的活儿当天了结。

就这样，白天忙复产复工，晚上忙脱贫攻坚。20天里，我协助核查了约2600名人员活动轨迹，有170多家企业和重点工程项目顺利复产复工。后来因为市扶贫办工作忙了起来，我只能做好工作交接返回扶贫岗位。

我学到的重要一课

新冠疫情给脱贫攻坚战带来不小冲击。贫困劳动力外出务工遇到不少麻烦，春耕春播农资短缺，农畜产品滞销，贫困子女在家上网课缺手机、信号不好等等，这些都是影响脱贫攻坚成效的现实因素，也都是扶贫干部特别是基层干部念兹在兹的牵挂。

上周我参与了三个区县的督导调研。为了解情况，我给 30 户贫困家庭打电话做随机调查。电话结尾我一般会问一句：您还有其他困难吗？有一户的回答我印象深刻："困难嘛还是有，但不想再麻烦政府了，我自己克服。"

我心里五味杂陈。联想到去年走访的一户：户主是一位 60 岁左右的农民，他给大家介绍家里的情况，说这几年不容易，但自己还能干得动。"国家这么大，这么多事情，如果都靠国家来接济我们，那国家也负担不起啊！"我转过头，看到他坐着轮椅的老伴在一旁无声地痛哭。这个家庭的苦难，可能比我们眼见的还要多。但他们，选择尽量自己扛。而我能做的，只有更拼命、更扎实、更坚定地工作，才能对得起这份体谅、这份质朴、这份感动。

电话联系的这 30 户里，没有一户不满意不认可疫情期间帮扶干部的工作，但他们的困难仍摆在面前：不能外出务工。找不到活干，收入就会减少，而支出并不会减少。疫情早日结束，才是解决困局的根本办法。

走出校园来到重庆，已经三年半了。这三年半里，遇到了不多不少的人，和每个遇到的人有或多或少的接触。我最大的收获、最深刻的触动、最有力的支撑，都来自普普通通的他们。他们可能是贫困户，可能是企业主，可能是身边的同事，他们在自己的天地里努力打拼，希望给自己、给家人、给员工挣一份更好的生活。而整个社会前进的巨轮，不就是这一个又一个鲜活生动的普通人在推动吗？尊重平凡、尊重劳动、尊重生活，是社会教给我的重要一课。

个人简介

韩剑,内蒙古兴安盟人,出生于1989年1月,北京大学政府管理学院2019届硕士毕业生,被评为北京大学优秀毕业生。作为吉林选调生,挂任白城市大安市安广镇副镇长。

做真正的北大人

◎ 韩剑

坐在办公桌前,看着电脑的光标不断闪烁,就像我的心情一样起伏。

已经回到镇上快两个月,难得有一天在夜深时可以静下心来看看这个办公室。桌前的绿植给这个灰白色的空间装点了一丝轻松的气息,已经忘了上次给它浇水是什么时候,但它却顽强地生长着,偶尔也会被开门关门带起的寒风摇曳起脆弱的枝丫,但岿然不动的绿色总能给人一种沉甸甸的安稳。

守候的力量

想起在家看到疫情暴发新闻的那天，好像就是昨天的事。

内蒙古的家平安、喜乐，但却总感觉少了点什么。千里之外的暂停时刻还没传递到这座内蒙古边城，我便轻装简行准备返岗。两个小时的火车返程中，遇到的所有人都行色匆匆，面色都因疫情信息而略显凝重，连孩子的哭闹都好像因为寂静的空气而收住了声。

越是临近抵达，内心愈发焦虑。安广镇地理位置重要，镇上有多个农产品集散中心，人口流动大、人员结构复杂，如果疫情扩散，全镇5万多居民可能都会受到影响。那时候，我真的不知道即将面对的，会是什么样的工作开局。

当跨越180公里的我，终于踩在了终点站的土地上，所有的忐忑都变成了咚咚的心跳，应和着脚步节奏，伴我走向联系好的光明社区。

刚开始工作，看起来一如往常，当真的扎下去，却又有万千头绪需要处理。

最初回来的那几天，每天都要开一到两次会，因为总有新的指示精神要学习，总觉得错过了很多。在后来负责主抓生产企业复工、生活必需品运输等工作时，每天都有企业或批发商来询问：如何办理复工复产？参与保障的批发商需要什么资质？怎么保障日用品供货的稳定？……那种"多少事，从来急"的神情，承载的是家家户户赖以生活的绿色通道。

平战转换让我感到了这个镇子的陌生，也让我更深入地走进了它。

因为跨省返岗，我的吃住就都安排在了办公室，这样也能方便工作。办公室在一栋三层小楼里，晚上同事们下班回家后，这栋楼就只剩下我与一楼的看门大爷。夜色深沉，看着窗外万家灯火渐渐点亮，再渐渐熄灭。这份平静总能让我从白日的忙碌中逃脱出来，给予自己守候明天的力量。

传递勇气与爱

为了理解抗疫期间公众心理和事态的演变过程，我特别买了《鼠疫》这本书。一个感想就是：病菌一直存在，也许有一天会再次暴发，决定人类命运的是在抗疫过程中表现出的勇气、担当和关爱。

安广镇是一个新能源特色小镇。在吉林来说，这种能有几十家企业的乡镇是比较少的，和企业的交流在疫情期间就显得尤为重要。

有的企业和我说，"复工要政府批复，不批复不准开工；即使批复了，现在交通管制，工人无法到达工厂，没有工人，也无法开工"。对此就需要和他们理顺复工的程序。每天也都有不同的农产品批发商寻求采购许可，"水缸里的鱼空了""群众吃饭问题告急"，等等。每家商户看起来规模都差不多，但要问清楚他们是批发还是零售，是自己开车进货还是物流配货……

疫情带来的冲击在这个方寸之地和在北上广这样的大城市并没有本质不同。有时忙碌了一天，看着空荡荡的街道和社区，再掏出手机看看春节前在这里拍的照片，萧瑟与忙碌，恍如隔世。

但这种萧瑟中突如其来的关心却也让人印象深刻和温暖。

镇上有个菜市场，平日里周边乡镇都到这里来进货，批发商来办理通行证时总是争分夺秒。对于他们来说，早一刻钟拿到通行许可，早一刻钟可以营业。每天和他们的交流就像是在打仗，不知道说了多少个"你别急"，收到了多少个"还要多久"。

食堂吃饭时，无意间和人聊起此事。做饭大爷听到了却和我说，这些着急审批的商户，有些其实在给食堂、小区无偿送蔬菜。

那一刻，我觉得这些催促其实是在传递勇气和爱。

每个人都有一种本能的欲求：我们需要周围发生的事情对于自己而言是合理的、说得通的。但疫情却给了我们重新思考自己和世界关系的机会，人类和瘟疫对抗的历史是技术进步的历史，也是重新认识自己的历史。当所有的平常变成了奢侈，当我开始用脚步丈量这个社区，用隔着窗户、口罩的笑意去面对每一个人时，好像我和镇上每一个人都似久别重逢。

真实的关系固然繁杂，却让我们格外爱这个人间。

做一个真正的北大人

我已经在办公室吃住四十多天，我没有请假回家休息的打算。因为从家里再回到工作岗位需要隔离 14 天，这么长的时间会耽误正常工作进行。

两名镇派干部、四名社区委主任、十三名志愿者和我组成的小团队，继续坚持着这份工作。有志愿者家里亲人去世或孩子生病，其他人就顶上。经历过疫情，才让我明白吉林文化带给人的力量，坚强、朴实、热情、实在。每一个相识的吉林人都传递着乐观、向上的精神，一句热情洋溢的东北话好像就能吹散疫情笼罩在心头的阴霾。

好像明白了为什么北大没有校训,可能是希望我们在生活中蜕去学生的青涩,到真正需要我们的地方、真正有所收获的地方去体悟吧。忽然想起毕业时家国天下的誓言,那更像是一种守护的承诺。

经历了这场疫情,所有喜怒哀乐好像再也不需要热血沸腾的滚烫话语去注解。因为在这片土地、在这个小镇,我已经在学习、在感受、在践行共同守护的约许,把母校带给我的精神扎根在这块黑土地上。

很多人都说,明白了很多道理,却还是过不好这一生。其实,那是因为我们并没有真正懂得它们。我们真正读懂这些道理的时候,它们也就成了我们自己的人生。

个人简介: 吴疆,吉林梨树人,出生于1989年4月,北京大学工学院2018届硕士毕业生。作为吉林选调生,任职于省体育局,2018年9月起挂任四平市梨树县榆树台镇副镇长,被选为北京大学深入基层"薪火计划"首批选调生校友导师。

月是故乡明

◎ 吴疆

榆树台镇,一个面积180平方公里、4.5万人的小镇,地处梨树县以北20公里,215省道和232国道交汇处。2018年9月,时隔十年之后,我再次回到这个小镇,回到我魂牵梦绕的家乡。

街头巷尾,人头攒动。大妈们在夜灯下跳着广场舞,孩子们在操场上踢着足球,大爷们围成一圈看下象棋,看到此情此景,惬意非常,童年的种种回忆涌上心头。就这样,父老乡亲们过着安宁富足的生活,直到新冠肺炎的出现,彻底打破了小镇的宁静。

1月26日,正月初二,全镇召开疫情防控大会,所有机关干部取消休假,全员进入备战状态。当天镇里又召开党委会,会上做了分工。因为我分管卫生工作,党委决定让我主管疫情防控工作,辅助党委书记和镇长具体开展。

会后,书记叫住了我,严肃认真地跟我说:"这段时间辛苦一下,随时可能找你。"我知道,战役正式开始了。

92个夜间电话

春节期间,榆树台镇的返乡人员数量非常大。刚展开排查工作的时候,我带领着工作人员,连续好几天都要工作近二十个小时。每天早上五六点钟到单位排查统计数据,十点钟再把数据上报到县疫情防控指挥部,然后下午、晚上继续排查,最晚要忙活到下半夜、凌晨,一刻也不敢停歇。

一天夜里,县疫情防控指挥部向我们下发了一份名单,92人,都是来自湖北省,或者经过湖北省的返乡人员,要求当晚就要排查完情况上报。当时已经是晚上七点左右了,留给我们的时间只有不到五个小时。我就住在镇里,接到通知后也顾不得刚吃到一半的晚饭了,顺手抓起一件羽绒外套就出了门,第一时间往办公室赶。

镇长和党办的其他工作人员也都迅速到岗,我们把办公室里能用的电话全都用起来了。不大的房间里一时间都是此起彼伏的通话声,有些嘈杂但并不慌乱。其实之前我电话排查过很多次了,但晚上电话排查还是第一次。尤其是已经这么晚了,也不知道对方会不会配合,在等待着电话里头"嘟嘟嘟"的声音被接起的时候,心里还真是没底。

有的群众一上来就有些情绪,电话接通了,对面直接就扯开嗓子喊"你谁啊你,大晚上的你干啥的问我,你有证明吗,我凭啥跟你说",我还没开口问呢,就先接受了一波"连环炮击"。虽说我们的工作也是为了家乡不受疫情侵袭,但不被理解的时候心里免不了还是有些难受、委屈。

但好在大多数人还是配合的,电话接通了,了解完情况后,他们会说你们真辛苦,这么晚了还电话排查,挂断电话前也会叮嘱我们要注意安全、注意休息。一晚上都守着座机不停地拨号,水也喝不上几口,最后说得声音都快哑了。但听到这些话的时候,真的心头特别暖。

60 公里的巡查里程

随着疫情防控力度加大,全镇各村和小区开始设立卡点。所有的居民除了日常采购外,没有紧急事情都不得进出。每个卡点都是 24 小时值守,风雨无阻。

白天,只要有时间,我就会下到各村的卡点去巡查。榆树台镇 21 个村,各村之间的主干路、羊肠小路,我悉数了然于胸。在下村巡查的路上,曾经三三两两的行人看不见了,冰上玩耍的孩童看不见了,跳广场舞的大妈也看不见了,一切是那么地安静,只有呼啸的北风不停地刮着。

卡点就设在村的主路口上,往来登记,非本村的人员不允许进入。值守人员有的 24 小时一班,有的 12 小时一班;一天三顿要么是面包,要么是盒饭,渴了将就着喝点矿泉水。每每看到他们日夜坚守，心里就莫名地感动。

晚上镇里会安排到卡点夜巡。每天晚上的夜巡我都在，跟不同的同事搭伙走一遍同样的路。夜巡结束的时间早则21点22点，晚则要到凌晨。乡村的路况不太好，车子总是开得很慢，一路颠簸，开四个小时胳膊就会感觉很酸。

夜间的小镇换了模样。白天的时候，行驶在乡间的小路上没有觉得什么。可到了晚上，寒风呼啸，只有少数家庭开着灯，仿佛整个镇子都进入了沉睡，孤独感很容易就会袭来。

但各村的村部和卡点一定都亮着灯，这也是我们夜巡时心里的光亮。有的时候，刚好碰到卡点值守的人有紧急事，我们就在卡点帮忙夜间值守，直到他们回来。卡点的车都点着火，开着空调暖风，这是此时此刻唯一的取暖方式。我们坐累了就下去走走，等在车外冻透了，就再进车里暖暖身子。

就这样，在巡查中度过平凡的一天又一天，直到卡点取消。

55 天的共同坚守

东北的冬天，是名副其实的冬天，冻耳朵、冻脸、冻手、冻脚，寒风刺骨不是危言耸听。

有一天，镇里要求早上六点到单位待命。我分管的站所里有一名工作人员来晚了，进门的时候脸冻得通红。他家离镇政府有两公里的距离，平时都是同事开车将他送回家。今天上班时间这么早，他肯定是走路来的。他进来后一直跟我道歉，说自己没能及时赶来很不好意思。我说没关系，最近辛苦了，干活吧。

我知道，已经连续上班三十多天了，经常起早贪黑，大家都累了，太能理解他们了。一直以来，大伙儿从来没有一句怨言。我知道，他们肩上有责任、心中有乡亲，我们是一起在战斗。

我们县物资比较匮乏，口罩没办法供应，只能优先保障医护人员，乡镇政府都得自己想办法采购。镇里机关、各村、社区都严重缺口罩，有的同事甚至一次性口罩一戴就是好几天。看到我们镇同事没有口罩戴了，想起正好我办公室还有一些我女朋友给我买的口罩，我就开车给各个社区卡点值守的同事每人送去了一些。送口罩的时候，我也自己掏腰包给他们都送去了热乎的花生露。东西虽然不多，但至少希望在寒风里能给他们带去一些温暖，让他们感受到自己不是一个人在孤独坚守。

有一天，我去一个村的卡点，看到了一张生面孔，很年轻的小伙子，便跟他攀谈起来。我问他："老弟，你是本村人吗？哪个队的啊？是学生吗？"简单的交谈后我得知，他是退伍兵，特意跟村支部书记联系，想要当志愿者，为村里乡亲们做一些事。像他这样的志愿者，年纪最长的还有七十多岁的老大爷。老大爷几十年的党龄了，一生都在村里服务，对老乡们的热情从来没有减退。这次疫情，他也是第一时间站了出来，在卡点帮忙值守，让我动容。

值得骄傲的是，在全镇同事、村干部和乡亲们的共同努力下，我们镇至今保持零感染。久别家乡多年后，以服务家乡父老乡亲的身份回来，是另一种心情，另一种感觉。这一年半以来，尤其是在疫情防控期间，经历了很多。但无论多苦多累，一切都值得。我和我的家乡总在一起，我和我的父老乡亲们总在一起！

于京艺，河北石家庄人，出生于1989年6月，北京大学药学院2016届硕士毕业生。作为河北选调生，2017年7月任石家庄市长安区团委副书记，2019年10月起任团委书记。

青年防疫突击队

◎于京艺

2020年的冬末春初，无疑赋予了青年人特殊的意义，也让我这个刚走马上任的团委书记重新认识了我的团员青年。

在疫情防控阻击战全面打响之初，团委没有承担疫情防控的具体任务。但是作为区团委书记，我还是想做一些事情，为区里的防疫工作做点实事，也给长安区的有志青年实践自我担当搭建一个平台。

说实话，刚发出"长安区疫情防控青年突击队志愿者招募令"的时候，我心里是没底的。这毕竟不是普通的志愿服务，是冒着风险的战役。但是短短几天，我的队伍从十几个人增加到三百多人，从只够满足一个街镇扩展到了19支突击小分队活动在长安区的各个社区。

队员里，最小的只有20岁，最大的有40岁。他们来自各行各业，有的是大学生，有的是教师，有的是个体经营者，还有司机、工人、农民。就是这群普普通通看似没有交集的年轻人，团结了起来，每天都勤勤恳恳地驻扎在志愿者岗位上，用自己的身躯为我们的防疫工作筑起了一道防线。

这群青年，是我服务的对象，也是站在我身后伸出援手的力量。

"你去吧,把我的那份也做出来"

青年防疫突击队刚成立的时候,区里防疫物资很紧张。口罩、酒精、消毒液,这些绝大部分都被送到了最急需的医护前线,采买相当困难。为了给志愿者提供好后勤保障,不让我们的队员"打无准备的战役",我紧急联系了当地的几家热心企业和药店,七拼八凑终于筹备了一批物资。

我开着车,想将这些物资亲手送到我们各个站点的志愿者手中。上午十点不到,我从办公室出发,一路马不停蹄,一个站点接一个站点地送,跟各个站点的队长都问问有没有问题或困难,连中午也不敢休息。长安区是石家庄市最大的区,紧挨着正定,区里的道路情况复杂。我开了整整一天的车,终于在下午四点的时候来到了最后一个志愿者站点。

在这里,我第一次见到了队长徐闪闪,一个年轻的小伙儿。通过交谈我得知,闪闪是一位个体户,他报名志愿者活动的事情,还是经过媳妇儿"特批"的。我好奇地问他:"这么危险的志愿工作家人同意吗?"徐闪闪说:"其实我跟我媳妇儿商量过。"

讲到这里,他有些眉飞色舞。"我当时跟媳妇儿说,'媳妇儿,想跟你商量个事,咱们区开始招募防疫志愿者了,现在疫情这么严重,区里缺人,我想去。'一边说我还一边偷瞄媳妇儿脸色,心里头盘算着如果她不让去,我得怎么说服她。"

"我媳妇倒是答应得很爽快。她说如果有做志愿者的机会,那让我放心去吧,还说她虽然自己不能做出贡献了,但她支持我把她的那一份也做出来。"闪闪跟我说,他媳妇儿已经有五个月的身孕了,行动不方便,不然也很想加入到队伍里头来。家里的大儿子听说爸爸要来当志愿者,也举着小手想要跟着报名。

在跟我说到这段对话时,徐闪闪眼睛泛红了。他说:"这让我更加坚定了做志愿者为区里防疫出一份力的信念。每当我深夜到家的时候,儿子都在等着我,第一句话就是问我:'爸爸,疫情好转了吗?我们什么时候能开学呀?'这时我总是在鼓励儿子,看咱们这么多人都在一起战斗,疫情很快就会战胜的!"

闪闪的话也鼓励了我,一天的疲倦在这一刻也都值得了。"你去吧,把我的那份也做出来",这句话虽然朴素,但让我真切感受到了我们的青年为社区、为国家奉献的热情。

"只要你需要,我随叫随到"

青年防疫突击队成立后,我基本上每天都要到社区和街道去走走,看看志愿者们到岗工作的情况。每到一个志愿点,我都会挨个儿给社区书记叮嘱:"一定要保证我们青年志愿队员的安全啊。"我也会给志愿者们送一点简单的暖心物资。物资虽少,但我想让辛勤工作的志愿者们知道,我们是一个共同战斗的集体。

一次走访的时候,东安社区的綦书记正好来到了志愿点,我们便简单聊了这几天志愿者们的表现。綦书记指了指站在他身边的一位志愿者,向我介绍说:"这是张永,你们可得好好夸夸他,他是我们社区的开心果。"

张永也是一个餐饮个体户,从腊月二十九开始就一直坚守在一线志愿岗位上,每天没日没夜地帮着做各种工作。在我们说话的时候,张永就安静地站着,也不主动提自己做过什么,看起来很朴实,木讷中还有些略显严肃。

就是这样一位小伙子,疫情发生以来,不怕苦、不怕累、不怕危险,和社区书记一起"5+2、白加黑"地参与社区防疫。綦书记说,我们东安社区,一半是居民居住区,还剩下另一大部分是写字楼。随着疫情逐渐控制,企业复工复产提上了日程,为了保证安全,所有需要复工的企业都需要经过材料审核和实地检查两个步骤。张永就跟社区工作人员一起,每天晚上审核材料,白天奔波在几个写字楼实地检查,总是抢着干最苦最累的活。楼层高的,他来爬,路远的,他来跑,每天至少为十几家公司实地检查。

我想起张永也是一个个体户，就问他怎么自己不开始恢复营业。毕竟此次疫情期间，餐饮业受到不小的冲击，尽快恢复营业才能更大程度地降低损失。张永没开口，綦书记却抢着说，这是最让他感动的地方。张永本来已经可以复工复产了，但他选择了坚守在志愿者岗位上。

张永笑笑，轻描淡写地跟綦书记说："书记只要你需要我，我就多待几天，只要你需要，我随叫随到。"随叫随到，是一种无私的选择，也是一份安心的承诺。

他们的教官在做志愿者

青年防疫突击队上岗已经有一段时间了。过去的数十个日夜里，像徐闪闪和张永这样的故事，我见过、听过许多，也被感动、被温暖过许多次。我希望，能让更多的人知道有这样一群可爱的人在为他们默默守护，也让更多的青年尤其是青年学生们感受到榜样的力量。

我组织了一个小队伍去给志愿者们拍视频，为他们记录下自己穿着红马甲为这个社区、这个国家而忙碌的身影。

视频拍摄到阜康街道和平社区的时候，我远远听到一个浑厚的男声说："第二个动作，原地俯卧撑，四组，每组八次……"这里怎么还有训练的声音？走近了解，才知道这位男子是阜康街道青年突击小分队的队员吕健。他同时还是一所私立学校的教官。

吕健跟我说，他每天在做志愿服务的时候会开"直播"，直播的观众是他的学生。每天上午十点，直播准时开始，他就通过网络督促自己的学生进行体能训练。当问到志愿服务是否影响到他的工作时，他说："我在社区可以一边执勤，一边工作，工作执勤两不误。"

我问吕健："你为什么要边做志愿边给孩子们上课呢？"他几乎是不假思索地对我说："与其坐在家里，不如给孩子们做做榜样，让他们知道老师在做志愿者，将来他们也可以接力做下去。"

回到办公室后，我们将视频剪辑好，发布到抖音、微博、微信公众号上，让大家都来看一看志愿者的风采。

很多时候，传承也就是在一些看似微不足道的举止中完成的。

就算天最冷的时候，志愿者群里讨论的，也不是自己身体觉得寒冷，而是测温枪怎样才能保持灵敏、测得准。红马甲，红帽子，一颗颗火红的赤子之心，红色同样是这场防疫之战最靓丽的颜色。

齐璐,江西南昌人,出生于1989年7月,北京大学法学院2012届硕士毕业生,被评为北京大学优秀毕业生。作为广西选调生,先后在区县多个岗位历练,荣获个人三等功、脱贫攻坚先进个人等荣誉,现任南宁市上林县木山乡党委副书记、乡长。

"大家"与"小家"

◎ 齐璐

大年初一,紧急返岗

结束了连续三个月的扶贫迎检,腊月二十九这天我终于回到了日思夜想的家中。原以为2020年的春节假期可以松口气,好好陪伴家人。没想到,突如其来的疫情让我在大年初一清晨就接到了紧急返岗的通知。

初二这天,我拎着行李踏出家门,心中怀揣的满是不舍与愧疚。我心想,这一去又不知道什么时候才能够再回家啊!两个孩子出生后,我在家陪伴的时间加在一起不到半个月,一点儿也没有尽到照顾孩子的责任。前段时间母亲做了一场手术,我因为乡里的事脱不开身,也没能回来探望母亲,照顾父母和孩子的重担都压在了妻子一人的肩头。在百姓眼中,我或许还算称职,可面对父母与妻儿,我离一个合格的儿子、丈夫与父亲还很远。

临出门前,原以为要耐心做一下家人的思想工作,怎料刚一开口,父亲竟教育起我来:"这是你的职责所在。你要是不在,乡里面群众的安全怎么办?"爱人虽带有不舍,眼神中却也饱含着坚定。她特意叮嘱我:"要照顾好自己,注意戴口罩。"家人的话语虽不多,但他们的支持让我在冬夜里感受到温暖和慰藉。

"全乡的北大门我一定守好了！"

抗疫的号角吹响了。

起初接到上级命令要求严格进行交通管制时，我还有些担心，如此高标准的管理会不会给群众生活带来不便？群众是不是会反感？没想到，当我与村支书们谈起我的担忧时，七位村支书异口同声地说道："乡长，你放心，现在群众跟我们一样担心，这项工作我们一定能够做好，毕竟管理严格就是对大家负责。"听到这句话，我的担忧消散大半，特别是看到全乡当天就有老党员、老村干和群众共二百余人自告奋勇报名成为护庄队队员后，我心里也终于有了底气。

命令下达后，我赶到全乡最偏远的一个执勤点。那里除了一张桌子、两张凳子和一把测温枪，连个遮风挡雨的简易帐篷都没有。一名老党员带领着三名群众值守在这里，寒风瑟瑟中只能围坐着烤火取暖。我赶紧劝说老党员将执勤点后撤到村庄附近，可他依然坚持道："乡长，虽然这个点距离比较远，但这是三个庄的交通要道，位置非常关键。对面乡镇刚刚确诊了一例病例，群众都很害怕对面有人过来，一旦后退，这个执勤点就失去意义了。我们最多就是辛苦点，不碍事，大不了晚上就睡在车上。"我听完心里挺不是滋味，想着一定得帮他们鼓鼓劲儿。于是，当晚我和值勤人员共同值守在这里，摸索着将乡里仅存的民政帐篷搭了起来。深夜，供电工人紧急拉通了一条三百多米的临时供电线路，帐篷里的灯光终于亮起来了！老党员激动地跟我说道："乡长，你放心，全乡的北大门我一定守好了！"

虽然帐篷简陋、灯光微弱，但这是三庄交接处的路标，是全乡的北大门。看到这么多乡亲都在不分昼夜、默默守护着自己的家园，我的心中增添了更多的底气，信心也变足了。

爱与温暖是关不住的

最近，一有时间，我就到隔离人员家中走访。说不怕绝对是假的，但不上不行，我只能在做好自我防护和心理建设后，踏上泥泞的山路。

有位在隔离中的阿姨患有乳腺癌，正在做化疗。她家里生活条件困难，去年刚刚被确定为贫困户,一直是我重点关注的对象。因为我们县不具备医疗条件,所以她只能去邻县的医院治疗,回来后再在家隔离。我多次带着生活物资来到阿姨家中探望,耐心询问她有没有需要帮忙的地方。但阿姨不愿麻烦人,总是摆摆手表示自己一切都好。直到第三次登门,她才支支吾吾地告诉我:"其实,我想买点药回来,但现在出行不方便,根本买不到,实在不好意思麻烦你。"我暗自思忖,这点小忙算什么!我立刻告诉她:"我明天正好往这个方向来,顺便给您带点,一点也不麻烦。"

临走前,我特意叮嘱她:"我给您算了算,下次去化疗也过了14天隔离期,到时候没什么问题就可以去医院继续治疗,有什么需要您随时给我们电话。"她听完后点点头,没有再说话,但我想,一切尽在不言中吧。

在走访过程中,我也会碰到一些难啃的"硬骨头"。"现在是特殊时期,你们几个人戴着口罩隔几天就来我家,到底是什么意思呀?街坊邻居看见了,还以为我们家发生了什么事呢!"个别隔离人员总是抱怨。这时,我只能拿出磨嘴皮子的功夫慢慢做思想工作:"没事的,您别多想,我们就是来看看您的身体情况怎么样,看看您有什么需求,有什么需要可以随时跟我们说。"

其实一天走下来，我早已口干舌燥，脸上全是口罩的勒痕，只想找个地方躺着，什么话也不说。曾有那么一个瞬间，我也在怀疑，群众既然不理解，那我到处走访还有没有意义？但我很快就清醒过来：走访能让隔离的群众感受到我们始终和他们在一起。隔离的只是疫情，而不是真情。虽然苦些累些，这些付出终归是值得的。

"我们的心就和这汤圆一样温暖"

正月十五元宵节，是家人团聚的传统节日。我想到还有干部和群众依然坚守在村庄路口，于是就带着汤圆来到村级检查点和值守的干部、群众一起加餐。白天大家都有大量工作，很多干部一直吃方便面，肠胃不好的同志都吃得有些受不了了。看到我们送来的汤圆，大家倍感温暖，家的感觉一下子就回来了。

那夜寒风嗖嗖，天空中还飘着小雨，我们围坐在一个火炉旁边取暖，丝毫没有感觉到寒意，仿佛就像是一家人在唠家常。"汤圆来了！赶紧坐下来吃点，暖暖身子。"驻村的罗书记将热乎乎的汤圆送到每一个值班人员手中。"差点就买不到汤圆了，超市里全部卖光了，这几包还是在县城抢到的！"我庆幸地感慨。蓝支书的脸在寒风中冻得红彤彤的，一边大口吞着汤圆，一边说道："今天终于不用吃方便面了！这些日子有这么多的支持，我们的心就和这汤圆一样温暖。"

是啊，防疫工作虽然有许多说不出的苦，却也有着想不到的暖和甜！

又是连续工作一个多月没能回家，我内心也非常想念家人，特别是在手机视频中看到孩子会喊"爸爸"的时候，我激动得真想立刻飞回家抱抱他。

但是，我内心深知，"没有大家稳，何来小家安"。守护着乡亲们的安全和健康，我感到分外充实，也真正体会到"此心安处是吾乡"的意味。气温逐渐回升了，疫情也日渐好转，只盼望疫情的阴霾早日彻底散去，我们都能够好好拥抱家人，共同迎接明媚的春天。

王泽强,安徽寿县人,出生于1989年8月,北京大学法学院2016届硕士毕业生。作为天津选调生,先后在市委宣传部文化事业处和国有文化资产监督管理办公室工作,现为副主任科员。

社区防疫站岗记

◎ 王泽强

2月14日,是我返津居家隔离结束后的第一个周五,晚上下班回到家中我从箱底翻出了多年未穿的毛裤,打算第二天清晨参加社区抗击疫情执勤活动的时候穿。临睡前,天津飘起了鹅毛大雪,设置好明天早晨六点的闹钟,听着窗外呼啸的北风,我逐渐进入了梦乡……

大年初一晚紧急通知:纠结

回想起1月26日,也就是大年初一的凌晨,正在老家睡觉的我,突然被微信信息震醒。原来是单位紧急通知提前结束春节假期,要求即刻返回天津参加新冠肺炎疫情防控工作。

面对这则突如其来的通知,我的内心很纠结,不忍心把消息告诉爸妈。一年未回家的儿子终于回来过年,却刚过完初一就又要回去,他们大概很不舍吧。但转念一想,早在三天前天津就已经启动疫情防控的一级响应,确诊、疑似病人与日俱增,此时天津应该正是需要人手的时候,多个人多份力量,"我必须尽快返津"。

一大早醒来,我就躲在被窝里偷偷买了回天津的车票。吃完早餐,到了不得不"摊牌"的时候,我掏出手机,把单位的通知显示给爸妈看,妈妈的眼里顿时泛起了泪花。

"妈,现在天津疫情越来越严重了,单位都忙不过来了,我得回去帮忙。""妈,您放心吧,回去我一定会做好防护的。等疫情结束,我再找时间回来陪你们。"陪妈妈说了好一会话,一遍遍保证会照顾好自己,妈妈虽然还是舍不得,最后还是同意让我回去。"那你等五一放假一定要回来!快,多带点口罩,现在口罩多难买啊,你回去一定用得上。"一边说着,一边把家里仅剩的一包口罩塞进了我的行李箱。

当天晚上八点半,我顺利抵达了天津南站。

第一次执勤站岗:小心

按照规定返津人员必须先居家隔离14天,因此这段时间里我只能在家"云办公"。为了落实延迟企业复工的政策,我与同事们逐个给各企事业单位打电话,建议采取临时值班制度,挨个询问各单位疫情防控情况,带动建立职工健康状况每日报告制度……

隔离期内除了时时关注单位的工作动态,我还格外留心社区的防疫工作。我发现,小区进出人员的管理措施已经升级:仅留一个大门供居民通行,且24小时有工作人员值守,而社区人手早就捉襟见肘,大家都取消了周末,晚上值班到半夜更是家常便饭。感受到社区工作人员防疫压力之大,我由衷地想要帮忙。一天晚上,看到社区党员群里发布了一则招募志愿者参加社区执勤活动的通知,我毫不犹豫地报了名。

"嘀嘀嘀……嘀嘀嘀……"2月15日清晨六点,闹钟准时把我唤醒。天津昨晚下了一夜的雪,气温骤降至零下5度。穿好防寒服,一路踩着咯吱作响的冰雪,顶着扑面而来的寒风,我来到社区执勤的工作岗位。

第一次参加社区执勤,心里难免紧张,对进出小区的每一位居民都小心以待。大体来说,我所做的工作并不复杂,包括检查出入证、测量体温、登记信息、劝阻没有佩戴口罩的居民等。"大爷,请戴口罩再进入小区!"我大声提醒一位正在登记信息的大爷。虽然疫情已经非常严重,但还是有个别居民以为快回到家了就放松了防护措施。这就需要我们执勤人员耐心劝说,不过有时也会遇上"难啃的骨头"。

"检查嘛呀!我都在这里住了几十年了,从没听说过回自己家还要出入证!"一位50岁左右的大哥不愿意出示自己的出入证,一脸不耐烦。

"大哥,我们就看看您的出入证,确认下您是住这小区的!"我有些忐忑,但还是不自觉地伸出手拦住他。

"你干嘛,凭嘛不让我回家!"大哥明显生气了,一边抱怨一边往里闯。

"大哥,请您配合我们的防疫工作,出示一下您的出入证。这也是为了您的家人、朋友们着想!"我咬了咬牙,坚持说道。

大哥见我一脸严肃,丝毫没有退让的意思,只好停下了脚步,虽然嘴上一直喋喋不休,但还是出示了出入证。

就这样,一场暗潮涌动的"拒检之争"在我的坚持下"化险为夷",我长长地舒了口气,也对站好接下来的岗信心倍增。

测温枪"罢工":着急

正当我为进展得还算顺利的工作暗自高兴时,糟糕,测温枪冻关机了!我赶忙重启,可是测温枪没有任何反应,公然"罢工"了。"怎么搞的,坏了吧!"这时在一旁看着我"抢救"测温枪无果的年轻人说道,"我就刚刚出去拿了个快递,可以不测了吧。"

怎么办?放行,大清早的,神不知鬼不觉;不放行,让人家在这儿冻着,心中过意不去。"疫情当前,既然干了这份工作,就得为小区居民负责。"没有激烈的思想斗争,我当机立断从口袋掏出备用的水银温度计,用消毒酒精擦过几遍,递了过去。

"你让我用这个?"年轻人难以置信地看着我。"对不住啊,枪坏了,只能用这个!"我赔着笑。

"这不是得测很久嘛!"他一边嘟囔着嫌麻烦,一边还是接了过去,同意用这种最"原始"的方法测体温。为了化解空气中两个陌生人独处的些许尴尬,我一面感谢他的理解,一面向他吐槽这把"不争气"的测温枪。

"你试试放口袋里给它取取暖呗!"年轻人提议道。"有道理!"果然,测温枪被我揣进口袋里并且用手捂着后,终于"复活"了。

很快,我负责的早班结束了。工作虽然简单,但我丝毫不敢放松,始终认真对待每个环节和步骤,逢人必检、逢人必测,这样我才能安心地把执勤的接力棒交给下一班。

守好这道门:温暖

2月23日,又是一个寒冷"冻人"的周末,我依旧选择了清晨的第一班岗。虽然疫情期间整座城市被按下"暂停键":商场关闭、工厂延迟复工、大街小巷冷冷清清……往日的热闹没了踪迹,却仍有温暖与感动钻入人心。

"哎呀,小伙子你辛苦啦!"循声望去是一位大娘,只见她一手提着一桶油一手拎着一兜菜正向我们走来。

"对不起啊!这个时候真不应该给你们添乱的。"大娘走近后放下手中的东西气喘吁吁地连声道歉,"我家里实在是没有吃的了,没办法才出去买点粮油。"

"不不不,阿姨您没添乱,是我们给您添麻烦了!您提这么多东西辛苦了,快进去吧!"确认完体温,检查过证件,我安慰着阿姨道。

想起上次站岗时还有几位居民不理解、不配合,这一次眼望着已经走远的阿姨还时不时地回头表示歉意,我的眼睛微润。疫情之战中,每个人都是战士,有的在医护的第一线与病魔、死神搏斗,有的即使是在战"疫"大后方的普通社区里,也尽可能地"宅"在家中,以"闷死"病毒的方式参与到这座城市的保卫战之中,而我选择放弃"宅"的机会,在守好这道小区门的过程中见证一次次互谅互让的感动。

这时走过来一位姑娘,拿出兜里的一大包暖宝宝,被口罩遮住了大半的脸上眯起两只笑眼,温柔地说道:"我给你们带了些暖宝宝,这几个是贴在衣服上的,这几个是拿在手上暖手的,别冻着哈。"我惊讶于姑娘的细致与贴心,接过她已经撕开的一个暖贴,一股暖流从手心淌流进心里。听着姑娘对我们执勤站岗的肯定与鼓励,望着远处微露的阳光下冰雪渐渐融化成晶莹剔透的水珠,想到和这么一群可爱的人一起守护着这座城市,我相信,春暖花将开……

 张杰，山西太原人，出生于1989年12月，北京大学哲学系2012届本科毕业生，在校期间同时攻读国际关系与对外事务双学位。作为福建引进生，一直在武夷山市乡镇基层工作，2016年5月起任武夷山市洋庄乡党委副书记、乡长。

共同守候春天

◎张杰

1月23日是除夕的前一天，武汉封城的消息传来，我不由心头一紧。马上就要过年了，洋庄乡下面这么多的村镇，外出务工人员都陆续赶回来，可不能出事啊。窗外寒风呼啸，我拿起电话，让各村的负责人赶紧过来开紧急会议。

身后的他们

1月31日，新型冠状病毒感染的肺炎疫情形势越发严峻了。全乡干部取消了春节假期，全身投入到疫情防控工作中来。

说实话，第一次面对如此紧急的情况，我没什么经验，也没什么底气，但作为乡党委副书记、乡长，我不能表现出丝毫的慌乱，必须扛起肩上的责任，一项项地把工作要求布置下去，不能出错。

今天我下村逐一走访查看了十个村的防疫情况。从早上到深夜，真切地感受到一线工作人员的忙碌与辛苦：白天他们到湖北省返乡村民家中走访、检测体温，挨家挨户走访发放《南平市卫健委致全市市民的一封信》，劝返走亲戚、串门、拜年的村民；晚上则继续在卡口轮班值守，确保没有外来车辆和人员进入。大冷天，他们累到裹着个大衣在简易帐篷里的草席上睡着了，忙到吃饭也潦草应付，辣椒酱也能配一大碗饭。看着村干部们个个顶着黑眼圈在坚守，我很是心疼，我知道他们的体力其实已经严重透支了。不行，我必须得想想新法子，怎样在减轻大家工作负担的同时保证防疫效果丝毫不减呢？

想着东村、廊前、西际、坑口四个村有统一的进村入口，我脑中突然有了一个新想法：四村可以联防联控，共用一个执勤点，将卡口设在最外的东村村，四村每天各派几名代表 24 小时轮流值守，做好对本村村民和外来车辆的询问和劝返。这样可以最大限度集中利用时间和精力，既提高了防控效率，又能减少一线工作人员的工作负担。变的是方法，不变的是安全和服务质量。

另一方面，我想，也可以让更多的党员志愿者参与进来，充分结合"双联双评"机制（即支委联系党员，党员联系群众），建立一支党员红色志愿服务队，壮大我们的工作队伍。有了这个想法后，各村立即在党员群、村民联络群发出"招人"公告。不出两小时，已有一百余人自愿报名加入，看着群里面跳出的一条条"算我一个！"的消息，我特别感动，其中年纪最小的才 18 岁，年纪最大的已有 75 岁了。每个村都有好多热心村民想要加入疫情防控队伍，有人出人、有力出力、有物捐物。擅长书法的村民，主动揽下了写宣传标语的任务；体力好的村民，主动加入值守和入户宣传队伍；家里有自制的好吃干粮的村民，主动分给大家充饥……

天很黑、夜很长，虽然事很小，但是萤火微光，所有人的力量聚集在一起就是火炬。想到身后有这么多人与我一道抗击疫情，心里又踏实多了。

匆匆的我

2 月 5 日晚十一点，急促的电话铃声响起，"我们四村联防的执勤卡口有些紧急情况"……还在办公室核对外省返乡人员信息的我坐不住了，连忙放下手中的笔匆匆跑下楼向村里赶去。

快到四村联防卡口了，远远望去好像有十几个村民把我们的执勤人员包围住了，我加紧踩了一脚油门。准备下车，村民见我来了，立马拥了上来。其中有一位大哥情绪比较激动："你们政府的人，也不能仗势欺人、刻意刁难，完全限制我们进出吧？那我们的生活物资怎么保障？哪有这样管理的？……"话音刚落，其他村民也在一旁附和，场面比较混乱。见状，我示意执勤人员先把村民散开："大家安静一下！不要着急，先听我说。我知道卡口的设置给大家带来了很多不便，大家有情绪也是正常的，但是……"

面对村民的不理解,我先安抚他们的情绪,告诉他们现在新冠肺炎的形势越发严峻,不仅出现人传人的情况,甚至还出现 14 天医学观察期后仍然确诊的情况,而减小病毒传播的最有效办法就是避免人员流动,卡口设置是必要的,还希望大家能够理解和配合。接下来我向村民们澄清了误解,其实不是完全不让进出,而是只要出去了,就一定是回不来的;至于生活物资方面,每个村都有固定的人员和车辆专门负责物资采买和配送,大家需要物品及时到村委会登记,我们定会第一时间发放到大家手中。

我知道,刚开始设卡点,大家肯定都不适应。凡事总需要一个过程,等大家慢慢适应了,平安也就来了。调解完,回到宿舍,已是凌晨一点,突然有些无力。自去年年底书记被调走,由我全面主持党委和政府工作以来,有压力也有动力,再加上最近没日没夜的工作,暴瘦了十几斤,感到有些疲惫。但转念一想,我这个"主心骨"可不能倒下。

消失的愁容

今天是 2 月 18 日。近期我们走访了辖区内各个企业,很多企业都着手准备复工复产了,但也有不少企业受疫情影响,积压的产品都卖不出去。像东村村,就有大量的农产品滞销,凤尾菇 800 斤、香菇 500 斤、鸭蛋 300 斤,好好的特产都在仓库里放着,无人问津;小浆村一家在园野兰业有限公司在春节期间积压了一千余件石斛苗的订单,一件也没能发出去。

今天,在东村村农户范世荣家里,他告诉我,他跟妻子是靠种植销售凤尾菇、香菇为生的,家里有三个女儿要养活,大女儿 20 岁,三级残疾在家,二女儿 16 岁,三女儿 9 岁,均在读书。受疫情影响,家里有 200 斤香菇、100 斤凤尾菇因运输不便都没卖出去,现在压力很大,不知道该怎么办。看着他满面愁容,我的心里很不是滋味。我一定要想出好的法子来帮助他们解决眼下的难题。

运输是最大的问题。现在疫情管控严格,完全放开了肯定不行。回乡后,我想到武夷山市商务局正好推出了应急物资便民配送平台"武夷惠达",何不就利用这个机会来解决农产品滞销的问题呢?

我打电话跟范世荣商量,同他解释怎么用这个平台,告诉他这样咱们的东西就能卖出去了,武夷山的市民也能吃上新鲜的蘑菇了。电话那头范世荣的声音终于松快了起来,和妻子一起打趣着想象蘑菇摆上市民餐桌的样子。听到了他们的笑声,我心里的石头也慢慢落了地。

  已经一个多月没有回家了，儿子都快不记得自己还有个爸爸了。妻子几次打电话欲言又止，静静地看着视频里的我，忍住哽咽，停了几秒，最后只笑着说了一句："放心吧，家里有我呢。就算工作再忙，也一定要照顾好自己啊，要好好吃饭，好好睡觉，我……没事。"听完，我压住思念轻声地说了句："嗯，你也是，要照顾好自己。先欠你们一个拥抱，等我回家！"

  匆忙地挂了妻子的电话，再聊下去，我怕我会抑制不住情绪……其实我知道妻子是看见我满眼血丝而感到特别心疼，我也知道她刚才欲言又止的话是"我想你了"，我又怎能不想他们呢？但是这里的人民群众更需要我，我必须坚守住，现在只想快点打赢这场人民战、总体战、阻击战，争取早日回去抱抱他们。

  想到这里，心里暖暖的，又充满了力量和干劲，埋头准备继续工作。

个人简介 张建平，山东烟台人，出生于1989年12月，北京大学药学院2019届博士毕业生，在校期间获北京大学三好学生、优秀毕业生等荣誉。作为福建引进生，担任南平市光泽县副县长、华桥乡党委副书记（挂职）。

华桥乡守卫记

◎ 张建平

1月23日，腊月二十九的深夜，我终于回到了山东烟台的老家。

离家工作半年有余，重回故土，等待我的是家里仍旧亮着的一盏灯和爸妈早早就备好的一冰箱食材。之前微信视频的时候，爸妈都说我瘦了，又怕我工作太忙太累，又担心我吃不惯福建当地偏咸口的饭菜。这次过年团聚，就等着我回去好好吃一顿。

妈妈列出的"菜单"很长很长，却没料想到我在家的时间会很短很短。大年初一，我接到了从福建拨来的电话，说受疫情影响，问我能不能早一点回华桥乡去。其实那天回山东的路上，我已经感觉到疫情形势开始严峻起来，车站的电视都在播放疫情的情况。我是医学部毕业的学生，博士期间做过病毒相关的研究，多少明白其中的利害。听着电话，我忍不住担心乡里的情况。

于是紧急收拾了行李，踏着夜色启程，搭乘当晚的飞机赶回福建。曙光乍破之时，我已经回到了熟悉的工作岗位上。

咱可不能先叫病毒给一锅端了

1月26日，正月初三。

疫情当前，我着急要做的第一件要紧事，就是先对乡政府的办公环境进行巡查。如果连我们政府机关的食堂和办公区域都不多加规范，那很可能防疫工作还没开展，防疫指挥部就先"中招垮掉"。

果不其然，乡政府食堂三三两两聚集用餐的情况印证了我的担忧。乡政府平日里吃的是桌餐，大家拿公筷把菜从盘里夹到自己碗里，吃得亲切热闹。但现在疫情当前，这个习惯可就给病毒提供了便利的传播渠道。

乡里都如此，村里恐怕防范措施更弱。我心里一紧，又赶忙到村里去看看情况。所幸村干部们倒是都戴上了口罩，但各种错误的口罩佩戴方式又是让我一阵揪心。有的村干部连口罩的正反面都没有区分对，愣是将口罩戴反了。这不仅起不到防护作用，甚至还可能起反作用。

这可不是闹着玩儿的。虽然目前华桥乡还没有感染病毒的情况发生，但临近的止马镇已经有了一例确诊，危险其实离我们很近了。如果还不提高警惕、加大防护力度，等到病毒蔓延过来可就晚了。想到这里，我的内心越来越紧张。从乡下回来后，我立马召集同事们开了一次防疫工作的碰头会。

为了让大家明白这次新型冠状病毒的特性，我拿出了2003年的"SARS"病毒来做对比，从扩散范围更广、传播速度更快等方面为大家讲讲新冠病毒这只老虎的"脾气"。大家一听比"SARS"病毒还要厉害，立马就明白了事态的严重性。看到底下议论开了，我又趁热打铁地说："现在防疫工作才刚刚开始，咱们这支队伍的内部工作得先做好。如果连机关干部和村干部都出了问题，一个干部牵连一大批干部进行隔离，防疫工作也就开展不下去了。咱可不能先叫病毒给一锅端了。"

听了这话，大伙儿都笑了。打铁还需自身硬，当务之急，得先给乡干部和村干部们"补补课"。于是我又连夜将从老师、同学那里搜集来的各种资料汇总、修改，整理出一份"简易版"防疫手册，等着明天印出来给乡干部和村干部发放下去，人手一份，熟读熟看。

又一个晨曦在工作中来临了。翻着手头整理好的资料，我舒了一口气。抗疫工作总算要慢慢进入正轨了，但我知道，守卫华桥乡的战役也才刚刚开始。

光泽在天上，但路在脚下

2月1日，正月初八。

抗疫的工作队伍建设起来了，那接下来从专业角度出发，按照疾病三级预防的原则，工作重心就该转移到"如何确保华桥这片净土不被污染"上来了。既要防止外乡病例流入，又要排查清楚已经返乡人员的状况，工作量可不小。更何况，华桥乡的乡路并不好走。

"一滩高一丈，光泽在天上"是福建当地的一句谚语，说的是光泽县独特而险峻的地理地貌。华桥乡许多村子在闽赣交界的大山深处，乡间公路垂直盘旋、跌宕起伏，自古就设置有不少险要的关隘。每每在阳光明媚的日子里，站在公路边向远山眺望，都让我有"雄关漫道真如铁"的感慨。

然而，这如画的风景落在疫情期间，却给我们的进村摸排工作增添了极大的难度。恰逢春节降温、降雨，行车风险大大增加。每次我和司机师傅都要趁着天亮赶紧出发，这样才能在天黑时分恰好从村里赶回来。坐车时，看着湿滑的道路以及旁边的"万丈深渊"，我和司机师傅打趣道："李师傅，你看咱俩好像腾云驾雾，是在天上穿梭啊。"

工作摸排到铁关村时，村民们正和一户湖北荆州返乡家庭起冲突。村民的情绪很激动，谩骂不断，甚至还有人扬言要将这一家人赶出村子。这家女主人双手护着孩子，哭着说："这大过年的，你们让我们一家人能去哪？这也是我们的家啊！"我本能地想要上去劝，身边的同事小孙一把扯着我的袖子，面露难色地说："这家的情况我了解，有疑似病例。还是不要上前，村民之间的矛盾就让村干部去处理吧。"

我一想，不妥，放任不管，人越聚越多，造成聚集性感染可就麻烦了。正好，这时有丰富农村工作经验的村干部李书记也赶到了，我说一句，他用当地方言解释一句。渐渐地大家的情绪缓下来了，心结也打开了，同意这一家子在家里隔离。

只要耐心细致，一块铁也能捂热，这大概是我事后回忆这件事时最深的感受。在雾里云端的华桥乡，我们马不停蹄，走了一村又一村。光泽在天上，但如果把群众装在心里，那路就一直都在脚下。

工作不必去远方，家乡就是好地方

2月8日，正月十五。

说起来我有一个工作习惯。每次入户排查情况，都喜欢拉着村里人"拉呱"聊天，说说家长里短，问问实际的困难和需求。前几天到华桥村去，一户返乡人家在和我们交流时，主动说起了自己面临的难题。

这位村民约莫三十多岁，操着带有浓重闽北口音的普通话跟我讲，他和妻子都在外地的一家鞋厂打工，是年前刚刚回到华桥乡来的。夫妻俩本来打算过完年就回去复工，没想到疫情拖了这么久，回不去了。在家"失业"的滋味让人愁啊，企业不开工，年后的收入就一点着落都没有。家里要供小孩上学，还要咬咬牙还房贷，每天一想到这些事情就担忧。趁着我们来村里开展工作，他就想问问，乡里有没有就地工作的机会，最好工资待遇能跟外地持平。

老乡的话点醒了我。抗疫是当前的首要任务，但发展华桥乡的经济是长期的重要任务。"危机危机"，危险中也藏着机遇。光泽是省级扶贫开发县，每年都有大量劳动力人口外流，华桥乡更是如此。这次疫情使得不少返乡人员"滞留"在了家乡，他们是否都有着与这位老乡一样的需求呢？或许，这会成为华桥乡留住青壮年劳动力、发展乡村经济的一个转机！

我一下兴奋起来了。有了这个想法之后，我和同事们在华桥乡的几个村子里开展了一次大调研。类似的情况确实不少，许多返乡的群众都在"走"和"不走"之间犹豫徘徊。为了解决大家"就地就业"的需求，我们打算先试试水，尝试着联系了县里武夷山水公司、圣农集团这样劳动密集型的企业，希望给村民们对接一点活儿干。

没想到村民的热情都很高,消息一传开,很快就出现了"供不应求"的现象。看来我们的想法是对的!今天,我和同事们针对返乡群众的技术工种、工资期望等,又抓紧联系了一批县域重点企业提供用工岗位。

"工作不必去远方,家乡就是好地方。"这是我入户说得最多也是最想说的一句话。更让我欣慰的是,还有部分群众参与了就地创业,在华桥乡发展近千亩规模的绿色种植产业。望着高低起伏、正冒出绿意的农田,我想暖意洋洋的春天总会慢慢到来,硕果累累的秋天也值得期待。我和这里的百姓,都会更爱这片美丽的土地。

前几天我路过乡政府大门时,一位老大爷拦住了我,手里拿着我们写的《致居民的一封信》。他问我:"这位小同志,这个你还有吗?我看你这几天挨家送。我今年七十多了,白天没啥事,腿脚也还行,这一片我熟悉,你也拿点给我,让我这老头子也出出力啊。"大爷的话让我当时心里一暖。我想在华桥乡,不只是我们在战斗,还有许许多多的群众也在与我们一同战斗,在共同守护着被称为"家园"的地方。

个人简介

姜研,吉林农安人,出生于1989年12月,北京大学政府管理学院2019届硕士毕业生。作为吉林选调生,任职于省发展和改革委员会,2019年8月起挂任松原市宁江区建设街道办事处党工委委员、副主任。

人间有爱

◎ 姜研

夜色已然弥漫,昏黄的路灯映着寂静的街道。

门外传来一阵疲惫的脚步声,检查点值守人员换岗回来了,身上满是星辉。走廊那端传来电话随访声,稍显嘈杂的声音从一排门缝的狭隙光亮里挤出来。这是自疫情防控工作以来,建设街道最为平常的时刻。

隔离观察要有人文关怀

管护管护,管住方能护住。不仅守住门,还要管住人。

如何实现居家隔离观察人员有效管控,成为"战时状态"考验基层治理体系建设的重要命题,也是我们建设街道面对的一大挑战。隔离不疏离,审慎不冒进,是我们留观人员管控的基本原则。

我们提出"包保小组"的制度安排:包保小组由社区网格员、医务工作者、民警等组成,采取线下随访、电话随访、视频管控、共享位置管控等方式,落实管控责任。

"老王,你在家不?到窗边来,我瞅瞅你。"楼上楼下隔空喊话,喊的是牵挂。"小李,咱共享下位置,我看看你在家么。"屏幕两端远程相连,连的是安心。

我们尽力实现一人一档精准管理,这就使得点对点包保管控顺利实现。

掌上包保的方便快捷,也让其他服务能够顺利开展。

为保障居家隔离观察人员正常生活,包保小组还化身生活专员,承担了物资采买、垃圾清运、事项代办任务。面对猝不及防的病毒,情绪紧张焦虑在所难免。包保小组会适时提供心理疏导的社会支持,帮助留观人员尽可能从容冷静。

为你立浸风霜,愿你安然无恙

"麻烦出示下通行卡。"

"你们什么时候撤呀,在这儿多冷啊!"

"不知道啊,我们也希望疫情早些结束。习惯了,不冷。"

"这是我妈家给我烙的饼,还热乎呢,给你尝尝。"

"不用不用,我晚上有饭。"

这段对话发生在2月28日下午五点,一位准备进入小区的居民,想将手里拿的几张油饼送给已经在门口连续值守四个小时的我。

其时冷风瑟瑟,我已经手脚冰凉,虽然身旁瓶子里有热水,但不到口渴也绝不敢多喝一口,怕上厕所影响值守。我吸了吸鼻子,想到了家里的烙饼和面条,还有天天盼着我回家的84岁的爷爷。

作为街道副主任,我负责值守的是繁荣小区七小学家属楼。这是个老旧小区,租户很多,管理难度大,检查点设在小区的主入口处,也正是冬日风口上,总是凉飕飕的。

我每天不到七点半开始工作,上午在单位处理工作,下午在检查点值守,晚上再回单位加班,时常到很晚,冒着寒气和夜色回家。

我其实有一受冷就肚子疼的毛病,值班的时候肚子总是隐隐地疼着,什么方法都试了也不见好。为不让家人担心,我也不敢跟他们说值守的实际时长和身体情况。可每次回到单位,在视频里看到深夜不休息等我回家的爷爷和眼里写满关心欲言又止的妈妈,心里也很不是滋味,喉咙里像塞了一团棉花,想说什么又说不出来。家人从来都很理解我的工作,但也止不住担心,他们又不敢说出来怕加重我的压力。我又何尝不懂这份沉甸甸的爱,但在特殊时期,坚守在岗位上是我应该也是唯一的选择。

我跺了跺脚,继续值守在岗位上。远远看见那位居民在风中去而复返,走近后二话不说,将手里包好的一张油饼和一小袋零食塞到我手里。无论我怎样推拒都无济于事,最后我只好收下,感谢了居民的好意。

拿着热乎乎的烙饼,我感受到来自家的温暖。

孤独中的思考

说不想家是假的,说自己在深夜值守时不孤独也是假的。

每次想到家里的人、身边的人这样关心我,总会有种不真实的愧疚感。看到家家户户在疫情防控时期的悲欢离合,总让我觉得现实是深刻而沉重的。他们为我做了很多努力,我能为他们做些什么呢?当初毕业之后,选择回到家乡。有时候就是想为大家做些力所能及的事,事到临头才发现,还是他们为我做的更多一些。

我所做的工作很多,其实都是疫情时刻才会体现的,而他们做的很多,都是平时不知不觉时就一直坚持的。有时晚上结束外勤回来,坐在办公室里,想起来白天反复劝阻的居民,想起了在冬夜还在值守的同事,那种直面生活的真实感让我觉得自己的工作好像被赋予了一些守护的意义。

一开始总想着冲锋在前,等到事情过了也会有些后怕。真正到了基层才发现,一切伟大的故事都开始于一点一滴的工作,成千上万次的走访是走访每个人这件事发生了成千上万次。这种重复看似机械,却成为我和门缝那边、猫眼对面的人独特的生命体验。

疫情当前,举国同心,人民群众是战胜疫情的根本力量。疫情防控中,需要有"静"——静守阵地不出去,需要有"动"——冲锋陷阵打阻击。动静结合,方能战"疫"胜利。疫情防控,容不得歇歇脚、喘口气,只得一鼓作气,直到胜利。

衷心感谢斗寒风战寒霜的一线战士们,明明是平凡大众,却实实在在地撑起了一片天空。了不起的闪光瞬间、了不起的可敬精神、了不起的平凡故事、了不起的逆行寻春,以真情支撑我一路前行。

时已立春,万象更新,天宽地阔,岁月绵长,我们风雨相顾,我们也将明月共睹。

个人简介

张治平,福建龙岩人,出生于1990年1月,北京大学化学与分子工程学院2017届博士毕业生。作为福建引进生,曾任三明市明溪县科技副县长,现任三明市三元区委常委、荆西街道党工委书记。

那些可爱的人

◎ 张治平

重点:保护"特殊"人群

"阿姨,今天阳光不错啊,但是大家还是要少出门,不聚集。出门请记得戴口罩。"

每天早晨八点,我会出现在荆西主街的农贸市场。

"诶,好好好。"来市场买菜的奶奶乐呵呵地答应。

我到荆西街道半年,和当地的居民已经混了个脸熟。正值防疫的重要时期,我每天都会到农贸市场劝导买菜的居民尽快回家,减少出门。

荆西曾经是三明的"小上海"。面朝沙溪河,背枕荆西岭,鹰厦线贯穿而过。自南向北流的沙溪河是三明的母亲河。风景旖旎的荆西岭,是明溪、清流、宁化从陆路进城的必经之路。

随着20世纪90年代市场经济日益活跃、黄沙大桥的开通,荆西的交通区位优势不再。贮木场、林保厂车队、三明纺织厂、锻冲件厂停产破产,职工退休下岗,年轻人外出定居,留下的大多是年纪较大的下岗工人和退休工人。目前,街道接近40%的人口是60周岁以上的居民。老年人多是我们街道的一大特点,也是这次疫情防控的难点。

我在市场巡走,一位阿姨着急地朝我走来。看到她没戴口罩,我心里咯噔一下。

"我没有口罩,现在到处买不到口罩!"她焦急地说。

我立马掏出随身携带的两个备用口罩递给了她,让她先戴上,并告诉她之后会有我们的工作人员登记并发放口罩的,她这才安心地回家了。老年人体质差,抵抗力也相对弱,是疫情中的高危人群,必须要注意日常防护。有些爷爷奶奶没有智能手机,信息接收也不畅,缺乏买口罩的途径却又不得不出门买菜。这就是我们防疫宣传和保障做得不够到位了。

想到这里,我立即联系了区里的后勤保障组,在两天内筹集到了一批口罩,并再三交代两个社区必须给60周岁以上的居民每人分发两个口罩。

社区的干部开始每家每户走访,给老人们发放口罩。

"阿姨,这疫情传染性很强,要注意防范。现在口罩短缺,更要少出门。非必要的情况,别出门。出门一定要戴口罩,这两个口罩给您备用。"

"谢谢!太感谢了!现在我们都买不到口罩,这可真是雪中送炭!"蔡阿姨接过社区干部递来的两个口罩,连声道谢。

看到社区的老人们出门都记得戴上口罩,我们值勤巡查的时候也倍感安心。

为了提高居民的防疫意识,我们手写标语、悬挂横幅、播放音频、入户走访,十八般武艺,轮番上阵。

协力:守住第一道防线

街道人员流动大,只有准确把握人员的信息和身体状况,才能更好做到有的放矢。综合考察了小区布局和交通出行现状后,我们决定将街道和社区全体干部分成九个网格,负责网格内人员排查、人员登记、宣传劝导等工作。随着防控形势的紧张,我们在荆西桥头、园区入口和小区入口设置了健康综合服务站,对来往人员进行体温测试,对外来人口进行登记。

还未到桥头,我便听到服务站传来声音:"您好!请问您是从哪来的?请登记一下。"

原来是街道干部郑姐拦下了一辆摩托车。郑姐虽然今年6月份就要退休了,但在接到取消休假通知后,大年初一就从福州返回了工作岗位。作为街道的得力干将,郑姐向来工作负责,这次被分配到了最重要的关口——桥头综合服务站（荆西桥头是进入荆西片区的必经之路）。

桥头综合服务站的工作任务很重，执勤人员需要负责过往车辆和人员检查、测温和登记工作，有时一站就是几个小时。我每次来到桥头，总是很担心郑姐的身体状况。她年纪也有些大了，总归会有些腰酸背痛的老毛病。她每次都昂声回答我："没事儿！这点毛病能坚持住！"继续坚持守护在第一线。

"您好！我给您测一下体温。"

"您的体温是36.5度，正常。"

说话的是桥头站点另一位值班的同志，社区志愿者小翁。

"我请求参加疫情防控工作。现在是特殊时期，我也想尽自己的一份力量。"大年初二，荆西五金店的老板小翁主动请缨。面对街道社区人手少的情况，我们积极发动热心居民充当志愿者。社区里有许多像小翁一样热情的居民积极报名，与我们一起每天守卫社区各个关口。

每天除了忙着桥头疫情防控综合服务点值守，小翁还主动负责了搭帐篷、订横幅、拉流动音箱宣传、运送物资等工作，时不时利用自己的专长主动帮街道和社区牵电线、拉水管。每天忙活得脚不沾地。

小翁是好样的，我总是这样想。正月初二就冒着巨大风险出来帮忙，正所谓"逆行者"。

荆西桥头作为荆西片区出入的主要通道，是疫情防控的第一道防线，是我每天必定要去查看的卡点。荆西疫情防控的"守卫者"们逢车必查、逢人必测、测查必严，郑大姐、小翁正是"守卫者"的代表。两顶帐篷、几张简易的桌椅，便是他们24小时的办公场所。他们是疫情防控一线最可爱的人。

严格：排除居民区风险

在贮木场小区入口，我总能看到公益性岗位人员小邓站在寒风中，认真地对进出居民进行核对、测试体温。

"您好，一天一户家庭只能派一个人出来购买生活物品。请出示您的通行证。"她尽责地对每一个出入的人耐心提醒。

正值寒冬，北风凛冽，寒气逼人，常冻得人发颤，值班值守条件十分艰苦，小邓在寒风中也忍不住打了好几个哆嗦。"我给你添点开水，暖暖身子。"小区门口对面的商店店主马女士夫妇看着很是心疼，为小邓送来了热水，她感激地接下。大年三十，小邓将不到四岁的儿子交给公婆，戴着红袖标坚守在疫情防控第一线，在小区门口值守，书写、张贴防疫宣传标语，给早市卖菜的阿姨测量体温。居民们都十分配合，社区干部的付出，大家都看在眼里，记在心上。

"主任，我们车队小区有两个湖北来的。"一位居民看见正在网格排查的社区主任，便急匆匆跑来告诉她。

社区主任李姐立即给我打电话说了这件事："有居民反映小区里有两个从湖北来的人。"

"好，你让小林先守在附近，叫那一家人暂时不要出来。我这就带卫生院的同志赶过去。"

"他们体温正常。"卫生院的邓院长穿着防护服从屋里走出来立即说道，"你们准备一下，我们送你们去集中观察点进行统一观察。"

对于防疫第一阶段（1月23日至2月5日），我们街道主要是"外防输入"，对从湖北来的人员采取集中隔离观察和居家医学观察两种方式。

我想了想，还是进行全面消毒更为稳妥。"小林，你留下来，对接区消毒站，对他们房间进行消毒。"小林是街道普通干部中为数不多的男同志。疫情发生以来，他总是承担着街道的重活、累活，冲在第一线。

社区中每一个为抗疫奔走付出的工作人员，每一名积极参加抗疫工作的志愿者，每一位配合工作并释放善意的普通居民，共同让这场集体行动顺畅运转起来。

感谢这群可爱的人！

周华庆，山东金乡人，出生于1990年1月，北京大学城市与环境学院2017届博士毕业生，在校期间被评为北京大学优秀毕业生、北京市优秀毕业生。作为陕西选调生，挂任三原县副县长、三原县鲁桥镇副镇长，2018年11月起兼任三原高新区管委会主任。

我是三原人

◎ 周华庆

"你们，一群可爱的人，在小区门前筑起一道安全墙。一家一户地摸底排查，把隐患消灭在萌芽之中；一天数遍地全院消毒，把病毒消杀于无形之中；一出一进地为我们检查体温，登记行程与去向……"

这是2月8日晚上，邮电小区一名住户触景生情的即兴创作，语言朴实直白，但给了我很大触动。

一则新闻，星夜兼程返岗位

1月24日是农历除夕，我坐上了回山东老家的高铁。

回想起一年实实在在的学习锻炼，回家时的心情也变得踏实。在高铁上看着窗外，真的有《钢铁是怎样炼成的》中所说的那种感觉：没有因虚度年华而悔恨，也没有因碌碌无为而羞愧。另外，心里还有忍不住的期待，因为我和女朋友准备2020年结婚，这次回家正是准备和家人商量一些具体安排。

然而，刚到家，就被大年初一中共中央政治局常委会会议的新闻所震惊。

这个时间点实在太特殊了。看到新闻时，已经是大年初一的晚上。当时的新闻通稿里，很多内容至今都让我印象深刻，比如"疫情就是命令，防控就是责任""各级党政领导干部特别是主要领导干部要坚守岗位、靠前指挥"。虽然仅在基层工作两年多，但直觉告诉我，这不是一次简单的传染病。

"武汉封城"的影响会不会波及全国？自己工作的三原县是否也得提前准备防止疫情传播？

经过短暂的考虑，给父母叮嘱一番后，我在大年初二连夜返回三原。

匆匆离家，心里有些不舍，也有些内疚。当我上了返程的高铁后，姐姐打电话跟我说："妈妈在家偷偷哭了好几次，妈妈说回去得太突然了，心里有点接受不了。"家人多次嘱咐我，一定要照顾好自己，也要把工作干好。

一声命令，冲在一线防疫情

回到三原县时，已经是大年初二晚上十一点。

第二天一早，县委书记安排我一起参加疫情防控全县会议；会议一结束，我就到高新区接着开会，安排高新区的疫情防控；这边开完会，又马上到春节期间没有停产的企业检查防疫工作。

"疫情就是命令，防控就是责任。"对我来说，这项责任又格外重大。

三原县距离省会城市西安只有30公里，这里县域经济相对发达，人员流动较多，县里在部署防疫工作时，做了充分的思想准备和工作预案。大家认识到疫情防控形势的严峻性、复杂性，很多外地的领导干部也第一时间赶回县里，积极加入疫情防控工作。从人员摸排到社区防控，从交通组织到物资保障，各条战线都在有序地开展工作。

在参与包抓小区住户人员摸排、出入登记等工作时，我更深切感受到了社区疫情防控工作和高新区日常工作有明显不同。

社区工作直接跟群众打交道，要做通群众思想工作，必须要取得群众的理解和配合。初期，大多数住户对疫情认识还不深刻，这项工作不仅难度大，而且也显得更加重要。比如，我去统计外来人口时，有时会遇到住户的不配合、不理解，就需要多次登门解释和说明情况。

好在，社区疫情防控工作又有"短平快"的特点，我们把出行摸底、出入登记、日常消杀等工作做实、做到位，疫情防控立马就能见效。

我们包抓的小区属于"三无小区"——无物业管理、无主管部门、无人防物防，小区平时也没有专人管理。在全县加强防控的关键时刻，我们入驻小区，不分昼夜地24小时值守，帮着小区消毒、打扫卫生、购买生活物资。

住户看在眼里、记在心上，与我们结下深厚的感情，常给值守人员送刚出锅的包子和甜食，热气腾腾的。

一份责任，全力助企促发展

企业与社区最大的不同，在于企业难以避免员工在生产车间或生产线的聚集，防控难度又大大增加。生产车间需要更严格的检查和消毒，同时在食堂、宿舍等地方，也有很大的人员聚集风险。与此同时，企业还要考虑到复工复产等更多问题，给我们带来了很大压力。

社区疫情防控马虎不得，企业复工复产也耽误不得。高新区有六十多家企业，工业产值和税收占到全县一半以上，很多新建、续建项目工地都在高新区辖区。随着疫情逐渐好转，企业复工复产的必要性和需求度日益增加，同时疫情防控工作又不能有丝毫松懈。

为摸清现状，做到心中有数、心中有底，我和同事们全体上阵，摸排园区企业、项目工地返流情况，逐个通知相关企业暂停或延时复工复产，同时为企业协调办理运送民生物资车辆通行证，为防疫措施到位、准备充分的企业协调办理复工复产审批表,制定分级分类复工复产方案。

"只计耕耘莫问收",我时常用厉以宁先生的这句话勉励自己。我相信,现在正处于大是大非的关键时刻,一定要有人冲上去。

来陕工作已经两年有余。初到三原时,我还不怎么能听懂当地方言,如今已经彻底扑下身子,成为一个实实在在扎根黄土地的三原人。身处防疫一线,更是对基层工作有了更深刻的感触,遂成以下这篇随笔:

过未央路

2020 年 3 月 15 日

北望高楼日月间,秦砖汉瓦数千年。
少时不懂家国事,欲至京畿问上难。
昔日商君兴变法,风华绝代写长天。
无端进退非答案,因事而行易自勉。

个人简介

王子骏，安徽天长人，出生于1990年3月，北京大学社会学系2016届硕士毕业生。作为江苏选调生，任职于省民政厅，曾在省民政信息中心挂职，获江苏省政务信息工作先进个人，2019年6月起任三级主任科员。

给母校的一封家书

◎ 王子骏

亲爱的母校：

展信安。

前些天，我收到了一个意外的包裹，打开来，里面竟然印着您的落款。赶忙将信的内容从头读到尾，一泓暖流在心头晕染开来。

三年前，您把书卷气未脱的我们交给了江苏。如今，从学校学生到政府工作人员，从学术型的调查研究到发现问题、研究问题、解决问题，我已经带着您的教导和希冀在江苏扎下根来。这三年，我得到了不少新知识、新体悟，独立思考的精神和咬定青山的定力，成为我在越复杂艰难的情形中越能站稳定位、守得云开见月明的坚实后援。

今天给您写这封家书，是向惦念我们的您报一声平安，更希望能让您看到，在病毒肆虐的时候，我没有辜负您的厚望。

疫情渐紧，一线告急，很多地方的医护物资都出现严重不足，我所在的部门承接了不少向湖北捐赠物资的任务。这些天里，我们从各民主党派、港澳同胞、海外侨胞、医疗类社会组织等社会各界筹集到了口罩、手套、防护服、消毒药品及其他大量医药物资。

更紧要的是如何对接需求，做到精准捐赠。为了保障账目清晰和物资的高有一家位置偏远、老人稀少的机构被工作人员疏漏了，好在经过我"地毯式"的巡察，发现了这一"漏洞"，随即和主管部门联系协调，帮助这家机构解决了物资紧缺的难题。当天晚上十点多，这家机构的负责人打来电话，激动地告诉我，老人们已经收到了口罩和消毒用品。

从打电话第一天到最后一天，每天和各个方面沟通、交涉，电话挂断一个又要接通下一个，我的喉咙疼到几乎不能说话。但每解决一个人民群众面临的实际问题，我都感到莫大的欣慰。

解除一线医护人员的"后顾之忧"也是我工作的重要内容。医护人员奔赴武汉一线，是出于医者的担当，而照顾好他们家中留下的老人和孩子，就是我们的责任。为了让医护人员在前线安心"战斗"，我们积极协调各类养老部门，号召他们在照顾独居、留守老人的同时，也重点关照子女奔赴抗疫一线的老人，不仅要照顾好老人的生活起居，还要随时关注老人的身心状态，保证他们身体健康、心情舒畅。此外，我们还一一对接医护人员家属所在单位，请他们在工作安排上尽量予以特殊考虑，方便医护人员的家属能够有足够的时间精力照顾家庭。稳定了"后方"，也就巩固了"前方"。

我亲爱的母校，写下这封信时，我依然坚守在自己平凡的岗位上。与许许多多北大选调生一样，用母校给予我们的学识与担当、用基层给予我们的历练与才干，在为抗击疫情做着自己的一点点贡献。

在这里，我们是抗疫一线的后方，而在我们心里，母校就是我们最强有力的后方。我想让您看到，看到三年前从您的臂弯里走出的孩子，此时此刻，正在为守护一方沃土、一方百姓，争取早日战胜疫情紧张地工作着。白衣战士在前方披坚执锐、勇斗病魔，我能做的是为他们提供更锐利的矛、更坚固的盾；基层一线的同志们躬冒矢石、日夜奋战，我能做的是帮他们查缺补漏、统筹协调。

期待抗疫全面胜利之日，再次相约燕园，去看那未名湖畔的海棠，共同唱起燕园学子的青春颂歌！

顺颂春祺。

一名身在江苏的选调生
2020 年 3 月 3 日

张泸，四川泸州人，出生于1990年3月，北京大学药学院2019届博士毕业生。作为福建引进生，挂任厦门市翔安区内厝镇科技副镇长、内厝镇莲塘村党委副书记。

医学生的"另类"抗疫

◎ 张泸

作为药学博士，作为土生土长的四川人，我最终选择了福建引进生，扎根于内厝镇这片土地。

刚入职那会儿常常有朋友问我，会不会觉得可惜，算不算背离了专业培养的本意？经历过这次疫情，我想我有了一个很明确的答案。

赶"回家"的莲塘女儿

1月26日，正月初二，到岗第一天。

昨天下午六点，还在家的我接到了返回厦门待命的电话。不到三个小时，我便拿着登机牌出现在了四川泸州的云龙机场。行李箱很沉，是妈妈一边唠叨一边帮忙收拾的。安检的时候打开一看，原来被悄悄塞进了满满的水果和熏鸭，一时间湿了眼眶。

今天，我已经回到了1800公里之外的厦门，回到了我工作的内厝镇。这里与家乡地理环境迥异，民风民俗也相差甚远。对于我挂钩的莲塘村来说，今天是个大日子。依照习俗，每年这一天都要举办"女儿节"，迎接已经出嫁的女儿们回娘家一起团聚。

刚来厦门工作的时候,我就听当地的同事们提起过往年女儿节的盛况,家家户户都喜气洋洋,村里还会自发地安排节目表演,十分热闹。今年由于疫情的原因,为了避免人员流动和人群聚集,女儿节怕是办不了了,我担心给群众做思想工作恐怕没有那么容易。一大早在镇里开完部署会后,我便立即赶到了莲塘村。

碰到村书记的时候,他还有些诧异,惊讶于我怎么在这个时候又出现在了村里。我开玩笑说:"要是再不从四川回来,我怕就回不来啦。"书记哈哈笑了,说:"今年的女儿节不让办,但你这位莲塘的女儿回来,我们可是欢迎得很。走吧,上村里看看去。"

我们俩走在村道上,四处都有些冷清,只剩下道路两旁一些女儿节的宣传画在顽强地"抗议"。阳光暖暖地照在身上,让人心情也跟着变得舒畅。在冬季湿冷的闽南,今天本该是个出门的好天气。村书记跟我说,其实早在半个月前,女儿节所有工作就都筹备就绪。腊月二十八镇里通知要取消女儿节,村民们都懵了,就连村里的"两委"对此也有些不满意。后来经过村干部反复地劝说和解释,村民们才基本打消了固执的念头。

但我还是不放心。村民们答应了不办女儿节,会不会有情绪呢?在村干部的陪同下,我入户走访了许多家庭,陪独自在家过年的老人聊天,看看阿姨们为女儿节准备的旗袍表演,想努力让大家少一些失落和寂寞。

对于我的到来,村民都还是很热情,拿出了原本准备用来招待女儿的年货请我品尝。福建人过年爱吃橄榄,这枚碧绿的果子对于我这个四川人来说,其实有些青涩、微苦。咬到嘴里的一瞬间,我想起了昨天临行前妈妈放进行李箱的水果。那一刻,心里有些酸,但也有些暖。在这个特殊的日子里,在这个特殊的场合下,作为莲塘的"女儿",我找到了与这个地方另一种微妙的联结。

被拦截的"无关人员"

1月27日,正月初三,又是忙碌的一天。

今天的工作任务,是要到内厝镇的各个旅游景点和宫庙查看疫情防控的情况。清早启程前往莲塘村,一路上车辆很少,畅通无阻。风从打开的车窗灌进来,还带着些严冬的凛冽,我不由得裹紧了大衣。

首站的出米岩景区是内厝镇的著名景点,景区内的宫庙在当地香火很旺。闽南的民俗文化丰富,在春节期间前往民间信仰点"拜拜",是内厝镇村民少不了的习俗。同事告诉我,每年正月期间,出米岩的宫庙还会施粥,远近的村民都会慕名前来,喝一碗粥,就当讨一个平安顺遂的好彩头。

出米岩确实是个好地方,我也很喜欢。在距离景区还有好几公里的地方,就能遥遥地从车里望见远山如黛、林木苍郁。上学时总嫌北京的冬天太过肃杀,还是这里更有家乡四季常绿的那种蓬勃气息。

我们抵达景区的时候,青山依旧,但昔日如织的游人却不见了踪影。一圈儿走下来,我们这拨人竟然是唯一的"游客"。除了林间不时响起的鸟鸣,空旷的山里找不出第二个喧闹的声音。我暗地里开心,看来防控工作落实得挺到位,大家也都有居家防疫的自觉意识,可算是能稍稍放心了。

谁知我正想着,山下迎面就骑来了一位"不速之客"。这位小哥是个驴友,见到我们也很坦率地说起自己是要去出米岩景区看看风景,之后还打算上锄山继续骑行。我当然不能答应,拦下他一次又一次地强调疫情的严峻,将他送到324国道确定他不能再返回后,才松了一口气。

有趣的是,我刚拦截完游客,到了下一站自己就成了被拦截的人。我和同事来到鸿山村準提寺防控点时,车子才开到山脚,就遭遇到了"前路不通"的情形。卡点的工作人员不认得我们,神情严肃地请我们停下,说现在疫情严重,山上的宫庙都关闭了,不允许无关人员上山。嘿,卡点的工作人员这么细致认真,"无关人员"表示全力配合工作,遂返回。

回来的路上我就在想，今年内厝镇的村民们虽然喝不了各个宫庙的施粥，但大家都在家里做好隔离，健健康康也就是最大的平安顺遂了。

自制口罩的"小能手"

1月30日，正月初六，早上刚醒来，就迫不及待想去看口罩的生产情况。

疫情之下，口罩是硬通货。虽然国家已经在大力恢复口罩产能，但在内厝镇，口罩还是供不应求。前几天走访辖区内的企业时，我们了解到有一家延江股份公司在生产无纺布。一听到无纺布，我和同事的眼神都齐刷刷亮了，仿佛挖掘到了一座宝藏。我们乐观地想，无纺布是口罩的主要原料，原料有了，口罩还会缺吗？

萌生了手工制作口罩的念头后，我们昨天联系了延江股份公司的老总。听说我们是想自制口罩，老板非常豪爽地提出愿意无偿捐一吨无纺布来支持我们的口罩生产。另一家服装厂的老板也提出，他们可以落实口罩缝制的相关事宜。

原料和人工的事情迅速地解决了，问题却卡在了口罩消毒上。延江股份公司只有烘箱，能达到100度，但高温下无纺布有着火风险；紫外线消毒很安全，但我们目前没有设备条件。关键时刻还是服装厂的老板灵光一闪，蒸汽熨斗派上了用场，蒸汽加热能保证口罩不会被破坏。

昨晚敲定了方案，今天要正式开工了。我们赶到服装厂的时候，大伙儿早都甩开膀子忙活开了。来帮忙的志愿者们都是会做针线活儿的阿姨们，大家都觉得新奇，也很兴奋。现在全国各地交通不便，许多工人都还没办法复工。虽然有志愿者帮忙，但人员还是紧缺的。老板亲自上阵裁剪、缝制，我也帮忙划线、裁剪，打打下手。服装厂里静悄悄的，每个人都专注地做好手头的事情，一上午的时间就在热火朝天的忙碌中度过了。

口罩的样品很快就生产出来了，长17厘米，宽7厘米，比市面上的口罩要大不少，遮蔽范围也更广。大家笑着说挺好，这样还能显脸小。老板说今天由于员工不够，最多只能产300个左右。但我想着有产量就很开心了，至少我们的工作人员在入户时能应急。

我开玩笑地说，自制口罩看起来似乎是我走出校园之后离本专业最近的一次经历了。基层的工作做好了，被感染的百姓也就少了，这与医学"治病救人"的本意殊途同归。我的知识只要能为这里的百姓做些什么，那我就不觉得可惜，更不会觉得后悔。

个人简介

黄颖,福建仙游人,出生于1990年5月,北京大学分子医学研究所2014届硕士毕业生。作为福建引进生,任职于省卫生健康委员会,现为二级主任科员,2014—2016年曾挂任莆田市秀屿区笏石镇科技副镇长。

筑牢防线的故事

◎ 黄颖

3月5日早上,刚到办公室打开电脑,一则新闻映入眼帘:"福州、厦门、三明、南平、龙岩、平潭'清零',福建省连续八日疑似、确诊患者'零增长'。"

从1月14日坚守岗位至今,看到这些数据,心里终于多了一丝安定。翻阅几个月以来的工作日记,回忆抗疫点滴,不由感慨这个春节过得艰难又非凡。

战斗的新年

年前,在福建尚未出现疫情时,我便放弃了原定和家人一同出国的休假计划,主动提出留守岗位。

农历庚子年的除夕夜和春节,我是在办公室里过的。

今年没有大年初二,只有1月26日,星期日。在那天,我们为福建省第一批援助武汉医疗队的102名医护人员送行。疫情当前,逆行者最美,他们为全国的抗疫大局冲在一线,我更加感受到筑牢自己防线、站好自己岗哨的重要意义。

在持续抗疫的近两个月时间里,单位给我们准备了防护装备,包括口罩、一次性手套、消毒纸巾……这些物资,让我们安心又踏实,工作时内心总是充盈着温情和动力。

我守在医疗救治阵地,前后组织了七次全省培训学习诊疗方案,推进重症病例医疗救治、医院感染控制等工作。

成立领导小组后,我每天需要完成的一项重要任务就是收集分析病例情况、汇总记录医疗救治组的每日工作进展。这些基础数据是分析疫情、制定下一步方案的重要依据,实在马虎不得,每天脑海里都被无数高速运转的数字充斥着。

与此同时,还要摸底掌握全省医疗资源情况,初步测算评估疫情进展各阶段的医疗救治能力。比如,全省用于收治新冠肺炎患者的床位有多少张,三梯队医务工作人员的安排是怎样的,一千多家发热门诊如何设置,91家定点医院联络人的值班怎么安排,全省118家综合性公立医院的传染病系统建设现状和需求情况是怎样的,等等。

把这些都掌握清楚,才算心里有底,才能不那么彷徨和忐忑。偶尔能够听到医护"前线"传来的消息,有病例增加的担忧,也有患者日渐康复的喜悦,那段时间总是喜忧参半,经历凛冽寒冬的人们更加期盼春天的温暖。

争分夺秒做准备

警报拉响之前,福建省便已争分夺秒做了大量准备工作。作为省卫健委一员,我目睹了暴风雨来临前,各条战线同志们严阵以待的点滴瞬间。

从1月14日到17日,办公楼的走廊里每天都充满着忙碌的脚步声和商讨声,也能见到不少戴着口罩的严肃面容。

省卫健委召开了五场工作部署会、培训会、碰头会，这五场会议覆盖了全省市县三级卫生健康行政部门、各级各类医疗机构相关科室，尤其加强了对相关人员的培训和部署。考虑到大量外出务工人员返乡后有可能集中在农村，会议还特别提示基层医疗卫生机构要注意做好返乡发热患者的早期识别工作。

1月17日，经由各医院推荐，我们遴选成立了第一支专家团"福建省新冠肺炎医疗救治专家组"，由呼吸、传染、重症、影像、临床诊断、中医等专业专家组成，负责指导全省的医疗救治工作，尤其是重症病例救治工作。

随着医疗救治工作的进展，后面又进行了两次专家组的调整充实，他们通过"互联网+远程医疗"对全省各地上报的疑难患者每天进行巡诊指导，调整优化治疗方案。

专家团中不乏岁数大的老人家，连轴转的工作强度下身体难免吃不消，但没有任何一个人后退。他们的坚持和敬业，也鼓舞着我们这些年轻人更加勇往直前。

1月20日，我跟随门诊、院感专家一起赶到医院现场，督导发热门诊设置、院感防控、医务人员防护、医疗物资准备、培训落实等情况，力求现场发现问题并完成整改。还有一项重要任务是记录并总结共性问题，为下一步部署做好参考。

那几乎是我最小心翼翼的一天，总担心因为哪里考虑不到位而贻误"战机"。回到办公室摘下口罩、帽子一抹脸，才发觉自己在冬天里出了满头大汗。

用口罩的习惯

疫情期间，口罩是无比宝贵的物资。我逐渐养成了这样的习惯：每天早上到达办公室后，打开紫外烘干机烘干口罩，再消毒一下，第二天继续使用。这样，每周我只需耗用一两个口罩，能够节省一部分供给"前线"使用。

这源于我某天看到的一位临床医生的朋友圈，他这样写道："我所在的科室属于二线科室，每天只发放一枚口罩，下班路上要戴着上班使用了一天的口罩步行两公里回家，路上偶尔还会遇到行人问路。感觉戴着口罩不妥当，但不戴口罩又无法进入小区。"

看到医护人员这样的描述，我也同样为他们的困境担心，于是我就每天攒下零星口罩，再将这些寄送给临床医生。虽然不能作为医用防护，但尚能供他们上下班的生活防护所需，也算是自己为医护人员提供一点力所能及的帮助。

一枚口罩虽然是一点微不足道的小事，但我也时时为自己能够尽一份力量而感到踏实和满足。

过年那阵，是口罩最为紧缺的时候，工厂尚未复工，库存却被抢购一空。等节后产能逐渐恢复，反复使用口罩的习惯却保留了下来。

最美逆行者是最可爱的人。我相信付出终有所获，经此一役，人民群众会更加理解和信任医护人员。

杨茂，湖北黄冈人，出生于1990年5月，北京大学历史学系2019届博士毕业生。作为湖北选调生，现挂任浠水县人民政府党组成员、产业顾问。

与物资打交道

◎ 杨茂

今年湖北的冬天尤其阴冷，特别是春节那几天，一直在下雨，好像下不完似的。室内还好，若是在室外，就完全扛不住了，整个人仿佛被浸泡在冰水混合物之中。

忙碌了一年，原本打算好好陪陪家人，窝在家里过个暖和年。但疫情之下的大地，天寒地冻，家里再暖和，也待不住了。正月初一，我返回岗位，开始抗疫。

四处求助的"粮草官"

回浠水的路上，心里不免有些忐忑。铺天盖地的新闻消息，爆发式增长的感染人数，不断增加的死亡病例，和真真假假的信息掺在一起，让人心生畏惧。好在，身在黄冈，比在武汉压力还是小一些，我这么安慰自己。

令我没有想到的是，黄冈迅速成为武汉之外最严重的疫区，新冠病毒兵临城下，甚至没有给我们准备时间，大家就一齐上了火线。

到单位后，县委连夜召开紧急会议，部署研究抗击疫情的各项工作。我负责协助捐赠组接收从外地来的捐赠物资。

由于封城管控，物流受到很大影响，各种物资突然短缺。医疗、药品等物资自不必说，生活物资也十分紧张。每天都接到医院、乡镇送来的报告，反映"弹药已尽"，请求调拨物资。有的一线同志非常激动，抱怨"没有弹药，叫人怎么打仗"；有的直接发脾气，拍起桌子，甚至到防疫指挥部"耍赖"，拿不到物资就不走了。

面对这些奋战在一线的同志，我的心里难过又刺痛，前线的"战士们"快要到只能用身体挡子弹的地步了，我能做什么呢？

我决定主动寻找更多的外部援助。

北大校友会、同学、师长、朋友，所有能联系上的、能看到我的消息的人，都成了我的渠道，我请求大家帮忙，从国内外广泛筹集物资。那些天，从早到晚，手机上的电话信息一直不断，电话打到后来，手机发烫、耳朵发烫、心口也发烫。

从前期沟通、捐赠手续办理，到收发货衔接、分配方案，我都不错眼地盯着，排除万难保障捐赠物资顺利到达浠水。

彻夜奋战的"卸货员"

2月5日深夜，两车物资到达浠水，不能长时间停留，需要紧急卸货。当时正值深夜，辛劳了一天的工作人员大多刚返家休息，留下的仅有几个值班的同事。卸货用的叉车恰好又不在周边，怎么办？

肩扛手提，人工卸货。

二百多吨的物资、几千箱，几个人、几小时卸完，大家一句怨言都没有。等货卸完，风一吹，彻骨地冷，才发现浑身早已被汗湿透了。

看着天边渐渐亮起，守着身边满满当当的货物，跟一起忙碌了半宿的同事们相视一笑，慢慢挺直弯了一夜的腰板。身体虽疲惫，心里却踏实，又无端生出很多希望和勇气，足以去迎接又一个艰难的明天。

为了确保需求和物资都能"直达"，我直接跟定点接收患者的县人民医院、县中医院以及各乡镇卫生院负责后勤工作的同志们联系，建微信群，随时收集物资短缺情况，第一时间将物资分配到最需要的地方。

"我们院急缺消毒水。"县人民医院负责后勤的同志发信息给我。

"好的，放心，我尽快弄到。"

医护人员在一线拼命救人，而我，必须拼命筹集物资。后方安定，前线才安心。

两天后，从安徽、江苏争取来的 8 吨消毒水、5000 个 N95 口罩与 10000 个普通口罩到达浠水。

凌晨两点半，我发信息给他："消毒水已到，半个小时后送到医院。"当我随车到达医院时，医院后勤组的同志们都等在门口。他们对这批救人救命的物资心心念念，一直等到凌晨三点，在寒风中站着、迎着。

他们说："这可帮了我们大忙了！"

我想说，在这场与新冠疫情的较量里，帮了群众大忙的，是医生。

送货上门的"外卖队"

2月15日，浠水下大雪。鹅毛雪花，漫天飞舞，一上午的功夫，城区已是银装素裹。此时，黄冈封城已经二十多天了。人们都在盼着，盼着这是一场瑞雪，能够彻底冰封这百年难遇的新冠病毒；盼着雪过天晴，大家的生活可以慢慢恢复常态。

但是，老天并未如人愿，抗疫进入持久战，闭门不出的日子还得继续。

这个时候，群众的生活物资开始紧张起来。站在前期防疫物资紧急筹措的经验教训的肩膀上，我开始多方筹措生活物资。新鲜水果 15 吨、蔬菜 250 吨、鸡蛋 20 万只、海底捞自助火锅 20000 盒、纸尿裤 8000 个……

物资抵达浠水后，我们迅速组织分发，挨家挨户地送。群众接过物资以后，有的道谢，有的道辛苦，有的抓起水果要跟我们一起分享，也有人感叹："还是咱们社会主义好！"

我的成长历程里，听到这句夸赞和感叹的时候也不少，但没有哪一次，比手捧着蔬菜、水果的大伯所言更质朴、更真诚。

穿行在浠水的大街小巷中，常能见到橘树。这种果树无须精心照料，自会花开花落，秋来硕果累累，像极了韧劲十足的浠水人，顶得住风，扛得住浪，始终坚定踏实地生活，始终心怀感谢和感恩。

张九龄有诗写道："江南有丹橘，经冬犹绿林。"形容橘树，形容浠水人，都恰如其分。

3月10日，浠水病例清零。浠水终于熬过了这个漫长的冬天，春天来了！

单光煜,山东泰安人,出生于1990年5月,北京大学新媒体研究院2019届硕士毕业生。作为山东选调生,任职于省机关事务管理局,2019年7月起挂任夏津县银城街道淡官屯北村主任助理。

封在村外的村干部

◎ 单光煜

2月27日晚,接近零点,街道办公室灯火通明,奔忙的脚步声、键盘敲击声、文件翻阅声、电话铃声,甚至是复印机的声音交织在一起,让本该寂静的午夜显得分外繁忙。街道始终保持零确诊、零疑似,让这些喧嚣化作动人的音符,带给我不断前行的力量。

我翻开笔记本,写下明天的工作安排:

6:00 给值班人员送早饭;

8:30 街道疫情调度会;

10:00 发放口罩、消毒液等防疫物资;

13:00 现场督导培训企业复工复产;

16:00 整理复工复产资料;

19:00 撰写防疫稿件、编辑公众号;

21:00 巡察值班情况;

22:00 夜间应急值班。

我是淡官屯北村的村主任助理,疫情初现时我第一时间返回村里。但现在,我被自己提议和推动实施的封村管理措施挡在村外,只能在街道办公室繁忙的工作中遥望一会儿我心系的村庄。

单光煜 ◎ 封在村外的村干部

回不去的村庄

1月29日,我辞别家人,在父母担忧的目光里走出家门,回到了淡官屯北村。说起来,满打满算,我跟这个村子相遇也才六个月,但它就是有一种魔力,能够战胜我对故土的眷恋,和父母对我无声的挽留。

淡官屯北村地理位置特殊,与淡官屯东村、南村相邻交错,村村相通,入村道路众多。徐姓、孟姓为三村的大姓,村内民俗气息浓厚,地域相邻加上血脉相亲,走动频繁,使得疫情防控形势复杂严峻。

如何能第一时间控制好村内出入口,防止人员流动聚集,因地制宜地开展联防联控,是我一路都在思考的问题,以至于走了上百趟的进村路,我居然走岔了。等我回过神来,折返回去时已近黄昏。

在疫情防控会议上,我把自己一路上琢磨出的想法——三村联防联控对抗疫情提了出来,一个小型的抗疫共同体也由此诞生。我跟东村、南村的同事们一起探讨对策,确定检查点位置和封路地点,共同制定封闭管理措施;号召村里的党员带头,和主动报名的志愿者一起成立巡逻队,开始24小时不间断守护村庄。

我的住处在村外,是街道办事处的一间办公室。因为承担了部分街道宣传工作，办事处和村子两头跑成了我的工作常态。随着越来越多的村庄开始实行封闭管理，我进村的路也被封了。我工作的村子，成了我回不去的地方。

沟通疫情的电话里，村主任调侃我："你都进不来了，说明封村真正落实到位了。"欣慰之余，也不免担心着急。每个在街道夜间应急值班的日子里，我守在电话这头，想听到点村里的消息，但又知道，没有消息就是最好的消息；外出工作时，我也总要求把我安排在有淡官屯北村的片区，这样即使进不去，能到附近转一转看一眼也放心。

隔不断的奔忙

进不去村了，怎么跟乡亲们在一起呢？我想到了互联网。作为新媒体专业的毕业生，我深知信息传播的力量。在这个疫情严峻、民众恐慌的时候，及时传递权威信息、发布最新工作进展、做好日常防护提醒，可能比我一家一户去走访，更能稳定人心。

街道原有的发声渠道是微信公众号，但其固有的推送频率和推送方式难以满足疫情期间的特殊需要。为此，我调研大家的需求，重操旧业，开通了头条号、西瓜视频街道官方账号。我原以为，从学校走到基层，我要放下钻研许久的互联网，让自己沾满泥土的芬芳。而这个尝试却让我知道，农村的治理远不止于我的想象，只要方式得当、尊重客观现实，这里可以包容很多想法，也可以消化很多技术。

疫情期间，我共撰写新闻稿 8 篇，编辑公众号推送、头条号推送 40 篇，拍摄制作短视频 3 条。其中 3 篇稿件被《大众日报》、《德州日报》、齐鲁网、闪电新闻、学习强国山东平台、德州 24 小时等省市级报刊媒体刊发、转载。我用自己的专业知识储备，让更多人看到了权威信息、坚定了必胜信心。

1 月 31 日，我接到了老妈打来的电话。彼时我正在去湖北返乡人员住处随访的路上。得知我只佩戴了一次性医用口罩，老妈打趣我："你之前不是挺爱惜身体的吗？有点不舒服就往医院跑，老怕自己得病。咋了，这回不怕了？"紧接着她又说："你自己还是要小心……"我听得鼻子有点酸，又怕被同事看到，便匆匆挂断电话，深吸了一口气望向窗外。

这是我第一次近距离接触湖北返乡人员，跟我同去的同事也是一样。路上，长久的安静之后，他碰了碰我的手臂，半开玩笑地问我："怕吗？"看我不说话，他似乎认定了我怕，但不好意思讲，又接着问道："那你干吗着急回来？"

我问了我自己，但却很难有答案。或许，是因为我已经认识了村里的每一个人，熟悉了这里的每一条街道、每一个路口，熟悉带来的亲近，让我不能对这里任何一个人的健康面临威胁无动于衷。我至少得做点什么，至少在疫情来的时候守在大家身边，这样，等疫情过去了，我才能心安理得地再跟大家做乡亲，再听大家跟我话家常。

　　一个毫不犹豫离开家乡、返回淡官屯北村的异乡人，一个被封在村外的村干部，我的战疫日常，不时有矛盾、变数袭来，但心却在按下喷雾器摇杆、发出去每一个口罩、守着电话等待每一个天明、与难得一见的乡亲们相视一笑中，越来越踏实，越来越勇敢。

王宁，陕西清涧人，出生于1990年9月，北京大学软件与微电子学院2016届硕士毕业生，在校期间曾任学生党支部书记，获北京市优秀毕业生等荣誉。作为上海选调生，现任上海科创办经济发展处三级主任科员。疫情期间获上海科创办、浦东新区防疫先进个人奖励。

战"疫"手记

◎王宁

我来到张江科学城集电港片区已经有大半个月了。

这是一片企业园区，聚集了大大小小三千多家企业，平日里算得上是一处人群密集区，而现下，倒显得有些冷清。

从2月3日开始，我每天都来到这里，帮助协调企业的防疫工作和复产复工。从最初街道上行人寥寥无几，到经过两批复工潮，现在终于有了点人气，企业的防疫和管控都在步入正轨。有时能看到几名员工戴着口罩隔开一米进行交流，大家的意识也都没有松懈。一切都在越来越好。

常规的作息已持续半月有余，得空写下此篇手记，聊作他年关于这段防疫工作的回忆。

6点，起床

冬末春初，2月的天气乍暖还寒，上海这两天略有些回温。

我从温暖的被窝里爬起来，小心翼翼，不忍心惊扰了还在熟睡的妻子。洗漱完，简单吃了早餐，穿好棉衣准备出门。

由于错开了早高峰，地铁上没多少人，大都低头刷着手机或靠在椅背上打效使用，我几乎每天都处在搬运、清点、运输物资当中：不同包装和规格的物资要一一清点，不同型号的防护用品要一一说明。哪些是医用级别的，哪些不能进入"A区"；哪些需要冷藏保存，哪些需要密封灭菌保存；哪些容易损坏，要轻拿轻放；哪些化学药剂要防止泄漏……当日收到的物资，当日清点完毕，当日就要发送，一般的物资两天可以到达武汉、黄石；需要冷藏冷冻的物资，利用能保温的车辆，最快 10 个小时左右就能送达。

那段时间，我每天都在和物资打交道。沉重自不必说，还有很多物资经过长途运输，表面布满了尘土，一天搬运下来，我整个人都搞得"灰头土脸"，抬不起胳膊。但忙起来的时候，是想不到这些的，时间就是生命啊！每天能向前线输送的物资越多，前线物资紧张的压力就越小。1000 件防护服清点完了，10000 只手套发出了，30000 只口罩送到了……想到在一线奋战的医务工作者、基层干部和志愿者们，想到从我手里送走的物资很可能为深陷疫情中的同胞们筑起生命的防线，心中的赤诚与热望便会打消所有的疲惫。

我所在部门的另一项工作是巡察全省养老服务机构的防疫情况。江苏全省总共有 2400 多家养老机构，现在我每天要打大约 50 个电话，挨个询问各家机构的疫情防控情况，了解疫情防控期间的政策执行力度和遇到的实际困难。

我遇到的最难解决的问题是工作人手和防疫物资不足。防疫物资大部分都是快速消耗品，只有及时、准确、全面了解物资需求，才能实现精准的调配。

瞌睡。所有车厢的乘客都戴着口罩——这是以前从未见过的上海地铁场景，如今却已习以为常。

我在脑海中快速过了一遍今天的行程安排，也闭上眼小憩一会儿。

8点，太阳出来了

阳光温和地洒在路上，我走出地铁口，快步赶到今天第一个重点志愿服务和巡查的点位——集电港一期。

人员和车辆在园区的各个出入口有条不紊地进出，一些企业已经复工了。

见状，我心中颇感欣慰。

回想一个月前，我们还在为这片区域头疼。这里大多数是小型企业，管理起来本身就十分困难，加之开放型园区很难从外围封闭，一旦强行封闭就会造成临近的主干道发生交通堵塞。复工潮就要来了，怎么办？

我和同事开始在园区内实地考察，一家家企业、一栋栋楼走访，而后多轮头脑风暴，寻找解决这一困境的途径。

"既然是开放型园区，是不是可以在不同位置设置多个出入点，分散开上下班时的人流？"

"进出车辆也可以停放在各自公司所在的楼，这样就方便登记管理了。"

于是，我们迅速与小企业主协商，尽快落实"将车辆退守至楼，对人员多出入口引导"的工作构想。尽管方案做了一版又一版，模拟过各种突发状况场景，可尚在"纸上谈兵"阶段，心中仍有些忐忑。

好在，2月10日和2月17日的两轮复工潮，证实了我们的方案是可行的。

在工作人员的引导下，大量返岗员工通过不同的出入口进出，顺畅地进行了登记，每一个人、每一辆车的数据都被记录下来，以便管理。

居家隔离这么长时间，终于回到了工作岗位，大家登记进门时，也总是和我们聊上几句："你们辛苦啊，大家都在家歇着，你们还在外面跑。"

"只要疫情过去，我们做什么都值！"

10点，人多了起来

星创科技广场已经很多人了。

路过的行人脚步匆匆，手中都拿着一张彩色的纸，车辆进入时也需要向站岗的工作人员出示同款纸卡，只不过颜色不同。

这是我今天第二个重点志愿服务和巡查的点位。

作为分流路口，星创科技广场人流量、车流量都很大。怎样在规范管控的同时保证广场交通畅通不拥堵，前段时间一直是困扰我们的难题。

我和同事们绞尽脑汁，经过多轮方案筛选，最终决定采用发放出入证的方式加快人员通行——鲜艳的彩纸上提前根据完成备案企业及对应复工人员名单，誊写好复工人员的姓名和身份证号码，自驾与步行以不同颜色区分，再盖上物业红章，进出的人只需要向我们出示这张"彩纸"，便可以快速通过。

有人笑称："感觉自己也是个VIP了。"

前方通行要登记，原本车流量就较大，常有拥堵发生的广场交通更吃力了。在预估复工形势后，我迅速将这一拥堵节点上报。没多久，车流待检区域全部调整到了园区内部，原有的150米园区道路变为了等待区，交通压力疏散了。

耐心等待的车主摇下车窗，透过口罩和我们攀谈了起来："你说啥时候能控制住啊？还想带着娃出门逛逛嘞！"

14点，视频会议

每天的下午两点是固定的防疫视频会议时间。

我找了个安静的角落，熟练打开钉钉软件，戴上耳机，加入上海科创办防疫指挥部建立的会议室。轮到我时，我汇报了上午的巡查情况以及接下来加强片区复工复产防疫工作的重点安排。

"这一周企业复产复工已经达到了30%，下一周员工依旧会持续涌入。"
"下周预计复产复工多少？"
"大约能达到60%。"
"好。企业复工推进，防疫工作长期不能松懈。"

大家轮流说完各个区域的情况，好的做法彼此学一些，不足之处互相对照着自检。

疫情防控工作一刻也歇不得。开完会，我立马联系了防疫指挥部，协调张江镇派出所派人员帮忙，以应对下一周的大规模复工潮。

22点，电话响了

晚上十点，回到家里。

一身的疲惫还没来得及卸下，便走到书桌前，翻开那个随身携带的笔记本，详细梳理一天的工作。当日的总结，明天的安排，大都在夜里完成。

突然，电话响了起来。

"上海市市级机关党委组织志愿献血，你愿意去吗？"

"没问题。"

想也没想，我一口答应了。能为医护一线做点什么，说实在的，我觉得很骄傲。妻子听闻我的决定，同为公务员的她，对我提出了表扬。心里暖乎乎的。

夜已经深了。此时此刻，无数的医院和办公室都还亮着灯，无数的人还在这场防疫战里奔跑着……

周福波,贵州遵义人,出生于1990年9月,北京大学社会学系2016届硕士毕业生。作为广西选调生,任职于自治区人力资源和社会保障厅,现为人事处三级主任科员,2018年3月起挂任马山县林圩镇伏兴村第一书记。

保安全也要保发展

◎ 周福波

2020年2月29日,星期六,天气多云。

虽然是周末,但今天还是要继续在村里坚守岗位。由于新冠肺炎疫情,自春节后下村至今,我已经连续在村里奋战一个月了。

这一个月,我每天都在排查各重点疫区人员情况并上报健康数据,心总是悬着的,生怕漏掉一个人。为了限制人员流动,村级和屯级疫情防控检测点陆续建了起来,我们利用喇叭、横幅、微信等多种形式宣传疫情防控政策和知识,让大家居家不外出、不聚集。刚开始村民有点不配合不理解,最近一段时间,随着确诊数字每天上升、宣传监督常抓不懈,村民们越来越配合工作了,我们都感到很欣慰。

防疫抗疫来不得任何马虎

一大早,我被刺耳的电话铃声惊醒。"快准备一下,我们一起去龙碗屯,有一个昨晚半夜从江苏跑回来的。"电话里传来村支书的声音,"听说还带着病回来!"

听到村支书的话,我心头一震,那根弦再次紧绷起来。龙碗屯是村里最偏远的屯,也是人口最多的屯,前期排查从湖北武汉返回人员数量是最多的,如果出现问题,很容易失控。我赶紧联系村医做好准备,到村委办公室带上《疫情防控告知书》和《广西居民健康申报表》,与支书、村医一起赶往龙碗屯。

回来的人叫阿华,昨天从南京坐高铁到南宁,接着从南宁打车到家。我们到阿华家的时候,他正坐在卧室床上,村医询问病史并测量了体温。体温正常,没有发热、咳嗽等症状。我们都松了一口气。

阿华的父亲表示,阿华长期在南京务工,这两年都没有回来,一年前患上肿瘤,在外面实在没办法了才回来治病,家里好有个照应。我听了,心头一酸,作为一个扶贫干部,我见过太多类似的事情了。病魔是扶贫路上的最大敌人,一人患病可能拖垮一家。我们了解到,阿华家庭并不富裕,在外打拼多年积攒的钱几乎都耗在了这次生病上。像阿华这种情况,要密切跟踪,如果治疗费用开支大,低保保障一定要及时跟上,避免整个家庭因病致贫。我们交代阿华尽快去医院检查治疗,不要耽误了最佳治疗时机。同时,也交代他做好隔离和防护,每天村医都会来给他测量体温,如果有其他问题及时和我们反映。

一出阿华家门,发现好些群众在对面围观,面面相觑。"大家不要担心,这不是新冠肺炎,他是坐高铁回来的,是肺炎的话就进不了高铁站。"我看出了大家的顾虑和担忧,对他们说:"大家都散了吧,不要聚集,保护好自己,还有,咱们一定要实事求是,千万不要乱传谣言。"

在准备返回时，龙碗屯长跑过来反映，高铁项目的工人们陆续从各地回来，想进屯里住，考虑到屯里村民的安全，屯里不同意他们进入。由于高铁的规划路线距离龙碗屯不远，为了方便工人上下班，高铁项目部在龙碗屯建了一个临时集中居住点，而这处居住点就挨着村民们的住房。施工人员来自全国各地，人员情况比较复杂，他们这个时候过来，如果有人已经感染或者来的途中密切接触感染者，难免会给屯里带来风险。考虑到高铁施工项目涉及面大，除我们这个居住点外，全镇还有好几处。我立即向镇政府汇报了相关情况，镇里也非常重视。

中午，镇长亲自赶到，带着我们一起到高铁项目部了解情况。镇长宣传了疫情防控最新政策，要求掌握工人详细情况，做好监测、隔离和防护，既要有序复工，又要防控疫情。项目部负责人介绍已安排工人进行核酸检测，所有工人都分区分级进行隔离观察，等核酸检测结果出来了会及时报备。

我把镇里的精神和事情的处理情况第一时间反馈给龙碗屯长，让他先等高铁项目部的核酸检测结果，如果检测没问题，就让工人们尽快安顿下来，有序复工，同时交代好村民先不要与工人接触，做好自我防护。

凡事就怕"认真"二字，在我看来，基层工作很多时候并没有什么技巧或者捷径可言，防疫工作更是如此。防疫无小事，我深知我所坚守的是一道生命防线，我们把工作做细致了、做扎实了，乡亲们也就安心了。

脱贫攻坚容不得半点放松

回到村委已经下午两点了。我匆匆泡了一盒泡面，吃完就急忙赶到彭祖屯疫情防控检测点值班。

今天除了疫情防控工作之外，我的另一项任务就是核查未参加居民医疗保险的人员信息。确保村民做好医保缴费，是落实"两不愁三保障"的重要一环。昨天，镇里发来了今年居民医疗保险参保情况名单，全村还有三百多人的缴费信息需要核实，没有缴费的要动员参保缴费，其中彭祖屯就有24人要核实。我找屯长对了一下要核查的名单，留了未缴费人员的电话号码。先打电话沟通，然后又一一加了微信，一遍遍地讲解医疗保险政策，动员他们参保缴费。经过动员，有两户主动进行了缴费，有三户在外参加职工医保的也主动把缴费证明发了过来。

傍晚在返回村委的路上，碰到合作社负责人覃福华正准备收工。我问他今天有多少人做工，他答道："今天有十几个，果园今年要收果了，请人把草除一下，也围一下护栏。"覃福华是村里返乡创业的大学生，前年村委鼓励他成立了专业合作社，种植了三华李100亩，今年三华李进入正常收获期，6月就能上市。

"另外，你那个油茶基地进展怎样？最近雨水多，要抓紧时间种，也要做好防护措施。"我问。去年广西出台支持油茶产业的政策，我给覃福华讲了政策后，他有进一步发展产业的意愿。我带他到广西林科院油茶所参观学习后，他很快就在后山承包了600亩地，为五个屯的群众增加了租金收入。去年年底，我给他争取了资金支持，买了10万元的油茶苗，油茶的种植为周边群众和贫困户提供了就近就地务工的机会，每天都有三十多人在基地工作。

"已经种了四百多亩了，最近受疫情影响好些人还没出去，请工人比较容易，很快就能种完。"他信心满满地说道，"我们油茶基地想重新注册一个合作社，到时候，请书记帮我们取个名字！"

我和村委的同事们常常开玩笑说，覃福华是我们村的一块"宝"，真希望再多几个"覃福华"，带着乡亲们一起脱贫致富。今年是决战决胜脱贫攻坚之年，村里还有14户41人未脱贫，脱贫监测户和边缘户都要予以密切关注，确保全面完成脱贫摘帽任务。作为第一书记，我深感使命光荣、责任重大。疫情尚未结束，必须在做好防控、确保全村百姓安全的前提下，持续抓好脱贫攻坚各项任务，啃下硬骨头，不辜负组织的信任和群众的期待。

转眼之间，我到伏兴村工作两年了。两年来，多少个汗流浃背的正午，多少个连续加班的夜晚，多少质疑和不解，多少苦与累都熬过了。刚到村里时，很多村民听说新来的第一书记是北大的小年轻，都投来怀疑的眼光，认为我只是来镀镀金的。还记得我为村里滞销的砂糖橘拼命宣传时，有人甚至怀疑我在合作社有股份。

看到我和大家加微信、聊家常、交朋友，看到我实实在在地为大家做事，大家看我的眼光渐渐变了，变得更亲切了。经过两年的努力，去年年底全村贫困发生率从16.4%下降至1.14%，终于达到了脱贫摘帽标准。这两年的基层锻炼让我更加深切地认识到，只要肯干、苦干、实干，就一定会有好的结果。

诸颖，江苏南通人，出生于1990年9月，北京大学法学院2016届硕士毕业生，在校期间曾获得国家奖学金、北京大学三好学生等荣誉。作为上海选调生，现任职于市委宣传部。

守"沪"春归

◎ 诸颖

这一年的春节没有走亲访友的热闹，家家户户闭门围炉、谈"疫"色变。

这一年的春节我们无心采购年货，每个人急需的，是口罩、护目镜和消毒液。

这一年的春节依然寒风凛冽，却有或坚守或逆行的千万人，用汗水和生命在战斗。

这是2020年的伊始印刻在我们脑海中的样子，也昭示着我这段战"疫"时光的开始。

于无声处助力抗疫

"2月5日，武汉方舱医院迎来首批入住的患者。"

"2月8日，一组'上海空城'的照片出现在网上。"

"2月11日，武汉方舱医院里有医生带领患者跳起了广场舞。"

"2月20日，浙江、云南纷纷出台政策，宣布包括杭州西湖在内的一些露天旅游景区可以按正常经营时间开放了。"

"3月5日，朋友圈被一张落日余晖照刷屏。"

……

诸颖◎守"沪"春归

日记里记录了我在阅评新闻时看到的信息碎片，现在翻来，倒像是一条"战疫时间轴"，串起了这段日子的点滴。

2月3日，我接到任务，成为抗击疫情新媒体阅评组的一员，主要负责对上海市各大新闻网站、新媒体上的新闻进行阅评。

终于能以自己的方式为抗疫出一份力了！欣喜之余，压力也毫无意外地来临——尽管任职于市委宣传部，但我的新闻工作经历得要追溯到学生时代，而面对汹涌的疫情、浮动的人心，要最大限度消除恐慌、安抚和引导公众情绪，为抗疫工作赢得主动性，舆情应对和宣传引导尤为重要——我可以吗？

疫情形势容不得我多想，再多的顾虑和怀疑都只能在实践中消化。按照分工，我持续高密度地关注几家指定的新媒体，争取尽快摸清工作的门道。

事非经过不知难。大量的信息如潮水般涌来，脑海中被文字填满，电脑上打开的窗口一个接一个，桌面上的材料圈出了一个又一个关键词，起初着实有些应接不暇。

作为一名宣传工作者，我已谙熟文字的力量。新闻和消息都并非文辞的简单堆砌，其背后隐藏的政治立场和政治方向尤为关键，作为阅评人，必须看得透、抓得准、守得住，丝毫马虎不得。

163

同时我们也得考虑,读者想要看什么,想要了解什么?舆论引导具有同理心,才能更好地呼应群众的关切与诉求。于是,我更多地留意网络实时热点,在朋友圈看大家都在关心些什么,询问身边的朋友和家人对疫情的看法,观察他们看不同新闻的情绪……如此,我的工作效率和热情都提升了不少。

渐渐地,我更从容了。上海自大年初二以来已举办了五十多场新闻发布会,多家本地新媒体也开设了全方位、滚动式的新闻专栏,在浏览这些高时效性的新闻,以及重点版面、关键作者的文章时,我越来越有信心了,似乎是掌握了些窍门。但仔细想想,还是应了那句话:万事无他,唯手熟尔。

当回头看那些天为了新闻阅评写下的工作日记,当听到在其他领域工作的朋友将打开"上海发布"作为每天获取信息的习惯动作,对于疫情进展、重要政策和专家建议了然于胸时,我便觉得,一切值得。

在需要时主动守"沪"

2月25日,是我到上海新村居委会报到的第一天。

彼时,抗疫的重心已悄然转移。上海作为全国最重要的口岸之一,外防输入的压力尤为突出,而基层社区便是这联防联控的重要一环,是需要务必守住的属地防线。

上海新村位于淮海路与高安路交界处,属于老旧小区,没有物业管理,疫情防控基础条件较差,是我们党支部的结对单位。

此前,了解到上海新村迎来外籍人士返沪高峰,而居委会人手不足的情况,党支书询问有没有人能够前去顶岗支援。

"我可以!"我主动报了名。

到岗后,我的主要工作就是发挥语言优势,做好外籍居民的信息摸排和服务保障工作。对已返沪的外籍居民进行信息登记并告知隔离事项,发放防疫物资;对于尚未返沪的居民,通过微信、电话等方式提前联系,帮助他们做好返沪的相关准备。

这些事情其实并不难。但由于文化背景和习俗的差异,有些外籍人士并不太理解戴口罩的防护意义,认为那是生病的标志;有些返沪人员不甚配合隔离措施,认为是对他们人身权利的侵犯;还有些人因为上海目前的防疫政策较为严格、流程相对复杂,而对防疫工作流露出明显的不满情绪,甚至让我们基层的社区工作者吃了不少"闭门羹"……

面对这些状况，我们不仅要不折不扣地落实疫情防控要求，确保各项工作不留死角，而且也要耐心疏导外籍人士的情绪，为他们进行答疑解惑，争取最大限度的理解与配合。

下基层做群众的工作，比起在机关做文字的工作，更考验人。而支撑着我在碰壁之后仍然坚持、在被抱怨之后仍然保持微笑的，是那些在疫情发生以来就没有离开过岗位的志愿者。

听居委会的胡书记介绍，由于人手不足，只能依靠平安志愿者的帮助来守护小区安全，而志愿者基本由老年人组成，很多人还主动请缨巡逻值守，从晨光微露站到夜幕深沉，对体力、精力都是极大的考验。

顶岗期间，我认识了一位刘叔叔。他已年逾六十，从大年初六开始便不顾家人的反对，做起了社区的疫情防控员，负责值守小区的主要通道，为进出人员发放出入证、测量体温，每一班都要在寒风中站上四个小时。他和我说："说不害怕是假的，但这些工作总要有人做呀。居委会的人那么少，我正好退休了，出来站站岗、帮帮忙也是应该的。"

参与新闻阅评工作以来，我时常在新闻中看到基层社区工作者的忘我付出。听着他朴素的话语，望着那件橙色背心，我真切感受到了平凡里弄中的温度与担当。

从在街道进行基层锻炼到如今的社区顶岗，我遇见了不少像刘叔叔一样的社区志愿者，他们乐观、低调，不事声张，为所在的社区、所在的城市变得更好而默默奉献着。若每个人都能有一分热，发一分光，那么萤火定能汇聚成星河，我们也终将迎来疫情消散的那一天。

写下此文的下午，窗外阳光明媚。新闻阅评工作仍在继续，社区已经逐步解除了防控。我想，走过了冬日里的泥泞，迎来的一定是温暖的春天。

个人简介

张玉哲，辽宁抚顺人，出生于1990年11月，北京大学化学与分子工程学院2018届博士毕业生。作为四川选调生，任职于成都市双流区投资促进局，二级主任科员。

陪伴企业复工

◎ 张玉哲

庚子年年初这场突如其来的疫情，打乱了无数人的春节计划。

正月初二夜里十一点，我接到了返岗抗疫的通知。刚回东北老家两天的我，马上改签了第二天上午的航班。来不及和父母亲人好好告别，顾不及家乡的美食和特产，就这样踏上了返蓉的飞机，返回2300公里外的"战场"，开启了我和17家企业并肩抗疫、努力复工的日子。

17个"战场"

正月初八，节后复工防疫工作的第一天。复工人员流动性增加，给疫情防控带来更大考验。

前天，区疫情防控指挥部决定从区级各部门选派干部深入企业开展防疫和复工工作。由于工作量大，对体力要求高，原则上优先选派男同志。我想，平时组织对我们选调生很重视，危急关头正是挺身而出、接受考验和磨砺的时刻。巾帼何须让须眉，我得到消息后便向局党组请缨："我想去最危险也是最重要的防疫一线战斗，恳请组织批准！"

很幸运我即刻被派往一线。我需要包联17家企业，开展摸排与宣传、指导和服务他们防疫及复工。

拿到企业名单,我发现这17家企业都还不熟悉,便第一时间和每个负责人电话联系,详细了解企业情况。随后,我到各家企业实地走访,宣传防疫工作的重要性,并指导企业开展人员摸排,引导他们严格执行防疫、复工的各项要求。

之后的每一天,我都会前往这17家企业去了解情况与需求。"员工目前健康情况怎么样?有哪些准备回来?""体温检测点最近运转怎么样?""防疫物资都到位了吗?口罩、消毒液、消毒酒精、测温枪这些够用吗?""消毒通风今天完成了吗?""有没有复工意愿?现在觉得有什么困难?"……这些问题几乎每天都会和企业确认。

线上工作也很繁忙,微信和电话总是不停。工作量很大,对细节要求又很高,我以前从未接触过,起初开展起来略显吃力。但我虚心请教、认真细致,逐渐适应了节奏。于我而言,17家企业,就是17个"战场",必须保质保量打好这场硬仗!

日行20000步

这些天来,我每天都穿梭于管委会和各企业之间,微信运动步数20000步是常态。复工复产不容缓,我要求自己每天都要多跑几趟路,多走几家单位去帮助企业安全、顺利复工。

这天一大早，我就连续接到三家企业的电话："订单开始催了，员工也想开工，我们这边准备好了，能不能申请最近复工？"电话那头语气急促。

为了让他们尽快恢复生产，我决定加快进度，当天就完成这三家企业的现场检查和服务，并帮助他们提交申请资料、走完部分申请流程。实地勘定企业防疫准备情况是企业复工申请中的必要环节，也最为重要，这直接关系着企业复工后能否真正做好防疫，检查工作容不得一点马虎。此外，我还要例行去其余14家企业实地摸排。任务紧，但是工作标准绝不能放松。我给自己快速制订了工作计划，开启了一天的马不停蹄。

匆匆扒拉了几口早饭，便赶紧出发。前往的第一家是17家企业里规模最大的工业企业，有七百多名员工，首批复工人员近三百人。复工人数多、环节多——企业防控必须万无一失，实地检查必须慎之又慎。厂区不小，我走遍了企业的办公区、生产区、员工宿舍、食堂、卫生间每一个角落，仔仔细细地检查、记录。此前，我与企业一直进行着线上沟通和服务指导，因此在这次检查中，企业从体温检测点、健康观察室的设置到防疫物资、员工健康台账、防控方案的准备以及公共区域的消杀工作都基本符合复工标准。

临走前，我又再三叮嘱了防控措施和复工政策。员工们笑着向我告别："实在感谢，今天早上刚打完电话，您这么快就来现场了！"我说："应该的，我也想尽快给大家做好服务！"

随后，我又抓紧赶往另外两家企业，之前对他们进行过几次实地指导，所以整个检查过程都比较顺利。

当天，三家公司的复工审批材料均成功递交了上去，其余企业的每日走访也全部完成。把一天计划表画完最后一个对勾，夜已经深了。

今天的微信运动步数是25000，但疲惫之余，是满满收获。晚上，复工小组组长通知我，我包联的17家企业中，已经有4家通过复工审批。

得知企业能够顺利复工的消息，我真是说不出的高兴，觉得一切努力和付出都是值得的。当然我也明白，这项工作才刚开始，确保企业复工后各项防控措施落实到位是真正的考验。

20小时火线复工

在服务企业复工期间，我们不仅要向企业宣传防控措施、进行政策解答，还要争分夺秒地积极协调解决他们面临的各种难题。

昨天晚上八点半,刚回家不久,我就接到了园区内一家塑料生产企业的电话。由于近期市场上消毒液的需求量激增,这使得他们生产的消毒液包装桶库存告急。包装桶供应跟不上,将直接导致生产好的消毒液不能及时流向市场,因此企业希望能够提前复工,保障防疫物资的正常投放。

我立刻将这一情况上报,复工小组表示同意,但要求企业必须尽快达到复工标准。消毒是防疫的重要一步,相关物资有必要火速上线,为了更好地帮助企业完善复工资料,我又从家返回到了单位。在协助企业负责人制定好企业防控工作方案和应急预案后,我又与每个待返岗员工逐一电话联系,详细了解他们的健康状况和旅居史,建立员工健康台账,宣传返岗复工注意事项。

做完这些工作,再回到家时已是凌晨了。想着须得督促他们尽早达到复工标准,最好能赶上今天的复工审批。然而企业留守员工人手不够,于是我决定定个早点的闹钟,一早就去现场帮着他们清整。

今天早上七点半,我准时来到工厂,与企业员工一起进行复工筹备。我挽起袖子,清理出一个隔离室、对公共区域进行消杀、清点防疫物资,整改不到位的地方。天气挺冷,但出了很多汗。大家一番努力,厂子整洁了很多,也顺利通过了检查。

下午四点,收到通知,这家企业可以即刻复工。从接收到企业反馈的问题,到帮助企业通过复工审批,只用了 20 个小时。

我国中小企业的平均寿命是两年多,但在这次疫情下,很多中小企业可能撑不过三个月。我想尽已所能去帮助企业减少损失、渡过难关,去帮助更多员工留住工作、留住希望。这些天里,我总是多打几个电话,多跑几趟路,多叮嘱几句话,多整理一会材料,看着他们平安、有序地复工复产,心里就会格外温暖、充实。

在这场没有硝烟的战场上,像我这样的基层防疫一线人员还有很多。我们在努力,努力让这场战役烟消云散;群众也在等待着凯旋的消息。就像黑暗中的点点星火,因为彼此照亮而产生光明的希望,用每一份微光去守护,终将重新点亮这片天地。

杨玄，河北石家庄人，出生于1990年12月，北京大学公共卫生学院2018届硕士毕业生。作为河北选调生，任职于省卫生健康委员会。新冠肺炎疫情发生后，作为河北省首批援鄂抗疫医疗队副领队，赴武汉参与疫情防控工作。

我的武汉记忆

◎ 杨玄

"疫情不退，我们不撤！"在日记本上写下这句话的时候，我和战友们已经在武汉战斗了48天，身体虽然有些疲惫，信心却愈发坚定了。

这次我想去武汉

谁也没料到，新冠病毒来势汹汹，打破了14亿中国人原本祥和团圆的春节氛围。1月23日，武汉封城。次日，河北省启动重大突发公共卫生事件一级响应。作为主战部门，省卫健委率先进入紧急工作状态，全委人员连续半月工作到凌晨。

今年的年夜饭有些"惨淡"：两菜一汤，匆匆吃完就向办公室赶。路上接到老妈电话，听说我赶不回家，语气间尽是失落。老爸在一旁宽慰道："工作第一，年夜饭等过了这两天再补上。"

1月26日，大年初二。我毫不犹豫报了名，成为河北省支援武汉第一批医疗队的一员。临行前很想给家里打个电话，拿起手机却又放下，突然之间不知如何开口。"爸妈，你们的英雄儿子要去支援武汉了""爸妈，我终于有机会上前线了"……编辑好的短信删掉、再编辑、再删掉，还是词不达意，终究没有发出去，而此时已是泪眼婆娑。一阵铃声打断了思绪，同学打电话为我壮行，谈到李大钊、白求恩、钟南山……心中那丝隐隐的担忧渐渐被强烈的使命感取代。"慷慨赴国难，视死忽如归。这是北大人的家国情怀，这次我想去武汉！"

火车站，前来送行的领导紧紧握着我的手，平时雷厉风行的她竟然哭了。"放心吧，我们一定不辱使命，平安回来。"我冲她笑了笑，心里没有了一丝怯意，全是战士出征前的豪迈。

必须做好防护！

27日凌晨四点半，坐了一夜的绿皮火车，终于到达武昌站。我大声提醒队员"戴好口罩，检查密闭性"。大家三三两两在"武昌站"站牌下拍照，有些兴奋，露在口罩外的眼睛却也透出些微疲惫。

这是场硬仗：时间就是生命。作为副领队，搞好协调就是争取时间，就是争取生命。顾不上舟车劳顿，我立马联系武汉市第七医院的负责人，组织医疗队和医院进行对接。保证队员们的安全，做好防护是关键。国家卫生健康委安排了院感防控专家给我们做培训。为了加深印象，我准备好帽子、口罩、手套、防护服、隔离衣、鞋套等全套防护物品，让专家现场演示穿戴。一场理论与实践兼顾的培训过后，队员们都感觉心里有了底。

在医院，大家的防护工作认真到位。可回到酒店后，有些队员不自觉地松懈下来，有时甚至不戴口罩就出门。看到天津百货商场的传播案例，我得知短暂的接触也会导致新冠病毒传播，便在食堂门口竖起了"不戴口罩禁止进入食堂"的标牌。之后，队员间再未出现不戴口罩现象。为了确保大家的安全，我尽可能做到事无巨细——要求酒店加强对电梯按钮、公共门把手等位置的消毒并在按钮位置放置抽纸；督促队员早晚监测体温；在酒店门口、食堂门口等必经位置放置手消；协调医院加强洗衣房、生活区消毒管理……方方面面，能想到、能做到的，我都尽力去完成。

"必须做好防护！"变成了我的口头禅，几天的工作下来，我也成了队员们最信任的"贴身管家"。大大小小的困难他们都乐意跟我反映，我也竭尽所能去解决：护目镜容易起雾，队员不得不靠余光瞄准扎针位置，我想方设法争取防雾剂；长时间佩戴口罩，队员脸上留下深深印痕，我联系朋友和公益组织为队员配上压疮膏……每当为大家解决一些困难时，我都特别有成就感。

你们守护病人,我守护你们

"请问是河北医疗队的杨玄吗?"电话那头传来一个陌生的声音。"是的,请问你们是想捐赠吗?有防护服吗?"我有些按捺不住自己,焦急地追问。刚抵达武汉的时候,是疫情最危险、物资最紧缺、人心最恐慌的时候。物资紧缺!物资告急!仅能维持两天的物资让神经时刻处于紧绷状态。无论是饭点,还是半夜时分;无论是武汉长江大桥,还是空旷的武珞路、火车站和机场,都见证了我们"抢夺"物资的身影。紧紧盯着自己的物资,像护子的母亲般张开双臂,唯恐一个转身,来之不易的物资就会凭空消失。每每回想起那些场景,我还是不自觉地肾上腺素升高。

从小在北方干燥的环境中长大,来到武汉,发现自己倒是很喜欢这里的下雨天,空气新鲜湿润。但这种天气对于医疗物资搬运却不是什么好事。一天凌晨两点,我们冒雨到火车站搬运物资,匆匆忙忙出发,竟忘了拿提货单!想到这是明天队员们上班急用的防护物资,我心里很着急,一不小心摔了一跤,磨破的手掌渗出血丝,混着雨水,生出了点悲壮的味道。幸运的是,火车站工作人员同意用身份证给我们办理手续，队员们得以在第二天按时拿到物资。"为了这些物资，杨玄同志差点掉进车轨里面。"同事打趣道。"那我们一定要让这 N95 口罩物有所值！"看着医生们兴奋的样子，我心想着这一跤摔得值了。

在疫情的战场上，一线的医生护士用生命阻击病毒，守护患者；而我和队友们也早就下定决心，一定要守护好他们的健康。每天数十个微信群跳动闪烁，数百条信息涌入，我小心翼翼地筛选着，不愿漏掉任何一条有关物资捐赠的消息。看到有机构说可以捐赠防护服时，会兴奋；看到发来的防护服不符合标准时，会失落；得知部分防护服因交通管制无法寄出时，会无奈；收到突然而至的热心人士的快递时，会惊喜。每天的心情跌宕起伏，不断被新的希望点燃，不断被熟悉或陌生的人和事感动着。医护人员为患者点亮了一道道希望的曙光，我们也要为他们树立一道安全的屏障。

健康所系，性命相托

"健康所系，性命相托"，救治是使命，是头等大事。作为援鄂抗疫医疗队的联络员，我无法进入隔离病区走到患者身边，但是，病房外的战斗也容不得一刻松懈。及时更新数据关系到宏观政策的制定，是全国人民每日关注的焦点，丝毫马虎不得。我每天睁开眼第一件事情就是核对数据：出院、入院、重症、危重症，微信沟通、电话核实，确保不能出差错，并第一时间反馈给国家卫生健康委。

确诊人数、死亡人数……不断跳动的鲜红数字牵动着每个人的心。如何提高救治效果，是我们面临的最迫在眉睫的问题。为此，专家组多次组织工作人员开会讨论，每次参会，我都会详细记录救治中存在的问题，哪怕再细小，都会第一时间和武汉市第七医院沟通——因为我知道，任何细小问题的解决，燃起的都是生命的希望。

为了让就医患者有床可住，我们要开设新的病区；为了保证 ICU 病人的生命支持，我们要引入更多呼吸机；为了基层抗疫工作能够顺利进行，我们要据理据实撰写大量报告……每一项决策背后，都是无数亟待确定的细节。面对纷繁复杂的工作，我告诉自己必须更加严谨细致。

终于，迎来了好消息。

2 月 18 日下午，专家组组长在群里说："在大家共同努力下，今天各病区都有空床了！"群里一下子沸腾了，点赞、鼓掌、撒花，激动的心情溢出了屏幕。

我的心也欢腾着,像是看到了曙光,更像是打了一场胜仗。

尾　记

　　学习了八年的公共卫生,我始终对这项事业抱有特殊的感情。现代医学如海上行舟,公共卫生则是为之指引方向的罗盘。公共卫生的英文是"public health",保卫公众的健康就是我们的责任。这次疫情让社会和国家意识到公共卫生是国之重器,虽然我们身处病房之外,却也能够实实在在守护病房内每一名医护、每一位患者的健康。

　　连续奋战了48天,武汉的全部方舱医院已经完成使命,休舱!但武汉市第七医院还有二百余名患者在承受病毒的折磨,我们没有懈怠、没有松劲。病房内,医护人员和患者齐心与病毒搏斗;病房外,我们竭力做好保障,守护向好趋势。坚持到最后的胜利,我们有信心!

个人简介

温连奎,云南昭通人,出生于1991年1月,北京大学公共卫生学院2016届硕士毕业生。作为云南选调生,任职于省卫生健康委员会,现为三级主任科员。因在抗击疫情工作中表现突出,2020年2月获云南省公务员通报嘉奖奖励。

从"1"到"0"

◎ 温连奎

1月17日 突如其来的"1"

今天,云南省发现第一例疑似病例。

早上,我像往常一样来到单位。九点,突然接到了某家省级医院打来的紧急电话,报告该医院收治了一例疑似新冠肺炎病例——这是全省第一个疑似病例啊!对这个突如其来的消息,我丝毫不敢懈怠。

医院感染管理和突发事件卫生应急救治,是我负责的工作内容。虽然早已做好了迎战疫情的准备,但当真的接到第一例确诊消息时,还是很难立刻冷静下来,总有些不太真实的感觉,确诊病例竟然离自己如此之近。

我定了定神,回想起在北大学习期间对2003年"SARS"事件的分析,认识到这一情况非同寻常,必须以最快速度进行上报和处置。如果处置不当,极有可能导致二代感染和医院感染事件等严重后果。

我跟医院交代要做好隔离观察,做好医务人员防护,严防院内感染。挂掉电话,马上按处置程序向上级领导报告相关情况,并联系临床专家,动身前往医院。

前往医院的路上,我继续电话联系 120 负压转运车,通知省传染病医院做好准备。半个小时后,由专家对病例展开研究会诊。当天下午将疑似病例送到远离市区的传染病医院隔离治疗,开展进一步确诊工作。

晚上回到家,突然后背有点发凉。但回想起白天马不停蹄的工作,正是在北大七年的公共卫生学习给我带来的面对突发公共卫生事件的敏感性,让我在第一时间迅速甄别出关键信息,做出应对和处置,杜绝了发生二代感染的可能性。

实际上,相比潜在的感染可能性,我更后怕的是万一自己当时慌了神,没有迅速调整状态,将给前线医务人员的安危和防疫工作留下多么大的隐患!

由此我意识到自己需要迅速调整状态,必须以最快速度投入工作,进入战时状态,把今天的这种工作节奏作为未来一段时间的常态。想到这里,我打开电脑,回忆白天工作的每个细节,加班拟订了《云南省应对新型冠状病毒感染的肺炎流行医疗救治工作方案》初稿,准备明天进一步修订后报审下发。

写完材料已是深夜,住所周围已经没有几家亮着灯了,但对于我,此刻方能踏实入睡。

1月22日 别开生面的"年夜饭"

不知不觉春节快要到了。快一年没回家陪父母的我,本来和妻子商量好要回去过个团圆年,她早在一个多月前就买了今年新开通的高铁车票。

然而,疫情防控形势越来越紧张。"我们春节可以放假,但病毒不会休息。"我便第一个主动提出春节期间值守岗位,将值班时间调整到除夕,并退掉了车票。

退完票,我决定给家里打电话说明一线情况,此时我已经做好了迎接爸妈和妻子埋怨的准备。没想到的是,爸妈和妻子都理解我,妻子说"娃有我呢,你放心吧",爸爸嘱咐我"要以工作为重,特别是在这样的大事面前,更要主动站出来,把工作做好,我和你妈好着呢,不用你担心"。

挂了电话,听着远处零星的鞭炮声,眼角有点湿润,家人的支持给了我莫大的信心和勇气。

大年初一的晚上,我和其他几个留下来"站岗放哨"的同事准备了各种口味的泡面。"咱们也来吃个团圆饭!""有红烧牛肉,有老坛酸菜,咱们也来个四菜一汤,哈哈。""呵!还有鲜虾鱼板面呢,给我来份海鲜!"

大家有说有笑,吃着"年夜饭"聊起家常,计划着等疫情全部结束,要给自己放一个长长的假,回家和父母、妻子还有孩子多待几天。此时此刻,我们暂时卸下了疫情暴发以来的重担,办公室里好像也真的有了一些"年味",充满着快活的空气。

"年夜饭"吃到最后,有同事说:"这样的春节我真不想再体验第二次了!"

"我们今年这样过节,不就是为了以后更多的人能安心过节嘛。"我说。

"是啊,来,干一个吧!"同事们举起热气腾腾的泡面桶,互相碰杯。

2月11日　岂曰无衣,与子偕行

云南省援助湖北第三批医疗队明天即将出征,作为物资保障小组组长,我的工作职责之一就是为所有派出援外医疗队科学测算并调配备齐医用防护物资,保护好即将奔赴一线的他们。

任务在平时不算困难,但非常时期,物资十分紧张。好在办法总比困难多,我们立刻分工联系省内各个相关单位,电话一通通地打,地方一个个地跑。

"你们现在有多少口罩?"

"就剩三四箱了。"

"给我留着,我这就过去拉回来!"

我开着车一个单位一个单位跑,生怕去晚了物资又被调走了。哪怕每次只能要到几箱口罩、几十套防护服,积少成多,我们也没有白跑。

我们调集了多家单位仅有的库存,终于按时为医疗队筹集到满足需要的防护物资。口罩、防护服、手套……每一种必备物资我们都细细清点放好,分类贴好标签并送至指定的运输点。

面对困难,我们没有"掉链子",没有"扯后腿"。援鄂医疗队员们把从家乡各地"掏家底"式凑齐的防护物资带到湖北一线,也带去了家乡人民战胜疫情的力量和期待。此刻,我想到《诗经》里的"岂曰无衣,与子同袍",我们则可以说是"岂曰无衣,与子偕行",我们有的都给队员带去。

3月14日 来之不易的"0"

今天迎来了最漂亮的一个"0"!

全力投入疫情防控到今天刚好两个月。没有周末和假日,常常加班到深夜,60个日夜的艰苦奋战,终于,今天全省本土病例"清零"了,多么漂亮的一个"0"!

幕后的我们,没有临床一线的危险和轰轰烈烈,但身居后方,肩负着为一线战士们保驾护航、调配防护物资、解决后顾之忧的重要责任,也觉得非常光荣。

晚上和妻子通电话时,把这个好消息告诉了她。妻子笑着问我:"你是不是忘了什么?"

"今天的工作台账都交了呀。"

"哈哈,今天是白色情人节啊。"

"哎呀呀,我都忘了!都没给你准备礼物。"

"傻瓜,你已经送了我份大礼啦。病例清零的消息,是你带给我最好的礼物。但你还欠我一份礼物,我要你平平安安地回来!"

"好的,在家等我!"

我想,一个个"平凡"的我们,汇聚在一起就不再"平凡"。愿疫情早日结束,山河无恙,春暖花开。

王惠敏，山东聊城人，出生于1991年2月，北京大学对外汉语教育学院2017届硕士毕业生。作为河北选调生，在张家口市委办公室工作，2019年1月起挂任宣化区春光乡党委副书记，同时负责南关村包村工作。

从"小家"到"大家"

◎ 王惠敏

离　家

1月26日，正月初二，接到乡里关于紧急排查"四类人员"的通知后，我回到南关村委会，与同事们一起开始加班加点。

出发前，我安顿好尚在哺乳期的孩子，把家中事务交给老公。作为新手奶爸的他只能临危受命，并宽慰我"你安心去工作吧"！

从此以后，我白天在外工作，老公照顾孩子；晚上回家以后，先做完各种消毒措施，把东西归置停当，才接手孩子。有时遇到紧急情况，我要立刻外出开会，哄睡的任务就又落在了他的肩上。

这下可把父女俩折腾坏了，一是老公不太会哄孩子睡觉，二是女儿也不习惯被爸爸哄，所以一直不停地哭，哭到最后，因为累了才会睡下。

记不清多少次了，我开完会回到家，老公一见我回来，就激动地说："你可算回来了，你再不回来我都该哭了。孩子刚刚不停地哭，哭得嗓子都变声了，哭得我心疼坏了。"老公话音刚落，我的眼泪就掉下来了，作为妈妈，最听不得孩子的哭声。

看着睡梦中孩子的小脸,我更加理解"可怜天下父母心",也更加明白,为什么"逆行者"最美。

进 家

村委会成立了疫情防控中心,工作人员就成了所有村民的"家长",不仅要做到底数清、数据明,还要每天进行健康回访,每日询问村民的健康状况。

防控初期,我和同事们用两天时间将辖区内村民全部走访一遍。城中村与社区、典型的农村有很大的不同——有的集中居住,有的分散在不同的社区,星星点点分布在全区各处,给走访排查带来了很大困难,我们经常面临"从城南跑到城北再跑到城东"的被动处境。

语言是第一道门槛,一些土话确实很难听懂。打电话时,实在听不懂了,只能请村里的工作人员来当"翻译"。年龄偏大的村民,信息记不全,想不起来了就会说:"闺女儿,你等会啊,我去查查,再告诉你。"为此,一项信息可能要打很多次电话才能记录完整。

好在经过努力,终于完成排查,40名从武汉和其他地区返宣的人员,全部按要求居家隔离。我们每天按时询问、登记隔离人员的健康状况,并为他们提

供生活帮助，送去肉菜米面和其他生活必需品。也许是前期电话时的一再沟通起到了效果，大部分居民都非常配合。

"你就是前两天给我打电话的小姑娘吧，你放心，我就在家待着哪也不去！"

"谢谢您的理解啊。"

"谢谢你们才是，大过年的还得为我们操心！"

当时我们还面临一个很大的难题：由于居民分散多处，导致后期的宣传工作无法顺利进行。

我想起北大读书时了解过的人工智能 AI 技术。在北京一家公司的帮助下，南关村开启了张家口地区利用科技助力防疫的先例：每日利用智能 AI 进行疫情回访，呼叫全体村民，询问体温是否正常、是否有咳嗽等异常情况，工作人员只需简单操作即可。

后来这一技术更是派上了"大用场"。结合区委区政府《关于居民出行临时管控措施的通告》，我迅速拟定了一版 30 秒的通知电话，将通告要点准确、快捷地传达给南关村村民，不仅方便快捷，更减少了打印字带来的冰冷，拉近了和村民的距离。

疫情期间，我们已经利用智能 AI 拨出电话近 4 万次，减轻了工作人员压力，也极大地提高了工作效率。

守 家

村属企业宣东水果批发市场，作为全区唯一水果市场，是群众的"水果篮"。初期我们已经做了详细临时运营方案和应急方案，最小化商户损失、最大化减少对百姓生活的影响，但意外还是不期而至。

2 月 11 日，我突然接到通知，市场内有一商户为确诊患者的密切接触者，已经被隔离。我简单跟爱人解释了几句，放下准备睡觉的孩子，做好防护措施，迅速开车赶往乡里开会。

会议结束已是晚上十点，又立刻前往水果市场，开始排查工作。

市场里又黑又静，只有管理处办公室还亮着灯。起初毫无头绪，这时我想到了水果市场的进出人员登记表。这是疫情初期为记录市场进出人员的体温以及有效追踪市场流动人员而制定的，涉及姓名、手机号码、出入时间、体温等信息。

"现在他和他的家人来市场营业的时间已经确定了，怎么再进一步找都有谁跟他们密切接触过呢？打电话跟临近的商户核实吗？"有工作人员问道。

又有人说："就怕打电话问出来的信息不够真实啊，而且这么晚了打电话，怕吓坏大家啊。"

"也是，而且涉及的时间有点长，估计商户们自己都记不清楚了，大家再想想还有哪些记录。"我说道。

突然，市场经理一拍大腿，说道："对了，咱们市场有监控，有一个摄像头正好在他的商铺附近！"

"快把监控视频找来，赶紧查！"

市场管理处迅速将监控视频找来，我们按照前期排查出的密切接触者在市场出现的时间，定位到当天的监控录像，开始分两组在电脑前一帧一帧查看视频。先是由熟悉该密切接触者的工作人员对其指认，接着我们开始轮流查看其与哪些人近距离接触过。看到有关视频画面，立刻截图留下，最后由市场工作人员指认与密切接触者接触过的人员身份。

就这样，第二天早上六点，全部视频排查完毕，共涉及六户十人。那一刻，实际大家都已经筋疲力尽，但还是咬着牙坚持——电话联系。"先安心在家里休息，不要出门，不要惊慌，有什么需要及时告诉市场管理处或者所属社区，我们将全力以赴做好大家的保障。""市场内大家的存货无需担心，可以委托给其他商户或自家亲属，市场管理处也可以帮忙销售，一定最大限度减少大家的损失！"

早上十点，我将书面排查报告上报后，按照要求，区疾控中心迅速将该六户十人进行隔离。

走出水果市场的办公室，一晚上没摘口罩的我此刻才感到一阵后怕。回单位换上一只新口罩，又投入到紧张的工作中。

守家不易。我连夜加班制定了《宣东水果市场疫情防控整改运营实施方案》，在原有防控基础上，补充多项防控措施。其中明确要求：如果水果市场必须关门，我们将在三天内处理完现有存货，同时已经被隔离的商户的囤货由他们自行委托亲属或者临近商户进行销售，确保商户的损失降到最低。

当时，"水果市场有确诊患者的密切接触者"这一消息在宣化群众的朋友圈中传得沸沸扬扬，但当商户与市民看到市场防控疫情的力度，又重新平复下来，回归正常生活。

参与防疫工作的这些天，我深刻体会到了中国制度的优势，一声令下，各个系统、各个行业都在行动。此时和小家的暂时分离，是为了大家的平安无恙。

个人简介

董婧，山东东营人，出生于1991年2月，北京大学中国语言文学系2019届博士毕业生。作为福建引进生，2019年9月起任永春县党组成员、科技副县长，岵山镇党委副书记（挂职）。新冠肺炎疫情期间，担任县防疫应急指挥部副总指挥长。

用心用情在一线

◎董婧

"史上最难"返岗路

1月26日，已回到山东老家过年的我，看到了疫情迅速扩散的消息。疫情出乎预料地发展，让我有些担心作为重要侨乡的永春将受到怎样的影响。

大年初二，我拨通了仍留守在县里同志们的电话，提出了返回永春一线岗位的要求，希望为防疫工作贡献一份力量。等待批准的时间显得格外漫长，我心里也细细地盘算着能够回去的线路，航班在取消、火车在延迟，在距离福建一千多公里外的山东，第一次觉得返岗是如此近在咫尺却又遥不可及的一件事。

我反复向组织和领导表达了希望回到一线的心情，最终获得了批准。

山东省防疫交通管控力度大，对防疫工作实行网格化管理，在经历三次航班取消、一次火车取消和一次航班改签，经过网格员报告—单位报告—社区报告—高速出口登记一系列程序后，我终于在2月1日返回到工作岗位。

当我终于坐在自己熟悉的办公位置上，回想起在家里申请返岗的时刻，突然有种《人在囧途》的喜剧感。但终于回来了，这让我从心里感受到一种踏实。

成为心连心的桥

　　回到岗位之前，虽然人不在永春，我也一直关注着永春的防疫工作。在回来的路上，我就在想，自己可以在疫情阻击战中做些什么。我没有办法像医护人员一样冲锋在前，但方方面面的任务、点点滴滴的工作，都牵动着我的心：永春如何保障基层老百姓的健康平安？如何处理恐慌情绪？如何保障疫情期间正常的物资供应和社会秩序？

　　返岗后，我加入了县新冠肺炎疫情防控指挥部舆情宣传与环境整治组。

　　身处防疫前线，一方面是基层民众随时产生的各种需求和面临的各种困难，一方面是县新冠肺炎疫情防控指挥部针对性的各项工作。在县镇之间两头跑的我，就成了最合适的"联络员"，化身为那座心连心的桥。

　　防控工作最看重"落实"二字，工作做得多扎实，心里就有多踏实。为了打通防疫工作的"最后一米"，我尝试创立首访负责制，坚持第一个入户排查签字的镇村干部对该片区信息的真实性负责。

　　在执勤点，值勤交警会照例把我拦下，仔细查看通行证之后才会放行。当这样的"非常态"变成每天的常态，恰也说明了防护意识在逐渐走入每个人心底。

　　只有真的走进了这座侨乡小镇，才能深切感受到人民群众的磅礴力量。

　　我看到了南石县际关卡点南安与永春两家准亲家在路边简单相见，准夫妻仓促互换戒指，也看到了因为防疫只能和家人遥遥相望的村干部。疫情阻击战中的点点滴滴让我对人民这两个字有了更深刻的理解。

　　为乡镇干部多解决点困难，为镇上民众多传递些声音，成为我在这场战斗中做得最多又最重要的事。

　　虽然这其中也会有不理解、不配合，但当我把居家隔离群众需要的物资带到老乡家门口，气喘吁吁地和他们强调防护注意事项时；给乡镇执勤的同志送一份热腾腾的饭菜，和他们轻轻说一声"大家都辛苦了"时；给所有在一线的工作者挨个递送口罩时，那一声不经意的"谢谢"成为我工作最大的回馈。

　　这么多天过去了，这个镇子的一草一木、一人一事都好像如此熟悉，在这里度过的每个日夜都会成为我难忘的回忆。

用文字传递坚守力量

我主动承担了岵山镇的宣传任务,在这个充满不确定性的阶段,用文字努力给予所有人一份确定的温暖和力量。

采访得越多,了解得越多,也就收获着越来越多的感动。

基层的工作确实琐碎,但在疫情防控的紧要关头,越是基层就越是控制疫情不可替代的关键防线。岵山镇党员们每天要进行不间断的监护,引导村民不出门、不串门、不聚集。同时,作为观察员的他们,每天坚持打暖心电话,及时了解居家观察对象的需求,为村民开展生活慰问,配送生活物资,敲数不清的门,访数不清的住户,说数不清的嘱咐。

不管是清晨还是深夜,穿着蓝色执勤服的应急队伍总在村口查证件、量体温,志愿者、医生、华侨,红蓝绿白黑的五色传递着守护的力量。记述他们的故事,也让我再次真切感受到了一线工作者的状态。共同的经历和见证,让这座南国小镇的居民和防疫工作者之间传递着深沉的爱。

战"疫"的日子里,好像只有后半夜躺在床上的时间才是自己的。停下了飞速运转的大脑,揉了揉因为写字打字酸疼的胳膊,脑海中不断闪现的,还是白天大家高兴的时刻、温馨的画面。当所有的平凡都变成了奢侈,我想最珍贵的就是守护着这座小城的平常日子。对我来说,能做好一个守护者,就是我自己感到最有意义的事。

周明，江西九江人，出生于1991年5月，北京大学地球与空间科学学院2016届硕士毕业生。作为江西选调生，曾任上饶经济技术开发区董团乡副乡长，2019年5月起任上饶经济技术开发区社会发展局副局长、河长办主任。

防疫和扶贫

◎ 周明

又一年的"扶贫攻坚"，终于迎来了2020的新年。满怀着幸福的心情，回老家和父母有了一晚久违的团圆。"丁零零……"还没从惬意的睡梦中醒来，就接到了办公室主任的电话，大意是：新冠肺炎疫情防控紧急，停止年假，马上到岗。疫情就是命令，虽怀着不舍，但我仍然第一时间奔赴了"防控战场"。

防疫不忘扶贫

经历了二十多个日日夜夜的疫情防控，终于，全区达成了"零感染"的目标，全国抗疫也取得阶段性胜利。随后传来令人振奋的消息——疫情防控不放松，复工复产要有序进行！下一步要怎么做？

我意识到因为疫情的影响，很多贫困户朋友有一段时间没有活计了：他们目前的生活状况还好吗？今年要怎么增加家庭收入呢？如何帮助他们尽快走上生产生活的正轨？

老乡们今年的工作还没有着落，我心里有些焦躁。看到疫情形势出现了稳中向好的态势，我就和同事们开始研究起如何做好今年的扶贫工作。

"扶贫先扶志"，扶贫工作的核心是让贫困户能够真正找到立身之本，靠自己的双手来给自己挣出未来。

通过对上饶经济开发区企业复工复产情况的研判，我意识到，企业车间受疫情影响必定会出现短暂的缺工现象，这也许就是贫困户的就业契机。企业需要大量招聘工人，老百姓们也亟须出来务工，双方的意愿都非常强烈，他们需要的就是沟通的桥梁。如何搭建一个良好的接触平台，就成了这次扶贫工作的"突破口"。

我向区劳动部门提出建议："疫情还没结束，企业和村民现在都不敢出远门，是不是可以考虑流动式送岗下村，将招聘会开到村口，就可以实现就业供求的精准对接。"这和劳动部门的想法不谋而合。区防控指挥部听了我的想法后，也表示非常支持，为我们捐赠了这次活动所需的口罩等防控物资。

事情的顺利超乎我的想象。一拍即合后，大家都热情高涨，想着一定要尽快做好这件大事。当天晚上，我和同事们连夜梳理出了区内近百家企业的上千个岗位。热火朝天地干到了大半夜，大家不仅毫无困意，反而心情越来越舒畅，甚至还生发出了一种万丈豪情。

再见村支书，两眼泪朦胧

次日，我带队来到了曾经包干的村里举办"送岗下村"活动，心情就像回娘家一样激动。望着远处的小桥流水、袅袅炊烟，看着一张张熟悉的脸庞，昔日与村干部同吃同住的场景全都历历在目。

那是非常难忘的经历，更是非常宝贵的记忆。我刚到基层的时候，很多事情都不熟悉，是老村支书带着我一点点了解了基层日常的工作内容和工作方式。闲暇时分，村民们还经常找我唠嗑，邀请我去他们家里吃饭。这种朴素的感情给予了我无尽的温暖和无穷的力量。在我的心里，这里的村民就是亲人，想到他们还没有脱贫致富，我就会有一种被什么催促着要赶紧再往前迈一步的急迫心情。

当我沉浸在美好回忆中走进村支部办公室时，没想到，村支书竟在沙发上酣睡。我不禁纳闷：以前雷厉风行的村支书怎么变散漫了？早已提前通知了他，我们要加班加点送岗位到村里来，他竟然还在这里睡觉！

村主任见状连忙边叫醒村支书，边向我们解释："村里的党员都争着自备干粮来守路口了，现在村口 24 小时有人值守。村支书带头在村口疫情防控岗亭连着值了好几个通宵的班，刚才坐在这里等你们时不小心睡着了。"

被喊醒的村支书一脸歉意地说道:"真是不好意思!我们快去吧,大伙都在文化广场等着呢!"

此时,我不禁为自己刚才的误解感到羞愧,这二十多天以来大家都昼夜不懈,我应该体会老村支书的困难!我赶紧询问村里的防控工作情况:村里物资是否够用?老百姓情绪是否稳定?他告诉我说:"一切都很顺利,不少企业还捐了物资,够用的。"我听完后感觉非常高兴。疫情面前,所有人都像石榴籽一样紧紧抱在一起!

文化广场上升腾着美好的希望

等我们来到村里的文化广场,发现有不少村民已经早早到了。凤凰光学等开发区龙头企业还专门派人到现场进行招聘,招聘宣传、报名和面试一次性到位,让村民不跑"冤枉路"。

大家齐心协力布置好场地后,村支书用他那高分贝的大嗓门喊着:"父老乡亲们!现在是咱们开发区开始招工了,这里有上百家企业的招聘信息,厂子

就在家门口,快来报名啊!贫困户还可以优先录用!"

这一嗓子立刻带动了现场气氛,有的村民当即掏出手机给亲朋好友打电话:"赶紧过来,这里有招工……"各种提问此起彼伏:"我以前是做铝合金的,可不可以进厂?""我是大学生,想回家工作,有没有合适的岗位?""我初中都没毕业,不想在外面打工了,去年隔壁邻居在厂里挣了钱,我也要进厂!""年纪像我这么大了可不可以进厂呢?"……

原本宁静的村庄热闹起来了。

放眼望去,春的温暖驱散了冬的萧瑟,远处的田野里"留连戏蝶时时舞,自在娇莺恰恰啼",眼前招聘会现场井然有序,人声鼎沸。

这些日子因为疫情,我们的情绪都一直紧绷着,一方面担忧大家的生命健康,另一方面又焦虑贫困户的生计。现在好消息接二连三到来,我心里悬了这么多天的大石,终于缓缓落了下来。

工作以来,每当看到乡亲们收获的笑颜,日子越来越红火的喜悦都满溢了出来,我总是能体会到自己所从事的事业是多么有意义。在和疫情赛跑的日子里,大家彼此温暖,彼此指引,彼此传递着信心和信念,这成为我们能够战胜困难的重要力量。

邵子剑，浙江上虞人，出生于1991年6月，北京大学国际关系学院2017届硕士毕业生，在新疆和西藏志愿服务各一年，中共北京大学第十二次代表大会代表。作为上海选调生，先后在普陀区真如镇街道、上海图书馆挂职锻炼，现任职于市委宣传部。

社区"顶岗"见闻

◎ 邵子剑

庚子年的春天，来得稍晚些。

新冠肺炎疫情让上海的各个小区都实行了封闭式管理。这让原本任务重、情况多、人手紧的基层社区又多了几分压力。

面对这种局面，部分市级机关干部下沉至一线"顶岗"，支援社区工作。

于是，才有了这篇见闻。

动员：共产党员，关键时刻就要冲在第一线

接到报名通知时，我早已做好了准备。

作为市委宣传部的组工干部，整个假期，我看到了许多宣传系统各条战线党员干部冲在疫情防控一线的先进事迹。曾几何时，我以为自己的任务就是讲好他们的故事，为他们加油鼓劲。但内心深处，我也想前往一线贡献力量。全民战"疫"从来没有旁观者，更何况，我的党徽，已经戴了11年。

持同样想法的机关党员并非少数。通知说要招35个，报名达60个，近一半是处级干部，我自己所在的处室几乎全员报名。这种时候，机关党员无须反复动员。大家都明白，关键时刻，一线在哪里，共产党员就该去哪里。

安排出来后,我的名字落在了第一批下沉"顶岗"的名单中——20人分批,上下午各10人,一周时间。

服务:没有什么不能跨越

上海市委宣传部支援的是黄浦区的老式里弄,工作主要是进门测温、外来登记。

与新式社区不同,老式里弄地形复杂、出入口多,没有小区保安和门卫,居委会的人力无法覆盖所有门洞。我们没来之前,这些工作只好请居民自己做。

弄堂口到处都贴着防疫告示。大规模的宣传是有效的。面对测温,多数居民比较配合,有些还会主动迎上来。测温枪不给力,由于天气寒冷常常测不出。后来,大家摸索出了"土办法"——用"暖宝宝"包着它,再测量手腕,能够快些。

面对一时测不出来的窘境,我们总是立即道歉。不少居民很理解:"应该谢谢你们,进出这么多次,你们能这样,我们也放心。"有的也会抱怨几句"单位刚查过,没发烧",但很快也说,"特殊时期,为大家好,你们辛苦"。

人人有责、人人尽责、人人享有,每个人都要出力,每个人才能共同拥有。解释清楚、宣传到位,人心工作做好了,没有什么不能跨越。

我"站岗"的地方是弄堂口,穿堂风一阵又一阵,第一天气温0度,又是大风预警,风力十足。下午班,要从中午十二点站到下午五点,眼见着阳光往原本并不宽的路对面慢慢移动，直到消失不见。门口有两把椅子，坐一会儿就要站起来搓搓手、跺跺脚，走动走动，大部分时间还是选择站着。不敢喝太多水，担心总是要上厕所，尽管居委会协调了对面学校的洗手间，但进进出出总是怕给别人带来不便……

条件似乎有点"艰苦"。有些路过的居民说，你们要站五个小时，一定要多穿点，这个位置是很冷的。面对参与服务的"志愿者"，老百姓还是有感情的。

"加戏"：宣传战线要有"作用"

除了进门测温、外来登记，有些同事会主动帮忙张贴防疫海报，发现老人提着货物上楼不便，还主动"送货上门"。偶尔，看见前来打听周围小店营业情况的老人口罩破旧了，就主动送上一个……热心、耐心、细心，"站岗放哨"的同时，眼里一直都装着"工作"。

不过，宣传战线的"作用"似乎还不止这些。于是，有同事提出，带几套防疫的科普读物过来发放。很快，我们的"工位"上就多了好几本《抗疫期间，中小学生及家长心理防护手册》。

蓝色的书皮能够吸睛。路过的老人问，能拿一本带回去看看吗？进出看到有小朋友，我们便主动送上一本。在老式里弄，老人比小朋友多，这种"主动出击"的机会并不常见。下午收工后，我们将没有发完的书带回居委会，希望通过那里，这些书可以对更多不太使用互联网的居民发挥作用。

疫情防控期间，宣传战线承担着科学普及的重任。虽然在移动互联网时代，通过纸质书获取知识的人员比例似有所下降，但也不能遗漏社区"最后一公里"的每个角落。这时候，宁愿让科学的防护知识大面积"泛滥"，也不能错过任何一个"死角"。

关爱：背后有支持，也有保障

部机关很重视这次进社区"顶岗"。

上岗第二天，市委常委、宣传部部长周慧琳就到每个点位看望慰问、了解情况、检查工作，要求我们高度负责、完成任务，展现机关党员干部的良好形象。副部长、机关党委书记胡佩艳担心"遗漏"了任何一个人，特意分上下午两次送我们上岗，嘱咐要注意防护、热心服务、观察社会……

机关党委组织者更是将各种问题和需求想在前——手套、口罩、"暖宝宝"、消毒液、通勤工具等等——物资全力保障，需求全力协调。同一个行业"圈子"很小。其他单位的小伙伴看到了我们的工作照片，"你们的装备还真挺全的……"居委会对我们也相当关心，专门为每个点位送来热饮，一声声道谢，说得我们反倒不好意思。

组织一群人干成一件事不容易。关爱从来不能视为理所应当。对于看见的或背后没看见的给予支持与服务保障，使我们既有干事动力，内心也充满感激。

观察：老式里弄的生存现状

参与社区防疫工作，也是静下心来观察基层社会的契机。

老式里弄地理位置不错，走几步就能望见大上海的摩登，但居住条件确实较差。

一是晾晒难。走进窄窄的弄堂，到处挂着衣服。被子是"大件"，晾晒方法之一就是路边拉绳子。这两天风很大，衣被随风落下，居民们就跑进跑出收拾。

二是如厕难。有些老式里弄还存在拎马桶、倒痰盂的习惯，很多男士都去附近公厕。有时候他们进门就摆手："不测了，我刚出去小便。"

三是洗澡难。老式里弄的洗澡工具往往是浴缸或脸盆，屋里也没多少洗澡空间，在冬天，这个问题更加严峻。

为此，很多有财力的人选择在外面买新房。不拆的老屋，租给外地来沪工作的人，快递小哥、工厂零工、卫生保洁……进出打招呼的口音表明，虽然是纯正的上海老式里弄，但里面居住的是来自五湖四海的人，以及一些守着老屋的爷爷奶奶。

"海纳百川"的上海正常运转，离不开来自全国各地的人，这也给特殊时期的城市管理增添了难度。上海的卓越就在于，越是面对复杂的局面，就越是运用精细的管理手段。不断追求精细化的社区治理能力，让这座超大城市在现实挑战面前，始终坚守，最终赢得胜利。

信心：春天虽迟到，但总会到来

站几天了，至少混了脸熟。居民闲暇功夫，会隔着口罩和我们聊天。

"对面邮局旁平时有卖邮票的，还有下象棋的，下午就出来看一会儿。"

疫情下的街巷冷清了许多，偶尔有晒太阳的，待一会儿也就回去了。有居民说，原本都定好几个朋友3月初一道聚聚，现在推迟了，"急什么，总归能聚的"。

弄堂里有个理发店。不少人会在弄堂口探头，轻声问，理发店开着吗？外来人员登记表上最多的事项是理发，除了几位中老年人，顾客大多是住在附近的打工者。理发店老板娘常在水池边洗菜切菜，提醒着来往客人测量体温、戴好口罩。"人是少了，但附近两个商场的人回来就好了，我们更多做他们的生意。"

"20日的新增病例又是零。"居民闲聊的语气略带喜悦，恐慌心理低了不少。街上有些人走路，口罩都戴得不那么"严实"了——毕竟不好透气，都在渴望完全扔掉口罩那天的到来。

日常生活有影响吗？真多亏了络绎不绝的快递、外卖，从各处送来水果、蔬菜、肉以及各种纸箱。快递一律不进弄堂，我们就当起了兼职"收货员"，快递小哥会在电话里说，"放在了门口，穿蓝马甲的人那里"。

总归能聚的，生意会好的，外卖会送的，口罩会扔的，春天会来的。信心，有时候要比阳光还温暖。

致敬：基层工作少不了的人

交接班时，上一岗的同事说，弄堂里有个重点地区回来的，在居家隔离。很快，我遇见居委会负责外来人口管理的，便跟他提了句。他生怕遗漏一个，立即请我指路，拿着机器上门去刷身份证，"登记过了，没关系的"。

居民说，19日晚上又回来两个外地返沪的，居委会很快就知道了，马上过来查看，"在居委会工作，确实要有个好脾气"。

垃圾分类志愿者说："弄堂里这点人我们都熟悉，谁是哪户的、谁去哪里了、谁身体不好了，我们基本都清楚，不用害怕的。"

社区是疫情防控的基础防线。正是因为有这群人头熟、负责任、敢担当的社区工作者和志愿者，才能将这道基础防线守牢靠、守扎实。

虽然只站了没几天，但每天五个小时还真挺累的。不过，想想那些站在高速公路道口的人，又觉得自己似乎没什么大不了的。

因此，这篇见闻的最后，想留点笔墨，致敬这些基层工作不能少的人，他们在社区、在道口、在交通枢纽……守护上海，一直都在。正是全国各地不计其数的基层工作者们坚守着职责，把守着防线，我们的春天，才能在各方努力之下，如期而来。

个人简介 涂明亮，浙江建德人，出生于1991年7月，北京大学体育教研部2015届硕士毕业生，在校期间曾担任学院研究生会主席。作为上海选调生，先后在徐汇区虹梅街道、市大数据中心等岗位锻炼，现为市政府办公厅三级主任科员，曾被评为市级机关青年岗位能手。

疫情防控"督查员"

◎涂明亮

身边不少朋友选择下沉基层顶岗，在一线承担起"守门员""测量员""消毒员""登记员""宣传员""代购员"等职责。作为一名督查干部，我和同事们一起，加班加点，坚持当好"督查员"，投入到这场全民参与的战"疫"行动。

防疫工作的"扫描仪"

"阿婆，你们今天进市场的时候测体温了吗？"

"爷叔，我能看看您这出入登记簿吗？"

我和同事经常穿梭在上海的大街小巷，逮着机会就问上几句。

面上疫情防控工作做得怎么样？光靠各单位自行上报工作情况可不够，少不了进行一次"全面体检"。

于是，和居民、路人聊聊天，四处查看防疫措施是否到位，我们一手拿着"放大镜"，一手拿着"扫描仪"，对全市防疫工作进行了"偷偷检查"。社区村居、交通道口、机场车站、超市菜场、企业园区、批发市场……这些人流量大、设置了检查卡口的地方，是我们的重点到访之处。

门岗保安是不是对每一位进入小区的人都进行了体温检测？菜场里各类生活物资是否得到了充分供应？火车站这道进入上海的第一屏障是否足够牢固？

哪怕一个小小的疏漏，或许就会让全市人民数日以来努力扎起的"防疫网"漏了风。因此，我们时刻互相提醒着，留意一点、再留意一点。

一次，我在小区楼梯口查看居家隔离户公示情况时，正好碰上两位下楼倒垃圾的阿姨。

"现在这种情况，倒垃圾还要自己跑下楼，真担心哦。倒是那些在家隔离的，买饭、倒垃圾都有人专门服务呢。"

不经意间听到的"抱怨"，却恰好反映了小区的确是在按照要求落实对居家隔离户的"特殊关照"：生活垃圾专人收集、专门转运，生活物资的需求可由社区干部或小区物业代为购买并由专人送到家中。

刚开始的确有人质疑："这种倾斜资源的'偏爱'是否公平？"但随着大家对疫情了解的深入，也就逐渐明白，正是这样的举措，保障了居家隔离人员与日常居家人员不致交叉感染。

专项核查的"啄木鸟"

防疫工作不好做，涉及面广、人多、事细。

"全面体检"过了关，还要集中某一领域进行"专项核查"，深挖细查后才能确定是否存在"深层病根"。

身边有去基层一线支援的朋友说："以前一直在机关里工作不觉得，真正到社区、居委会工作了一段时间，才知道基层这根针要穿起上面千条线的难度。基层人员紧、任务多，每天光填报各种信息就占据了很大精力。"

这话很实在。

在对一些基层干部电话采访和实地走访的过程中，我们也听到了各种花式"吐槽"：

"每天一多半时间都花在收集各种数据、填报各类表格上了。"

"这个单位要求报信息，那个单位要求报进展，一股脑儿全往下伸手，其实大半都是在做无用功。"

"又要上门管理查核，又要服务保障到位，还要报这个、报那个，就算是千手观音也来不及啊，一些东西只能搞个大概。"

……

基层工作人员这些朴实的话语，一针见血，直击要害。

原本我们还有些担心，他们会不会不愿意谈及太多工作中的负面情况，而这样的直言不讳反倒让我们舒心了不少。

多条线、高密度、同质化的报表填报让基层焦头烂额、疲于奔命，甚至一定程度上干扰了正常防疫工作的开展——"填表"抗疫的情况必须得治！

针对核查出的这一问题，我们对市、区各部门和单位要求基层填报报表情况进行了全面摸排，在摸清底数的基础上，对统计口径、内容等方面进一步压缩精简，最大限度缓解基层压力。后续，市里各单位如要求基层增报疫情防控相关信息报表，需经市新冠肺炎疫情防控工作领导小组办公室同意，这就从源头控制了填报增量。

一位前期受访的居委会干部说："我们现在每天只用填报三张表格，可以腾出更多时间开展其他防疫工作了。"

机关工作，还是要为基层着想！

科学决策的"智囊团"

抗疫的方方面面决策，离不开群众的声音。

1月24日国务院发布公告，通过"互联网+督查"平台面向社会征集疫情防控过程中的问题线索和意见建议。这一平台被称为社情民意的"直达车"。

很快，我们收集到了包罗万象的问题和建议。小到小区某个角落消毒措施没按规定执行到位，新鲜蔬菜又涨了几毛钱，大到为国家疫情防控工作提出"千字建议书"，关注国际形势对国内疫情发展的影响，等等。

同事开玩笑地说："疫情期间大家都只能待在家里，正是发挥聪明才智的大好时光，这才是真正的'运筹帷幄之中，决胜千里之外'。"

我们还当起了"小爬虫"，变成了"数据收集小达人"。

每天，我们要翻遍市里几份重要纸媒的市民建议和专家访谈专栏，浏览多个重要网站上海版块中的网民留言，还要对接12345市民服务热线拿到市民反映集中的问题数据，最后汇聚成一个"大数据包"。

之后，又变身"分析师"，通过对"数据包"的抽丝剥茧，将具有代表性的问题汇总起来，分门别类地提出意见建议。

总听人说，基层做实践工作，机关做文字工作，但文字工作也不容易。

在日复一日的单调中要不断寻找新的灵感和进步方向，偶尔也会觉得困顿。然而，当看到凝结着自己努力的书面材料真的转化为执行方案，群众面临的问题慢慢得到解决，一个个想法、建议在后续工作中变成现实、开花结果，我们的心中也有了别样的自豪与成就感。

很多网友评论说上海是这次防疫大考的"优等生"，但只有真正身处其中的人们才知道这样的成绩多么来之不易。

眼下，本轮疫情流行高峰总体已经过去，努力实现全年经济社会发展目标成为迫在眉睫的重要任务。我们这些"督查员"又奔向了下一个战场，但同样抱着必胜的决心。

今天走过单位门口，我看到玉兰树枝头已经结满洁白的花苞，美丽的绽放就在前方。相信这场战"疫"的结局，亦不外如是。

刘现伟，河南平舆人，出生于1991年7月，北京大学深圳研究生院2019届硕士毕业生。作为河南选调生，任职于郑州市城市管理局，2019年10月起挂任郑州经济技术开发区明湖办事处岔河村书记助理。

板房时光

◎ 刘现伟

辞行返岗

初一早上，我收到了基层工作人员尽量返岗的消息。想到与村里妇孺老幼相处的点滴，自己临走时手头还有很多工作，决定回去。

面对家人，我说道："爸妈，爷爷奶奶，目前疫情形势严峻，我想回郑州工作。"我说着话，注意到爷爷奶奶脸上的皱纹，又比上回见面时深了许多，突然很愧疚，大年初一就离家，很对不住他们。

古稀之年的奶奶泪眼婆娑："不能多陪陪奶奶爷爷吗，这才刚回来就要去工作了？""最近特殊时期，比较忙，奶奶您安心在家啊。"

没想到父母却毫不犹豫地支持了。"去吧，你刚参加工作，需要多锻炼。基层工作忙，照顾好自己。"他们的理解让我如释重负。

晚上，打包返岗行李时，我摸到行李箱最底层的拉锁兜鼓鼓的。拉开一看，一个鼓鼓的红包——一定是爷爷奶奶偷偷塞进去的。工作后，每年爷爷奶奶都坚持给我压岁钱，我总说不要，他们却硬塞到我手里。在他们眼里，我永远都是小孩儿。想到这儿有些愧疚，但更多是坚定。努力工作吧，才能不辜负他们的期许。

"隔离"生活

回到了熟悉的工作环境，返岗第一步，隔离七天。耐不住隔离期的焦急等待，我开始了在明湖社区办事处的"二线"工作。合理分配抗疫物资是我返岗后负责的第一件事。每天同酒精、84消毒液、口罩、手套、防护服这些有限的防护物资打交道，对接火腿、方便面等生活必需品，清点数量、按卡点和人头分配。看似简单但必须一丝不苟，只有后勤保障到位，前方的同事才会安全。

然而，前方还是有个别同事病倒了。2月4日，格林社区的一对夫妇被确诊新冠肺炎，整个小区封闭隔离14天。格林社区很大，每栋楼都需要人值守，此外还要给居民运送生活垃圾，同事就是在24小时轮班后，累倒在办公室的。眼看格林社区情况严峻而人手紧缺，自己也隔离期满，我主动请缨："领导，让我去吧。"

第二天，我到格林社区防控指挥部报到。"同志你好，我们这里是重点隔离区，出门前请换上防护服，戴好护目镜和口罩。"我有些激动，脱下便衣，迅速把自己装进密不透风的隔离衣里，看着自己从头到脚的武装，还真有上战场的感觉。出门前同事递给我一瓶酒精消毒液。"随身备着，碰到进出楼的人都喷一遍。"想起之前在明湖办事处只是简单戴上口罩，来这里不仅换成了专业的N95，还层层武装；又想到自己刚进小区时，同事们对我从头到脚的酒精喷雾"欢迎礼"，我意识到，这里容不得丝毫差池。

专职派送员

每天下午三点到五点，最消耗体力——这是我们集中"送货"的时段。居民们每天在"采买群"里，接龙发送当日需要的生活用品，然后我们联系超市采购送达，下午我们根据门牌号和商品对应分配，然后提着大包小包，挨家挨户送到住户门口。每次隔着门让大家把购物袋提进家门，总能收到"你们辛苦了""真是太谢谢了"之类的感谢。

类似地，我们还提供代取快递服务，成了社区居民的"专职派送员"。

当然，当派送员收获的也不都是"谢谢"。一次我把一块猪肉送到一位老人家里，老奶奶一边接过去，一边略微抱怨："以前我每天都是超市快关门时去买菜，很便宜。现在又是配送又是新冠，价格贵死了，这肉也不如我自己选的新鲜。""奶奶，现在非常时期，物资短缺，实在是没办法。不过超市进购质量有保障，辛苦您稍微忍耐两周吧。"一边向奶奶解释，一边递过去塑封好的猪肉——这才发现，猪肉几乎都解冻了，化了好多水。隔着口罩，奶奶没有看见我脸上的尴尬。

我意识到，一开始我们为了减少对住户们的打扰，所以将快递和物资一起送上楼，但是，超市下午两点送来物资，快递却要等到四点才来，这两个小时里，生鲜物资全都在露天风吹日晒，只包着一层薄薄的购物袋，想想也都不新鲜了。于是，我当晚联系超市送货员，将社区送货时间改成下午三点。之后每天，送到大家手里的，都是新鲜的瓜果鱼肉。我们成了地道的"生鲜派送员"。

绿色通道

在隔离社区工作的日子，我明白了"急人之所急"的重要性。

无法同住户碰面，微信群就成了我同居民打交道的主战场。隔离的第一周还算风平浪静，到第二周大家的抱怨与困难就层出不穷了。我总要重复地告诉想踢足球的小男孩，现在疫情很不稳定，为了你的健康再等一周；向想跳广场舞的阿姨解释，不生病也要待在家……

不过，在更紧急特殊的情况下，口头的劝导也无法解决问题。

那天，我照例在业主的微信群中宣传防疫知识，突然弹出来一张有点吓人的照片——一个小姑娘上火了，嘴唇肿胀破裂，需要立马就医。看着她痛苦的表情和两行眼泪，然后一串求救符号和哭脸的消息跟着弹了出来，我意识到必须采取措施。于是一边安抚女孩的父亲，一边上报情况："有个小姑娘嘴唇破裂需要马上就医，能否破例让他们去医院呢？"领导同意了。

于是我拿着新的防护服和酒精喷雾出发了。"您带着孩子出来吧，我在门口接你们。"看到一大一小两个人影出现在电梯口，我冲他们招招手，示意他们过来："请您穿好防护服再出门，一会儿我给您和孩子喷一遍酒精喷雾。"全副武装后，孩子父亲突然朝着我鞠了一躬："你们辛苦，太感谢了！"小姑娘竟然也学起爸爸的样子，朝我鞠起了躬。我赶紧扶起他们，边喷酒精边说："都是我应该做的。"

那天之后，我意识到，居家隔离的居民并非进入了安全舱，他们也会生病，会有各样紧急的需求——我们需要更人性更妥帖的解决方案。当晚，我和同事们分享了小女孩就医的故事，大家都很有感触。

特例不仅出现在小女孩身上，没过两天，微信上又出现类似的情况："小刘，我节前刚生产，是早产，宝宝还在保育室里。现在没奶了，您能不能通融一下，让我出去见见呢？"有了上次的经验，我迅速回复："好的，您下楼在门口等我，我给您拿防护服。""谢谢您！"穿好防护服，她急匆匆朝地下车库走去。

就这样，我们用防护服和酒精喷雾，为隔离单元有紧急需求的居民，搭建起一条能让人便利安心的"绿色通道"。

板房时光

现在回忆起来，借调到隔离区的 14 天，印象最深的竟是办公地点——在隔离单元门口草坪上临时搭建的板房。每次走进去，轻轻一跺脚，整个屋子从墙壁到地面都会不停地晃，大冬天没有暖气更没有空调，只有旧的军大衣。而且，板房距离卫生间足足两公里，我们谁都不敢多喝水，怕上厕所一去一回太耽误时间。

更难忘的,是一边吃着就快吃不动的泡面和火腿肠,一边同办公室的战友互相鼓励和支持的日子。"既然决定来了,就踏踏实实干下去。累也是一天,坚持也是一天,曙光就在几天后!"那段时光里,日历被我们翻得卷了边儿,隔离期满的日子也被标得醒目。我们就这样数着日子,一天一天坚持了下来。

也是在那个不透风的板房,我重读了毕业时学校送给每位选调生的《梁家河》。看着书中写到总书记在七年知青岁月中,为乡民们做的一件件实事,思考的每个问题,再读一次,格外感同身受。只有身在基层,才更明白实干的意义,更明白"要为人民做实事"绝不是口号。

个人简介

王茜,浙江绍兴人,出生于1991年10月,北京大学法学院2017届硕士毕业生。作为江苏选调生,先后在苏州市姑苏区发展和改革局、沧浪街道办事处挂职锻炼,现为沧浪街道养蚕里第一社区第一书记。

养蚕里的"吐丝人"

◎王茜

"爷爷,我今年还能养蚕宝宝吗?你看,春天快到了,我想去河边采点桑叶,养一只蚕宝宝。"

"当然能,等病毒被打跑了,爷爷带你去采桑叶,我们养蚕里可是有好几处桑树呢。"

这是我在养蚕里西弄卡口执勤第13天听到的一段对话,一位老人带着孙子回来新村,经历查证、登记、测温后,相携着离去。彼时也正是卡口管控最严格的时候,任何人的进出都要经过一番检查。这样的管控还要持续多久,病毒还会肆虐多久,我不知道。

疫情期间,出门的小朋友极少,于是我特别关注着这对爷孙。这时的小孙子怕是并不理解为什么原本自由出入的小区开始了管控,也不明白病毒有多厉害,也正因为这样懵懂,让他只看到未来的希望。听到小朋友口中的春天,我也顿时感觉到希望就在眼前。是啊,春天来了,养蚕的季节也快到了。

来了苏州才知道,苏州的小孩子,几乎都养过蚕宝宝。有人说,苏州人的乡愁就是养蚕、种桑、织丝。千百年来,这个浸泡在蚕文化里的地域,这些一代一代与蚕为伴的人民,把蚕的品性学了个十成十,勤勉、温和、努力创造价值、从不待价而沽。

王茜 ◎ 养蚕里的"吐丝人"

作为一个外乡人,来到养蚕里首要的任务,是学着做一个养蚕里的"吐丝人"。

"吐丝人"初体验

养蚕里西弄的这条路,我走过几百回,以前每回走过,这里总是热热闹闹的。巷子不宽,能容下的人却不少,大家唠着家常,做着小买卖,或者单纯就蹲在路边晒晒太阳,逗逗猫,日子平淡但满足,透着一股引人驻足的力量。

从这里走过的时候,我有时候是在暗自打着会议发言的腹稿,有时候在纠结苦恼怎么调节居民纠纷,有时候为了第一次收到居民感谢信暗自窃喜,而最近,只想着一件事——防疫。

曾经每天都会碰面、一抬头就能聊天的邻里关系,如今都转到了线上,持续的疫情让养蚕里一贯的安宁恬淡不复存在。大家不断在微信群里分享着疫情的最新情况,各类信息冗杂,泥沙俱下,澄清事实、传递真相,同时也在加剧着恐慌。

这时候,需要我们站出来了。提前返岗,我和15名同事一起,在养蚕里第一社区周边,站成了一道墙。曾经,这里的人们用春蚕般的纯粹和毫无保留的付出,接纳、帮助、体恤过初来乍到的我们,是时候回报和传承了。我们16位年轻力壮的社工,开始为守护养蚕里而奔忙。

张贴告示、排查商铺、电话咨询、入户服务、制作电子表格、统计各方数据、上门测量体温,前期的排查工作中,我们网格管理、责任到人、细致入微,不模糊每一个数据,不放过每一处风险。

微信运动里遥遥领先的步数是我们的战绩。截至3月中旬,养蚕里保持了42天的"零确诊、零疑似",这一个个的"零",就是我们的勋章。两个月的抗疫历练,让我们这十几位古村里的新人,经历了"吐丝人"的初体验。

新村口的"看门人"

"您好,请出示通行卡。"

"您好,请佩戴口罩!"

"您好,请扫描二维码进行登记!"

这些提示,我每天都要笑着说几百上千遍。没那么忙的时候,在提醒里插进去一两句问候,跟叔叔阿姨伯伯婶婶们聊几句闲天,才能稍微找回一点养蚕里原有的温情。

  2月上旬，小区封闭管理政策开始施行，养蚕里新村东弄、中弄、西弄都设置了卡口，进行严格的人员准入核查。
  西弄是我值守的地方。相比于东弄和中弄，这里有些特殊。旁边就是养蚕里的菜市场，开市的时候，哪怕疫情期间，来往的车辆和人员也络绎不绝。
  流动和聚集，会催生很多新的挑战。邻村的村民来菜市场采购，想顺便探访养蚕里新村的亲戚，我们得以他们能接受的方式，劝回去；要进新村的人和车排起了队，我们得快速准确地识别、测温、放行；有人在门口徘徊，说出来买菜忘记带证件，那就要启动第二重身份核验；间或，还有一两个调皮的小年轻，为了吃外卖跟我们斗智斗勇。
  在西弄站岗执勤的日子，我深刻地体会到了"每天都是新的"这句话的含义。每天都有新的问题、新的矛盾、新的变化、新的挑战。但我和我的伙伴们，没有被吓住，反而头越来越"铁"、心越来越细。
  毕竟，站在第一线就有第一线的责任。想办法解决问题，是一个社区工作者，一名合格的养蚕里新村"看门人"的职责。

一缕"蚕丝"连万家

苏州,是一个"蚕文化"浓厚的地方。

桑叶巷、蚕桑地、桑园里、养蚕里……这些存留至今的地名,传承的不仅是一段段蚕桑记忆,更是一种文化。

养蚕里社区,前身是苏州市浒关蚕种场的配套小区,长期以蚕为业的生活,让这里的人民,对蚕有着更深厚的感情,对蚕文化也有着更深入的理解。于是,"春蚕卫士"行动支部的存在也就顺理成章了。

2019年,我将养蚕里社区的"春蚕卫士"们聚集到一起,组织成立了四个蚕文化传承特别行动支部。"春蚕护卫队"重行动,日常巡逻、时常教育、经常提醒是他们的工作方法;"亲蚕调解员"重亲善,他们走家入户、调节矛盾、维护和谐;"多彩养蚕人"重亲耕,与社区老年大学合作,培育蚕文化传承者;"春蚕传薪人"重精神,通过先锋讲堂、微党课,将"春蚕精神"送进楼道,送进家中。

这些卫士里,有社工,有党员,有居民,有物业,有其他热心的志愿者们。抗疫之战里,他们是整个社区的逆行者,大家抱团吐丝,共同守护着养蚕里的现在,编织着养蚕里的未来。

蚕,在古诗里,是一个意象、一种精神。而在养蚕里人民心里,它更是一种习惯、一种传承,是一股逆行的力量。来到养蚕里,便做"吐丝人"。

个人简介

戴亚中,湖北大冶人,出生于1991年10月,北京大学化学与分子工程学院2018届博士毕业生。作为湖北选调生,现为武汉市委组织部正科级干部,挂任黄石市黄石港区政府党组成员。

我们共同战"疫"

◎ 戴亚中

刚刚吃过年夜饭,组织跟我谈话,安排我前往胜阳港社区,负责社区全面防疫工作。

我们社区处于黄石市的中心商业区,人流量巨大,区委把这样一个重担交给我,既是对我的信任,也是我肩上沉甸甸的压力。

我和同志们一道,对社区进行了封闭管理,建立了五个哨卡管控人流量,发动党员对居民的健康状况进行排查,保障居民日常生活物资配送,社区群众也报以极大的理解和配合。在这场全民战"疫"中,140名同志加入了我们社区的防疫队伍,和2847户7018名居民一同战斗。

其间,战"疫"故事每天都在上演,谨以几个片段,纪念共同的奋斗。

"我叫邓桂芳"

2月16日到28日,这一阵子时有阴雨,正是我们防疫吃劲的时候。

社区封闭期间,为了更好地进行居民健康状况排查和生活保障工作,我们社区的每位"双报到"党员都对数十户家庭进行了包保,确保落实防疫要求和日常关怀。

　　作为社区负责人,我带头包保了几户特殊家庭,其中有一户是一名独居老人,资料上户主名叫彭美兰。我担心她,隔三差五就问:"彭阿姨,口罩够不够,有没有菜吃?听到附近有咳嗽声,一定要向我举报啊。"

　　彭阿姨每次都笑眯眯地回答:"么得事么得事,好好好。"

　　2月27日这天中午,她第一次向我开口:"小伙子,现在有办法买点狗粮么?菜价太高了,排骨两斤90块,豆腐6块钱一斤,这个月花了五百多买菜了。"

　　我立马在社区工作人员中询问。正好有一位志愿者家里有多余的狗粮,我给彭阿姨拿了一大包。

　　彭阿姨很高兴,告诉了我一个秘密:"小伙子,其实我不叫彭美兰,那是我妈的名字,她早就过世了,户主名字一直没改。我叫邓桂芳。"临走时,她又加了一句:"你放心吧,这一层楼我都帮你看着,有啥事我就给你打电话。"

　　这天晚上,我欣喜地发现,邓阿姨在小区微信群里自发做起了矛盾调解工作:"大家不要为难社区工作人员,他们都很辛苦的""大家配合下工作啊,千万不要出门,有啥事联系包保人就好了"……邓阿姨成了小区心理疏导员,为我们的志愿队伍注入了编外力量。

　　除了邓阿姨,还有很多热心居民也主动加入了防疫队伍。如今,这些志愿者和党员干部一道，戴着口罩，或是拎着菜或是拿着测温枪来到千家万户。我们就这样，筑起了防疫的"铁壁铜墙"。

一场"考试"

3月14日到16日，都是艳阳高照的大晴天，人心也热烈了起来。

3月14日那天，随着疫情形势的好转，市委市政府决定，社区居民可以有序出门购物了。

我负责督促落实辖区内一家大型超市的复工复产，但这也给我出了个难题：会不会有人群聚集风险？会不会有新的传染发生？会不会发生踩踏？会不会备货不足？会不会有其他安全生产风险？……一系列顾虑盘旋在我的脑海里。

我们总说：时代是出卷人，我们是答卷人。

不过，幸好这次超市复工是一场"开卷考试"，还安排了"小组作业"——我召集了相关科局同志，讨论到了晚上十一点，共同制定了我所负责地段的方案。3月15日，供电公司和消防中队提前进行了安全检查，门前的马路还调度来了一辆消防车；商务局的小刘同志在超市里调整了一下午布局，来限制人流量；城管队员也对街面进行了清理。还有更多的同志，在看不到的战线上做着准备。

3月16日，超市正式复工复产。早上九点超市才开门，七点我就站在了门口，做最后一遍检查，还是发现了一个漏洞，超市职工食堂就餐有扎堆现象。我找来超市负责人维持就餐秩序，重新安排职工面朝一个方向隔位就餐。派出所的石指导带队来站岗，看到这一情景，他打趣道："食堂像考场啊，还有'监考'老师呢。"

超市开业复工很成功。购物的市民很支持我们的工作，整整齐齐地排着队，经过测温后入场，同时超市的物流供给也完全跟得上。此后几天，从医疗系统得来信息，我们这儿仍然没有新增病例，我心里的石头落下了。

再之后，人流量从2000人一天，到5700人一天，再到8000人一天，超市逐步恢复了正常运营。

我们通过了考验。

两个月前，病毒露出最凶恶的嘴脸，仿佛不可战胜。到了现在，我们社区已经三十多天没有出现新增患者了。

现在正是"江南草长"的时候，我和我的战友们等到了春暖花开，守住了我们的阵地！

个人简介

王茹，山东青岛人，出生于1991年12月，北京大学深圳研究生院2018届硕士毕业生。作为山东选调生，任职于省高级人民法院，先后在乳山市、寿光市进行基层锻炼，现挂任寿光市纪台镇党委委员、副镇长，山东省乡村振兴服务队队员。

蔬菜战"疫"一线

◎ 王茹

从寒风呼啸到春花烂漫，我们一边抗击疫情，一边等来了春天。

携手战"疫"的近两个月时间里，有人的记忆可能是白衣天使的颜色，有人的记忆可能是口罩的蓝色，有人的记忆可能是"空城"中马路的灰色，而我的战"疫"记忆，是绿色。

集结蔬菜，向武汉出发！

1月27日夜，纪台镇接到紧急通知，调配蔬菜、驰援武汉。

早已在抗疫一线浸泡了几天的我意识到，属于我、属于纪台镇、属于全体寿光人民的另一场战"疫"——蔬菜战"疫"，打响了。

此时，距离武汉封城已有五天，而从寿光到武汉的高速，还要走一天一夜。我们必须足够快。

迅速召集镇村干部会，迅速确定调配和采摘方案，迅速组织菜农有序采摘，迅速协调运输车辆有序保障，从接到任务的那一刻起，我们一刻不停。

1月28日凌晨，村民们打着手电、戴着头灯，进了大棚。一夜抢摘，仅纪台长茄一种蔬菜就抢摘了六十余吨。60吨是什么概念呢？按长势最好的长茄算，也得 240000 个。

蔬菜集散中心的灯，亮了一整夜。满载而来的村民来了又走，走了又来，一车一车的新鲜蔬菜，在这里装卸、称重、检验，等待明天奔赴远方。

1月28日早上七点半，纪台镇集结的新鲜蔬菜完成全部检测、包装工序，运输车辆全部完成出车安检，运输司机全员完成防疫检测。车队整装待发。

1月28日下午一点，在寿光308国道与羊田路交叉路口，经过一夜的紧急协调，包含黄瓜、西红柿、茄子等二十多个品种的爱心蔬菜集结完毕，15辆满载免费爱心菜的货车，挂着"武汉加油，中国加油""山东人民与武汉人民心连心"的横幅，也载着纪台人民、寿光人民、山东人民的牵挂，向武汉出发！

我们这才有空坐下来，吃顿饭，复复盘。同事们交流着这紧张高效的一夜里，很多细小暖心的片段。很多菜农看到党委门前有人运送蔬菜，都过来问句"是在这儿捐蔬菜吗？我们家还有一车现摘的"。尽管知道是政府统一收购而不是募捐，还是有不少村民坚持要捐菜。

"国家有难，别的咱也帮不上忙，就捐点菜尽尽心吧！这两年受水灾，国家没少帮咱。"菜农朴实的话湿润了我的眼眶。

寿光是遭过难的，寿光的人民也就更清楚，灾难到来的时候，身处其中的人多么需要帮助。2018年、2019年，连续两年的洪灾，给我们蔬菜产业造成很

大损害，却也让我们收获了全国各地的关爱。而今，是我们寿光出力的时候了，疫情当前，我们，不遗余力。

守护菜农，守护希望

"一戴，二压，三下拉。"

在村子里进进出出，忙活着量体温、做登记、喷洒消毒水的时候，总能看到口罩佩戴不规范的村民，于是，这个顺口溜成了我挂在嘴边的话。

村里人的日常生活离口罩太远，突然让大家戴口罩，大家不会戴，也不习惯戴。尤其是村里的老年人，他们对过往几十年的人生中都没出现过的新物种，充满着排斥。但放任大家不戴，肯定不行。

翻来覆去地琢磨之后，我想到了向母校求助。

联系了北京大学心理与认知科学学院的张昕教授，从老年人的视角出发，设计制作了迎合中老年人口味的宣传图片，效果显而易见。

一位年轻村民跟我说："你这个宣传图太管用了，我家老太太以前说什么都不戴口罩，现在也开始戴口罩了！"

解决问题带来的快乐如此直接，效果如此明显。我开始努力解决一个又一个问题。

"口罩眼看就快用光了！有没有办法弄到口罩？"干了二十多年的老村支书脸上露出了愁容。我抱着手机，四处检索消息、联络渠道，最终在省派纪台镇乡村振兴服务队的帮助下为村里购买了口罩。

"封村了，家里吃什么？"村民们在家有点儿待不住了。我们也搞起"线上办公"，建起微信采购群。村民把需求清单发到群里，村两委和志愿者们去集中采购、发放到户。米面油盐、春耕农资，大家需要什么，我们就尽力去买到什么。

能够守护这些可以凌晨一点抢摘蔬菜、想把最新鲜的蔬菜送到武汉去的人，我很幸福。

三月春耕始，希望到来时

疫情当前，经济发展不能耽误。作为负责招商引资的副镇长，我和客商们通过网络相互联系，用屏对屏、线连线的方式架起了一座招商引资的"云桥梁"。

疫情让双方有了更多的时间讨论打磨项目方案，把节省下的在途时间花在项目的精细化管理上，让项目谈得妥、落得稳。

阳春三月，春耕正当时。防控疫情的同时不耽误农时，是我们面临的最大挑战。人误地一时，地误人一年，蔬菜的种植，不仅关乎纪台镇百姓的收入，还关乎整个蔬菜市场的稳定。

有着"中国蔬菜之乡"之称的寿光，是全国最大的蔬菜集散中心，一年四季向全国供应新鲜蔬菜。因为疫情耽误了蔬菜供应，万万不可。

准备农资、强调防护、理顺出行秩序、推敲防疫难点，我们反复斟酌，只为不放过任何风险，也不阻碍任何春耕。村民们的配合让一切能井然有序地进行。翻耕泥土、播撒肥料、拔除杂草，田间地头一片繁荣的景象。

种下种子去，长出希望来。

看着地里冒出来的绿苗苗，我知道春天已经来了，而疫情，该走了。

徐晓江,江西赣州人,出生于1991年12月,北京大学药学院2018届硕士毕业生。作为江西选调生,2018年11月起挂任赣州市章贡区沙河镇副镇长。

终有雨晴时

◎徐晓江

都说21天就能养成一个习惯,与疫情战斗了一个多月,我真的习惯了忙碌的生活,习惯了早起晚睡,习惯了操劳奔波。两年前的我确实没想到,21天竟然能够经历这么多,成长这么多。

离别是新的开始

2018年毕业典礼上,"离别才算是完整的拥有",一句话让在场许多人流下眼泪。

那年夏天,一个闷热的午后,我离开医学部回到老家江西赣州,成为一名选调生。一个月后,我被派到赣州市章贡区沙河镇挂职副镇长,而这才是挑战的开始。脱贫攻坚、主攻工业、创建国家卫生城市等,硬战一场接着一场打;森林防火、防汛救灾,工作一项接着一项干,挂职生活辛苦而充实。

2019年年底,忙碌一整年之后,回首这一路许多辛苦,也成长许多。本想着能和家人欢欢喜喜过个年,没想到,新冠肺炎疫情暴发了。

腊月二十八那天镇长找到我:"小徐,你要做好春节期间加班的准备。"结果,当晚便接到了加班通知。

接到通知的那一刻，说实话，我有些遗憾地叹了口气，盼了好久盼到年底，以为终于可以休息一下，这下又泡汤了。但作为基层工作者，我明白在群众利益面前，个人利益应当向后放，连夜便赶到赣州火车站，参与组织全市第一个疫情防控卡点设置。

到了火车站，面对出站口扑面而来的人流时，我心里咯噔一下，意识到了这项工作的艰难。

作为医学生，其实更明白疫情的可怕。现在，大家都还没有戴口罩的意识，每一个人都有携带新冠病毒的可能。火车站是"外防输入第一站"，必须迅速拉起防线。

火车站前的"新年快乐"

我不是一人在战斗，与可爱的沙河老表并肩作战，苦中也有甜。

大年三十，一直淅淅沥沥地下着雨。沙河镇政府灯火通明，与时间赛跑，是所有人达成的共识。每个人都顾不上自己的"小家"，此时的沙河镇政府，就是抗疫战士们温暖的"大家"。

忙得昏天黑地，当我与另一位副镇长从火车站卡点交班出来，挤在车上，一看表才知道马上深夜十二点了。

"5、4、3、2、1！新年快乐！"两个大老爷们打开广播，数着秒针，互相道了新年快乐。

其实那一刻站前广场上就只有我们的车，只有灯陪伴着路，挺冷清的。车上不知道谁起头，一起唱起了《难忘今宵》，这个寒冷的夜也终于有了些许过年的味道。这大概是第一次过年没有看春晚直播，这么独特的经历，这辈子估计也忘不了。

无法忘记的汗水与泪水

我受命于组织成立镇疫情防控指挥部，统筹全镇力量，加强各部门相互配合。

刚开始我担心自己无法胜任，好在镇党委书记和镇长给了我充分信任和鼓励。"紧急时期，大家都在战场上，小徐你必须镇定，要给沙河镇参与抗疫的战友们当好参谋。"

疫情防控"快"字当头，也确实容不得自己有太多扭捏。

一个多月的时间里，沙河老表们起早贪黑、披星戴月，在大家共同努力下，全镇只有一例输入性病例，未出现二代传染，这是实打实用汗水换来的战果。

在这一个多月里，我只能在工作间隙和家人视频通话。印象最深刻的一次，妈妈笑着说："家里囤了好多肉，又种了菜，基本上一个月都不用出门，不用担心我们。"

都说男儿有泪不轻弹，可看到视频里妈妈的脸色很差，明显没有睡好，爸爸坐在沙发上抽烟，我鼻子一酸，真的差点哭出来。为了不让爸妈担心，只能忍住。

哪有什么岁月静好，只是有人在为你负重前行。如今看到这句话，有了更切身的感触。

沙河今年雨水很多，写下这些文字的时候，窗外仍有淅淅沥沥的雨声。看了一眼天气预报，整个3月份都是连绵不断的阴雨天气。就如同疫情一样，这是一场持续的攻坚战。坚持到最后一刻，我们终将迎来阳光明媚。

李亚东，湖北恩施人，出生于1992年1月，北京大学政府管理学院2016届硕士毕业生。作为湖北选调生，曾在武汉市洪山区珞南街道办事处工作，2019年6月起在洪山区政府办公室工作，现任总值班室副主任。

不孤独的逆行者

◎李亚东

怎么都没有想到，这次"传播速度最快、感染范围最广、防控难度最大的重大突发公共卫生事件"发生在武汉，起初确实让人措手不及。

1月19日及20日这两天，我跟着区长一起去检查白沙洲大市场是否还有活禽售卖。1月21日，由于那时大家还没完全意识到病毒的严重性，我还准备初一回家。当天晚上，市长号召武汉市民尽量不要外出。我顿时觉得情势严峻，一夜无眠。想到也许疫情会继续发展，很多群众会需要帮助，我决定留下来，做一个抗击疫情的"逆行者"。

再多给我一点点时间

1月23日，武汉封城，所有公共交通停运，大家进入了紧张"战时"状态。我隶属于洪山区疫情防控指挥部运输保障与环境整治工作组。

每天，我跟随区长到包保街道和社区督导工作；参与协助建设隔离点、方舱医院，协调社区保障车辆、发热专车、集中运送公交、物资运输车辆调配；也协调隔离点垃圾清运、污水治理、医疗垃圾清运工作。

每天晚上十点回到家，还要一直盯着手机消息，随时准备响应。隔离群里经常有群众反映诉求,有的需要热水,有的需要联系家人,有的需要转运。这时候我就赶忙进行联络对接,经常不知不觉就到了凌晨四五点。

早上七点,又要准备出门,开始新一天的紧张忙碌。

在这场战"疫"中,时间真的太宝贵了。我只希望再多一点点时间,我就可以多打一通电话,多回一条微信,多跑一个现场,多满足一个需求,多安排一个隔离间,多转运一个病患,多救一个人,多救一个家庭。

再多给我一点点时间,让我和时间赛跑。

封城里的爱

隔离不隔心,武汉封城了,爱却一直都彼此相连。

我平常上班都是骑电动自行车,从家到单位要三四十分钟。冬天确实有点冷,这次得知我要开始每天上班之后,我的朋友苏哥果断把自己的车借给了我。我拿完驾照之后就没怎么开过车,我说:"我可能不太会开。"他说:"没事,现在路上没几辆车,我带你开一段,你熟悉熟悉就可以了。现在是特殊时期,天气这么冷,天天骑电动车上下班,感冒了可咋搞。"

第一次独自开车,我大气都不敢出,戴着口罩呼吸也不顺畅,正逢下雨视野不清,一路捏着把汗,好在平安抵达。这之后也越来越熟练。因为有朋友的支持，我得以开车上下班，心也暖暖的。

我的母亲也一直在支持我。封城前一天，我帮她订好了车票让她回去，她怎么都不肯，说要跟我一道坚守在武汉。这一个多月以来，为了做好隔离，每天下班后我都只能匆匆消毒完回到自己的房间，不能和她见面说话，但母亲的陪伴，给予了我无限的抗疫底气和勇气。

我的女朋友是一名交警。我们俩一个在汉口，一个在洪山。今年过年本来准备两家一起吃团年饭，但是因为疫情，大家没办法见面。两个人过年都在岗位上值守，就连日常的线上交流也变成了奢侈。但在这个艰苦的时期，我们一直相互加油，彼此打气，也算过了一个特殊的、有意义的情人节。

还有一起上班的同事，每天一起分享一些防疫小知识，也探讨一些新闻热点，有事情来了大家一起干，相互"补台"，政府办越来越团结。

疫情围城，尽管个体的力量是渺小而脆弱的，彼此间守望相助的温暖却能让我们坦然直视形势的艰辛和不易，给予我们继续前行和战斗的力量。

人比病毒更强大

在这场全民战争中，每个行业每个人都拼尽全力，有一分热，发一分光，以最好的状态投入战斗。

区长跟我爸是同一年生，身体不是特别好，应该属于"易感人群"。疫情发生以来，我们基本每天都出外工作，直面病毒的威胁。去已经有六例确诊的白沙洲大市场水产区帮助他们转销库存，去街道、社区一线督导病人转运、收治，去医院现场调度医疗废物存量清运，他一直都冲在最前面，没有丝毫畏惧，还笑着说自己已经"百毒不侵"了。难道他真的完全不害怕病毒吗？我想，并不是，他是一直在传达一种坚定的态度。疫情面前很多人都已经很恐惧了，这个时候如果党员干部都不冲锋在前，还有谁来做事呢？

社区是联防联控、群防群控的主战场。当城市封闭，大量人员被感染，特殊人群生活需要保障的时候，社区成了疫情防控的第一线。在实地督导的过程中，我们了解到，疫情发生以来，社区工作时间基本都在12小时以上。有疑似病例了，社区需要上门核查情况；遇见疑似病人不敢回家，也没有地方去的情况，社区需要安排住宿；有发热病人了，社区需要协调车辆送医院。这中间的每个环节都有巨大的感染风险，而当时社区工作人员仅有的防护用品就是口罩。不仅是工作时间长，社区工作还容易遇到工作阻力：有居民被确诊了却无法被收治，到社区大闹甚至不走。一次走访时，问社区工作人员怕不怕，一群女同志坚定地说，不怕，一点都不怕。她们坚定的眼神让我印象很深刻，一个个像极了战士的模样，青春在灾难的锤炼下迸发出耀眼的光彩。

还有很多青年志愿者冲锋在一线，很多爱心人士奉献了爱心，很多司机志愿运送发热病人、接送医护人员上下班，很多环卫工人不辞辛苦协助处理医废垃圾。我敬佩这些默默无闻的普通人，他们从没被谁知道，也没被谁记住，但他们赋予动词"战疫"肉身、汗水和血液，他们不用冠冕词句而用实际行动证明着，人比病毒更强大。

北大人

1月底2月初的时候，看着那么多无法得到治疗的人，自己心里说不忐忑是假的。每天晚上睡到半夜都会惊醒，然后发抖，所幸体温一直正常。

这个时候，我接到了母校的电话，告诉我们有困难要及时联系他们。同时，学校还给我们寄了"来自母校的一封家书"和一摞口罩。学院也很照顾大家，不仅给我们寄了很多N95和医用外科口罩，还一直通过微信关心和支持我们。

看到母校派出一批又一批援鄂医疗队，给武汉人民注入强心剂，奋战在前线的我感受到了一股强大的力量。就是这种力量，支撑着我们坚持与病毒抗争，肩负起北大人的责任和使命，守护人民群众的生命安全和身体健康。

疫情还没有完全过去，战"疫"也还没有结束，还有很多工作要去做。但我想，经过这场疫情，经过这场灾难教育，经历了生死的考验，我获得了更充分的成长，更真实的感动，更执着的坚守。不辜负母校，不辜负每一寸在疫情中守望相助的温暖。

个人简介

纳菡，宁夏银川人，出生于1992年1月，北京大学人口研究所2017届硕士毕业生，在校期间荣获北京市三好学生、北京大学三好学生标兵等荣誉。作为宁夏选调生，现任银川市兴庆区玉皇阁北街党工委委员、办事处副主任。

用参与去见证

◎ 纳菡

两个多月来，我亲眼见证了千万普通人在疫情中守望相助，见证了贫困的老爷爷怎么都劝不住非要留下捐款，见证了退伍老兵"若有战，召必回"的铮铮誓言。在这场没有硝烟的战争中，在大家宅在家就为国家做贡献的时期，能够成为这个国家一夕动员、运转高效、默默奉献的基层组织中的一分子，我何其幸运。

没有坏消息，便是最好的消息

我是从大年初一开始抗击疫情的。

作为春节当天的带班领导，看到不断攀升的疫情数字，我根本放不下心，一大清早便到了岗位上，值守了一整天。初二一早，办事处集中开会，当天下午便开始制订疫情期间工作计划，晚上加班印发出来；初三便要求全部到岗，开始正式执行工作计划。

我分管卫健工作，从大年初一到岗，一天都没休息，连续工作近六十天。

有时值夜班，随时需要处理各种突发状况，完全不敢睡；第二天继续上全天的班，连续在岗36小时。短短两个多月，这种需要"连轴转"的夜班我遇到十多次。没有吃饭的地方，顿顿泡面吃到吐；后来有了盒饭，却常常因为开会误了饭点，等打开饭盒时，饭菜都凉透了。没有公交，我每天要早早出门，骑着共享单车穿越两个城区上班；深夜回去的时候，街面上往往空无一人，只能小声唱着歌给自己壮胆打气。有时候，下班时间太晚了，即便当晚不是自己的夜班，也就在单位的小沙发上凑合着蜷一夜。

特殊时期，我们也需要面对特殊的风险。

我的一项工作是点位巡查，传达最新工作要求，还要负责处理突发状况。一天晚上八点半左右，值守点位的工作人员报告了可疑情况，我和社区书记、民警第一时间赶到了现场，悄悄摸黑进入一栋居民楼。敲了许久的门，两个外地口音的男子打开门，神色闪躲，很不自然。民警火眼金睛，踹开旁边紧锁的侧门，15 个潜藏的传销人员这才露出马脚。

测体温时，发现有几个人体温超出了正常范围，再结合外地出行史，我们一下紧张起来，害怕这 15 人的传销团伙产生聚集性疫情，更担心起整个社区的密切接触者。幸好，又测了两次体温，发现刚才是虚惊一场，所有人的体温都在正常范围内。没有坏消息，便是最好的消息。

隔离，不隔心

我包管了居家隔离人员 64 户 116 人，恰巧，他们大多居住在居民楼的顶层。

每一天，我需要上上下下爬楼无数趟，隔门看望我负责的隔离户，宣传政策，关心安抚，协助解决各种诉求，帮他们把垃圾带下楼，让他们"隔离不隔心"。

有一次，我和社区志愿者要为居家隔离人员送物资，骑着三轮车到小区里。我们正准备按照地址寻找，便听到"这儿，哥们儿，往这儿看"的喊声。抬头，发现一栋居民楼的六楼探出一个脑袋，拼命招手，我们这才知道他已盼了好久。他告诉我们，每一天都遵守规定居家隔离，只能宅在家里打游戏看电影，多亏了我们帮忙。"你们工作这么辛苦，等以后有机会了，换我去看望你们。咱们差不多同龄，就当交个朋友吧！"那个时候，我们都笑了起来。

相互体谅，是我们和隔离户之间的主旋律。

离开隔离户之前，我总习惯问上一句："有没有垃圾需要我帮你带下去？"他们常常摆手说："没事！我们攒一攒，明天凑上一兜子菜，再帮我们带下去。今天就不辛苦你了！"听到这些话，我的心里总是暖暖的。

天寒地冻，一腔热血

关注点位工作人员的后勤保障，也是我的职责之一。

疫情期间的困难不同于以往，除了密集繁重的工作，我们还要面对物资的紧缺。工作日程从白天到黑夜，街道、社区的工作人员根本回不了家，遑论吃饭。初期经费还未来得及明确，所有餐饮歇业，购置的泡面对近百个点位实在是难以为继。此外，不少点位是临时搭建的，周围根本没有可以取暖的房间。为了度过这个寒冬，大家互帮互助，协调暖水瓶、电暖器；社区书记到处"化缘"，包管社区的部门领导翻着通讯录，给自己的亲戚朋友打电话，动员大家给社区捐点吃的。为了不让大家断顿，上级专门核拨经费保障一线战"疫"人员盒饭，"不能让大家寒风中饿着肚子站岗"。

给我留下最深刻印象的，还是点位值守的民兵志愿者。

他们大多是退伍老兵，在国家有需求的时候，第一时间站了出来。穿着整齐迷彩服的他们，任劳任怨地坚守在点位上，严格把关、做好盘查、分类管控，火眼金睛发现可疑人群，铁面无私登记好人员信息，有的甚至身背消杀桶、手拿喷雾器，到各个路口、小区进行消杀。

我去点位巡查时，遇到过一组民兵志愿者，披着夜幕，在路面上搭起的简易救灾帐篷里围坐着，讨论起"火线入党"，甚至问起如何去武汉支援一线的事。

我在一旁听着，不禁感叹，天寒地冻之中，他们是最可爱的人，仍然葆有一腔热血。

沉到底，方能看到市井百态；触到边，有一分热，便发一分光。

选调期间，我接触过真实的、嬉笑怒骂的市井世界，拥有过端传销窝点、突击查群租房、和小贩斗智斗勇的经历，也曾站在城中村的违建房顶上、站在烂尾楼的断壁残垣上，眺望远方的天际线。我希望触碰到无数平凡的人生，到可为的岗位为那些困难群体多做些能为的事，我想这大概就是值得回忆的青春。

个人简介 杨松,贵州铜仁人,出生于1992年4月,北京大学法学院2019届硕士毕业生。作为贵州选调生,现任职于铜仁市委组织部,2019年8月起被派驻德江县潮砥镇陈袁村锻炼。

"疫"散终有时

◎ 杨松

急 心

1月26日,大年初二,中午时分,"哐哐哐、哐哐哐"的震动声忽然急促地传来,习惯性地点开部机关工作信息群,"疫情""休假""结束""到岗"等关键词跃进眼帘。来不及和父母细说,匆匆忙忙整理了几件衣服,便手忙脚乱地往德江县城赶,最终到达时已是傍晚。这一路上的心情,真可谓是七上八下。

20点57分,犹如祸从天降一般的消息从电话那头传来。

原来,自己负责包组的老崔家有疑似感染新型冠状病毒的症状。我第一时间拨通了老崔的手机:

"老崔,你家人现在身体情况怎样了?"

"老崔,你家女婿从哪里来?他们有经过武汉吗?"

"老崔,医生来了吗?"

老崔声音沙哑而又有些断断续续地回答道:

"我们家暂时有九个人……女婿们三人是从河南信阳刚回来过年的,中途在武汉停留了几分钟,现在已经有六个人出现了发烧、咳嗽,好像没得力气的样子……小杨,德江县医院的救护车已经在来的路上了……"

还未等老崔说完,我急忙接过话茬,不停安慰和给他鼓气,让他别担心家里,在医院配合医生进行隔离观察。

"老崔,别怕,我们等你回家。"

忧 心

医院接走了老崔家六人,但我的心却更加"忧虑"了。

进村后,每天除了入户排查和防疫宣传,我必须要做的事情,就是通过电话了解老崔家六人在医院的身体情况,同时,和驻村医生一起入户检测老崔家居家隔离观察三人的体温情况。

老崔本人体温数据的变化,着实让人捏了一把冷汗,1月27日至30日,连续三天早、中、晚的体温都高于37.3度,最高甚至达到39度。同时,老崔的情绪起伏很大,他想回家,不想长时间待在隔离室;偶尔还会脾气暴躁,无法控制自己,会对别人无端发起脾气;他也很揪心,担心爱人和孩子们的身体情况。面对这些情况,我内心充满了担忧,我深知老崔愁心事儿的背后是一种对"生"的力量的向往,是一种对"责任"角色的担当。

恒　心

我主动向组织汇报了老崔家的实际困难,以寻求各种渠道去解决,我努力把脱贫攻坚期间同老崔累积下来的私交关系进行转化,转化为让他安心治疗的"信任优势"。但是,也有彼此发生口角的时候。有一次他拒接了我的电话,我没有放弃,反复拨打后,终于是打通了,但没想到他第一句话居然说:"你天天打我电话,打得我烦不烦?"

随后两个人都沉默数秒,焦急的我当时情绪险些失控,声音分贝一度增大。现在回想起来,其实早已忘了当时说的事情具体是什么,只有一句话一直留在脑海:"我打电话,不是为了打扰你。也许你会觉得打扰,但我不管,我只知道一件事,就是要更好地关心你们咋样了,好点没,就这么简单。"

老崔家是全镇当时唯一一家送往德江医院进行隔离观察的,疫情防控观察簿上那一组组日期与体温观察数据更是记录下了老崔一家的生命记忆:(1)日期:1.27,1.28,……,2.5,2.6;(2)姓名:老崔……崔某某……;(3)体温:39度,38度,37.6度,37.3度,36.5度,36.2度,36.2度……。经过持续11天的观察和治疗,老崔一家解除了隔离观察,被平安送回。

老崔家九人,共计111次通话记录,162组早、中、晚三次体温监测数据,这些记录下了我与老崔家的五味杂陈。但是,当接到医院的好消息时,那种从未有过的幸福顿时涌上心头。

信　心

情况虽日趋好转,但劲儿不能松懈。作为老崔家疫情防控具体负责人,我的首要职责便是彻底排查所有密切接触人员与具体接触时间,摸清从外省回来的具体路线行程(包括乘坐车次、具体车厢与座位号),认真做好老崔家九个人的日常体温监测记录,同时走访了解身体变化情况。我们逐渐摸索出了一套有关疫情防控观察人员的"新冠肺炎重点人员监测簿"。这个监测簿记录了隔离观察前的路线图、接触史、社交圈,以及隔离后的身体变化情况;另一方面还能通过连续数日的体温变化趋势,具体掌握重点人员的身体康复情况。

做法得到了镇党委、镇政府的认可,还在全镇进行推广。我们对疫情具体情况可以说做到了悉数掌握,也进一步增强了信心。

初 心

老崔家被送往德江县医院,这个事情在全村炸开了锅,驻村干部的神经也绷紧了。如何在如此紧张的氛围下去织牢村里面的疫情防控网?我们拿出了脱贫攻坚工作中积累的群众底子。

用村言村语写成疫情防控倡议书,借助"大喇叭"在全村范围内反复流动宣传,还利用微信群发布关于本村疫情防控的最新动态,让村民们第一时间知晓。陈袁村还有了一支名为"雁之'疫'"的志愿者团队,23名本村村民,小至10岁大至70多岁,主动去卡点执勤,还参与了疫情防控清洁工作。最令人欣喜的是,本村爱心人士自发为武汉人民捐款,虽然这是一个深度贫困村,但220名群众还是捐款4423.87元。我想这大概就是疫情面前的风雨与共。

这是一场没有硝烟的战争,但是将心比心、以心交心,把自己的心沉下去,我们有理由相信,战"疫"终有时,春暖花可期。

个人简介

丁晓旭,山西大同人,出生于1992年5月,北京大学对外汉语教育学院2017届硕士毕业生。作为山西选调生,先后担任太原市纪委监委副科级纪检监察员、杏花岭区中涧河乡柏杨树村党支部副书记,现挂任中涧河乡党委副书记。

拧紧防疫"螺丝钉"

◎丁晓旭

2020年的春节和往年不太一样。街上少了闲谈贺年的街坊邻里,原本该人群聚集的热闹场所这阵子却瞧不见人。大家都窝在温暖的家里,通过手机或电视时刻关注着疫情下外面世界的变化。年关暴发的新冠肺炎疫情对基层工作者提出了更高的要求。

返岗:"防疫生活"开始

1月28日,正月初四,年的味道还未散去。

带回家的东西本就不多,简单收拾后,告别不舍的父母,我同乡政府全体班子成员一起返回岗位,从此便过上了"五加二、白加黑、晴加雪"的防疫生活。

中涧河乡——我工作的地方,位于太原市东北部,属杏花岭区管辖,共有15个村庄和一个社区。丘陵地区地势起伏,我负责的牛驼村和下岭村坐落在山上。从乡政府前往村庄卡口,有一段不短的车程,往返颇为不便,可每天到村子卡口进行督促检查已经成为常态。有时一天要走好几个村,清晨出门,回到乡政府已是夜深人静。

基层疫情防控压力大。

白天，和村干部一道，在村里贴海报、放喇叭，宣传防疫知识，劝导大家少出门、别串门，实在需要进出村庄的，便引导着在卡口做好登记，测好体温方可出入。冬的严寒还未散去，大家裹着厚厚的棉服站在村口，有时冻得只能一直跺脚。碰上天气好的时候，也能被太阳晒得暖洋洋的。

夜里，召开视频电话会议，汇报全天工作，学习防疫最新政策。"什么时候能出村子？""外地车能不能进来？""餐厅啥时候能开业？""这口罩什么时候能摘下来？"……疫情形势不甚明朗，村民的问题等着解答。我们的神经一直紧绷着，有了新安排、新部署就抓紧研究，尽快传达到各卡口，生怕耽误了什么。

忙完一整天的工作，几乎都是晚上十点以后。手机 24 小时开机，时刻准备着应对临时通知、紧急情况，脑子里满是工作，夜里睡得并不沉。

梦中，我还站在村子的卡口。

冲突：还要再暖一点

2月15日，发生了一件不愉快的事。

下午五点，太阳快落山了。像往常一样，我和工作人员守在卡口，劝导村民尽量少外出、戴口罩。尽管大部分人对我们的工作表示支持,听闻劝阻又折返了回去,可仍有人不依不饶。

一位村民要强行闯出卡口,工作人员耐心解释行不通,只得上前用身体阻拦。没想到,这位村民狠狠将工作人员推了一把,接着就是拳打脚踢。这是我到村里第一次碰到这样的场景,来不及多想,便和身边的人赶紧冲上前去,拉开两人。所幸没有造成过多伤害,但场面一度混乱,最终只能报警处理。经过调解,他承认了错误,向工作人员道了歉。

经历了这一切的我,心里久久不能平静。

几天前,我将一篇感谢基层工作者的文章转发至微信朋友圈,一位网友在下面留言:"基层工作者虽然很累,但他们非常蛮横与可恨。"

"发生了什么?"我私信了他。

原来他是外地返乡人员,被隔离在家,没法探望身在父母家中的孩子。我尝试着向他解释当前疫情防控政策,劝他耐心再等等。但似乎效果不大——他把我拉黑了。

我们做了这么多,为什么如此不被理解?是因为一心想着落实政策和要求,而在无意间忽略了群众身后真真切切的故事和正在进行的生活吗?

我开始反思。

后来,每到一个卡口,我都会嘱咐工作人员要和村民好好说话,工作原则要坚持,但也要想人所想、急人所急,让基层工作再暖一点。

经过一段时间的磨合,我们在值守卡口以外,还主动提供买菜、送菜、维修、代收快递等服务,老百姓需要什么,我们就做什么。现在,村民经过卡口时会问候几句,有什么需求也同我们商量。

我们这些"外来人",终于得到了信任。

行动:方法总比困难多

2月24日,从国外辗转寄来的口罩到了。

谁都知道,口罩是这次疫情防控阻击战的基础"武器",一线工作人员尤其需要。

刚上岗没多久,在各个村庄卡口摸排时,我发现大家都是一个口罩戴好几天,有人的口罩表面都摸得有些黑了。一圈了解下来,得知卡口工作人员数量多,一次配给的口罩仅能满足一天的需求量。尽管区政府下拨专项经费支援防疫物资购买，但由于口罩供需不平衡，口罩缺口成为我们亟须解决的难题。

防疫物资问题必须要尽快解决，工作人员要更加安心上岗。

经过多方联系，我通过院友和校友了解到，泰国还可以买到口罩！于是我拜托在泰国工作的学姐，帮忙订购到一批口罩，300个，够大家用一段时间了。

下单那一刻，我觉得浑身轻松了许多。

隔一两天，我就会去查看一下这批口罩的物流，盘算着它们什么时候才能到。经过半个多月的运输，它们终于送达。我赶紧将口罩送到村里，正在卡口工作的大爷见此非常激动，嘴里一直念叨着"感谢，感谢"，大家也都好奇询问哪里还能买口罩。我向他们一一解释，"方法总比困难多嘛"。

这批口罩解了村庄卡口防疫工作的燃眉之急，"一只口罩恨不能拆成八个使"的窘迫终于得到缓解。我心里的石头总算放下了，大家也都松了一口气。

在这场疫情防控战中，每个基层工作者都是一颗"螺丝钉"。只有每一颗"螺丝钉"都拧紧了，这张疫情防控的大网才真的坚实。

戴澧兰，湖南张家界人，出生于1992年6月，北京大学法学院2017届硕士毕业生。作为湖南选调生，在基层锻炼三年，现任张家界市永定区尹家溪镇党委委员、副镇长。

在战"疫"中成长

◎戴澧兰

"大喇叭"进村入组

1月26日，正月初二。

疫情形势不断升级，时间不等人。刚吃过团圆饭不久，我就赶紧和古稀之年的爷爷、奶奶、外婆一一作别，开车上了高速公路，和爸妈一同心急如焚地返回工作岗位。

上高速的时候是清晨七点，冬日早晨山间的雾很大，高速出口早已架起了应急帐篷，值守的人拦住了车，测量了体温后才放我们进城。看到有人为我们严守着"城门"，我和爸妈都感到很安心。马上，我们也要奔赴岗位守护好各自的"小城"……

一路上，我都在构思如何将疫情的进展、与农民息息相关的举措用最平实简短的语言表达，让老百姓一下就能听得懂、看得明。"不得走村串户、'打灯拜年'，不得赶集、赈酒，农贸市场关闭……"回到办公室，我赶写了《致全体村民的一封信》。找不到播音员，我自己录音、制作，放到村村响广播和镇里的流动宣传车上反复播放。广告公司没开门，我就发动志愿者、村干部们用毛笔、黑色大头笔在红纸上写宣传标语，张贴在村组主干道的醒目位置……

慢慢地，村里人都知道自己该做些什么了。

一天后，一张方桌、一个火炉、一张床铺，我就这样在村部搭建了临时指挥部，与村支两委、村辅警拿着锣鼓、大喇叭、宣传单，挨家挨户发口罩，边宣传边摸排。我所联系的村一共565户1738人，其中有7户14名湖北、武汉返乡人员，是全镇疫情防控任务最重的村。每天，我都和村医到居家管控对象家上门拜访两次，完成测量体温、医学观察、口罩发放，还提供温馨的居家隔离服务。

在一点一滴的努力中，宣传开始起了明显作用，全镇老小都明白了如何进行自我防护、自我隔离。有村民主动跑到村部报名当志愿者，还有村民送来泡面、矿泉水，叮嘱我们再忙也一定要记得吃饭。

做一盏灯守护平安

1月30日，正月初六。

这是我人生中最艰难的一天，也是成长最快的一天。真正的考验才刚刚开始。

马口村出现一名新冠肺炎确诊患者，这也是张家界市首例确诊病例。听到消息的我，心一下紧起来。病毒那么近，说不怕是假的，但是怕也要前行。在专家的指导下，镇里对确诊患者的12名密切接触者进行集中居家隔离，划定疫点范围，全面消毒，里外设置三道防线。我们在疫点峪口的砂土地上成立了临时党支部，搭起了应急帐篷，轮班值守在这个最危险也是任务最艰巨的疫点卡口。

夜晚降临，帐篷里的那一盏应急灯成为这个冷清清的山峪里最温暖的一束光。虽然帐篷里总是漏风，但棉被厚、炭火旺，严严实实地捂着也不至于着凉。大家都在心里默念着：千万要扛住，千万不能感冒，在这个关键时刻千万不能倒下！

病毒的突然出现引发了全市近百万市民的短暂恐慌。谣言满天飞，市区纪委调查组进驻立案调查，尹家溪镇被推上了舆论的风口浪尖。我一边要守卡口，一边要应对舆情，压力倍增，但我知道自己必须要冷静应对。

还记得在燕园课堂上，恩师曾说过："公众有权利知道真相，让言论自由竞争！"我赶紧向领导汇报，要主动回应社会关切："要让大众看到我们的三道防线，24小时的严防死守，他们才能克服心中恐惧；要让群众知道我们是在最前线的地方、最困难的地方战斗，他们才会理解和配合我们的工作。"

扛着沉重的摄像机和无人机，我和文化站站长马不停蹄地赶到疫点卡口，通过现场采访、拍摄短视频、直播等方式，在学习强国本地频道、湖南日报·新湖南客户端、掌上张家界 APP 上展开全方位报道，力争在第一时间就将最真实的情况反映给读者和观众们。

"我们在疫点卡口值守，请大家放心，我们也有父母妻儿，一定严防死守，将疫情控制住！"说完，值守人员身着防护服、背着 35 斤重的消毒喷雾器转身向疫点深处走去。

当他们负重前行的背影通过永定区融媒体中心公开的时候，很多人都被这坚毅的身影深深感动，在评论区踊跃留言，希望"无名"英雄一定要平安归来。

随后几天中，我白天拍片子，晚上写身边的抗疫故事，鼓励基层所有的"平民英雄"，无论外界怎么评说，都要站好岗、扛好枪。一系列的报道扭转了被动的工作局面，口罩、消毒液、防护服等物资陆续抵达基层抗疫一线，守望相助的力量逐渐汇聚成寒冬"疫"霾中一道温暖的风景线。

有爱不惧风来急

2 月 5 日，正月十二。今天，首例确诊患者治愈出院了！

这次抗疫不是一群人、一座城在战斗，而是我们所有人在共同战斗。

连续的奋战，是疲劳与坚挺的抗争。有熟悉的村民见我日夜忙碌、日渐消瘦，邀我一同吃饭。考虑到疫情依旧严峻，不愿给他们增加传染的风险，我委婉地拒绝了。后来，一位大姐从家中盛了一碗浓浓的鸡汤来看望我，盛情难却，我边喝边流下了激动的泪水。吃了十多天的泡面，这碗鸡汤对我来说简直是人间美味！

在基层工作两年多时间，我认识了很多淳朴的村民，他们待我像女儿一般，照料着我的生活。现在，我已把村庄当作了自己的家，把村民当作了自己的家人。

2月17日，正月二十四。今天，疫点内的集中隔离对象都进行了核酸检测，结果都是阴性，我悬着的心终于可以放下了。

疫情逐渐好转，但是农时不等人。看着萧条的集市，看着烂在田里的萝卜，我心里很难过。为了不耽误春耕生产，我和志愿者们赶紧投身到"卫生大扫除、村庄大消毒"活动中去。

当我看到消毒车在阳光下喷洒出彩虹，看到大家热火朝天地撸起袖子打扫房前屋后卫生，挽起裤腿下田播种劳作时，我愈发相信，万物复苏、冬去春来，热闹丰收的场景很快就会到来了。

李兰英,青海互助人,出生于1992年7月,北京大学马克思主义学院2015届硕士毕业生,在校期间曾获北京大学三好学生等荣誉。作为青海选调生,在海东市平安区工作,曾任巴藏沟回族乡人大主席,现任区政府办公室副主任,获优秀公务员等称号。

一枝一叶总关情

◎ 李兰英

春节前,沉浸在节日将至的喜庆氛围中,没有太关注新冠肺炎。直到1月22日,临近除夕,才渐渐在微博和新闻上意识到事态的严重性。彼时全国已确诊500多例新冠肺炎,青海暂无一例,但西宁的药店和超市已经买不到口罩了,而村里的父老乡亲们还丝毫没有觉察到千里之外的危险在逼近。

春节假期回家后,顶着长辈们的不理解,强行"劝退"了所有家庭聚会,草草过了除夕与大年初一。大年初二,平安区委区政府紧急召开防控部署会,我们接到通知随时待命。大年初三,全区所有党员干部率先走上防疫一线。

我们拦住了村民走亲戚的路

青藏高原的1月是寒冷的,大雪纷飞,寒风凛冽。我们扎起帐篷、生起火炉,在苦寒的高原逆风而行,27日起,严格管控进出巴藏沟乡的三条路。

因为进出不便、过年期间走亲戚受阻,一些村民刚开始并不理解,甚至不乏激烈的言辞,因此,在防控点向来往村民解释封路原因成了我的主要工作之一。劝返串亲戚的村民并不难,难的是遇到一些有特殊情况的人,比如与丈夫打架后回来娘家住的中年妇女,比如后备箱里装满礼品回家看长辈的一家四口……

每每遇到这种情况，规则和人情的取舍总会让我觉得尴尬，太过讲规则就免不了不通人情，但如心生恻隐通了人情，规则又会被破坏。

封路、隔离确实给群众的生活带来不便，为了赢得群众的理解和支持，我们加大了在全乡范围内对新冠肺炎防控的宣传力度，喇叭、横幅全部启用，普通话、方言轮番上阵，疫情通报、防疫知识广泛传达。

在乡政府从事后勤工作的马师傅，将原来计划生育专用的面包车擦得干干净净，在车前绑了一个大喇叭，自己用方言录了一段疫情防控知识，每天开着车在各村循环播放。在上下郭尔、堂寺尔三个藏族村，我们动员藏族村干部用藏语为大家讲新闻、普知识。随着防疫工作深入，村民们有了更多的理解和配合。

沟里没有超市和菜铺，封路期间为保证群众正常生活不受影响，我们专门安排了几个村干部负责收集大家的需求，统一到20公里外的县城采买蔬菜、粮油等生活必需品。

这项工作开始后，村民的微信群就变得很热闹，甚至成了我每天的快乐源泉。"村长，我要两斤橘子，你去了先试吃，甜的就买，酸的就不要了""村长，帮我买一包卫龙辣条，不要别的牌子""村长，我家今晚要吃火锅，帮我买一些油菜、豆皮、鱼豆腐、海带，还有别的你去超市帮我看着买一些"……当村民的要求太多太过繁杂后，我偶尔也会在群里发发脾气："你们要求还多得很啊，年轻人不知道，你们岁数大的人也忘了六〇年的日子是怎么过的了吗？我和书记两个人去买，你们这么多要求，我们买得过来吗？以后只登记生活必需品，吃火锅的菜等路通了自己去买，我买不了。"

听着微信群里的语音消息，我笑得前仰后合。即便是在封路期间，村里的事儿仍旧充满了烟火气，处处是欢乐。

一次野外元宵节

2月8日，元宵节的夜晚格外寒冷，风好像要把帐篷吹破似地吼叫着，我们在帐篷外装了一盏白炽灯，又找来胶带和绳子重新固定了党旗。下星家村主任贺宝年夫妇从家里端了一锅"熬饭"和值班同志一起过元宵，我们就着油馍馍和酸菜，火炉上煮着奶茶，过了个好不惬意的元宵节。

吃完饭，我们聊起下星家村因疫情而暂时搁置的肉兔养殖计划。大家你一言我一语地说着，从种兔购买、兔笼制作再到销售，仿佛几千只活蹦乱跳的小兔子已经在眼前向我们招手了。聊到起劲处，村医竟不小心打翻了炉子上的奶茶，大家又开始笑起来。

接近零点,一阵激烈的鞭炮声打断了帐篷内的欢声笑语。我急忙穿上外套,拿起手电筒出去,竟看到上星家村的四个村民从车里拿了许多东西走过来。走在前面的一位大叔说:"你们值班辛苦了,我今天家里刚宰了羊,招呼了几个弟兄,来和你们一起团圆团圆。"惊诧的同时,连忙请他们进了帐篷,炉子旁的小桌子很快就被他们送来的东西摆满了,有羊肉、馓子、凉菜,还有洗好的小西红柿等,小小的帐篷也瞬间被十个人填得满满当当。

大家简单自我介绍后,又拉开了家常。得知其中两个村民都是妻子病逝、孩子成家后独自居住,我心里又不免感到十分难过。此时帐篷里除了我以外都是男性,有一阵子被烟味呛到了,我就到帐篷外走了走。

党旗被风吹得嗒嗒响,远处万家灯火,头顶一轮明月,听着屋里的喧闹声,竟颇有一种团圆的感觉。

最近沟里的野鸡多了起来

2月21日,青海确诊病例清零。全省调整应急响应级别,从一级到三级,再到四级,疫情防控取得了阶段性胜利。从大年初三至今,我第一次回了趟家。

防疫期间，除了封路以外，还有一个重要工作就是排查外地返青人员。巴藏沟乡有三个回族村，外出开拉面馆返回的不少。他们居家留观期间，我们每天都会到他们家中去量体温、询问健康状况，并使用了软硬皆施的法子确保群众在家留观不外出。

起初，防疫物资奇缺，全身的防护用品，就是一只使用超过一周的口罩。到外地返乡人员家中量体温和登记时，坦白说，心里是怕的。每天开着车在乡道上一遍又一遍地走，把聚集的人群都劝返回了家，自己却不敢回家。

这几天发现了一件神奇的事情，当人类在外活动减少时，沟里的野鸡竟多了起来，每天都能看到路边成群的野鸡在欢脱地飞来飞去。

防疫工作到了这个阶段，村民都已十分配合，路上已难得能看到行人，连平日里热闹的射箭场，如今都闲置了。乡道上仍然挂满了红红的灯笼，有些村子门口竖着彩旗，一副欢欢喜喜过大年的喜庆样子。有时候我在想，真希望今年春节我一直在忙着组织村民跳社火、闹元宵，就像往年春节一样。

好在，所有人的牺牲和努力，换来了庚子年春天的如期到来。作为劳务输出大市的海东市，至今全市零疫情，我们应该为此感到骄傲。

个人简介 上官淮亮,湖北宜昌人,出生于1992年7月,北京大学城市与环境学院2018届硕士毕业生。作为湖北选调生,任职于武汉市委组织部,挂任宜昌市远安县洋坪镇科技副镇长。

两度连线两次充电

◎ 上官淮亮

没日没夜忙活、精神高度紧张的抗疫期间,我开了两次小差。一次是我以前所在的学院——城市与环境学院的老师联系我,希望我可以跟师弟师妹们分享一线的战"疫"经历;一次是参加就业中心组织的"我在祖国基层"北大90后青春故事会,讲述我的选调故事。我本着"审视自我,激励他人"的初衷应邀连线,却从这两次连线里,给自己实打实地充足了电。

走得再远,也不担心断了线

2月29日晚上,四年一遇的夜晚,我跟城环学院近200名学生骨干一起度过。彼时我正在洋坪镇的一处交通卡口值班。我们镇是宜昌市与襄阳市的交界处,交通管控压力非常大。为了确保管控有效,镇防控指挥部便组织机关干部轮流值守,所以在帐篷里风餐露宿是常态。这天也是一样,我蹲坐在昏黄的帐篷里,跟大家视频连线。

活动的一开始播了一段视频,是由学院大一本科班的同学们一起拍摄的。野外的信号并不稳定,五六分钟的视频播起来也屡有卡顿,但视频看完,我泪流满面。

从大年三十晚上连夜疾行赶回洋坪，到现在，抗疫36天，再难再险再焦虑再沉重的时刻，我从不犹豫。但当这群刚进燕园没多久的师弟师妹们，用各地的方言说着"湖北加油"的时候；当他们用尽自己的才能，写下、画下、描出、拼成对湖北的祝福的时候；当老家在湖北的师弟拿出这些年来从各地回到湖北的火车票，细说着湖北是他的根的时候；当他们一双双眼睛亮晶晶地、对着镜头给我们加油打气的时候，一股说不清的情绪从心里涌到眼眶、鼻头。

我清楚地看到他们宅家不能出门、却无时无刻不牵挂着前线的焦灼目光，我甚至感受到了他们当中有些同学"宁为百夫长，胜作一书生"，恨不能冲到前线的激情和闯劲。这些年轻的、鲜活的、再真挚不过的关注、祝福、企盼，让我突然体会到了能在一线战斗、哪怕披肝沥胆的幸福和踏实。

那天分享的最后，视频软件留言区刷起了成片的叮嘱，我的师弟师妹们像大人那样嘱咐我要照顾好自己，我却因为有车驶来，不得不迅速下线，走出帐篷、继续战斗。这些没能得到足够珍视的心意，现在想起来，都让我觉得至为遗憾。

在跟疫情作战的这几十天里，我从学院获得了太多的支持。最初收到学院老师微信问候的时候，还是疫情防控的初期。他们担心我上班忙碌，从不直接打电话，一直都是默默微信留言，还会专门备注"不着急回，有时间再回"。

夜里下班回家的路上，或者凌晨睡不着的时候，我会戳开这些之前无暇顾及的"小红点"，去仔细体会这份来自千里之外的挂念和暖心，再零零散散地写下一些镇上防控的现状和我的工作思考。

我也记不清是哪次聊天、跟谁聊天的时候，提到我们穿着一次性雨衣去入户排查，口罩供应也极为紧张。没隔几天，我就收到了学院邮寄的包裹。包裹拆开，里面放了满满一箱N95口罩。2月份正是疫情大范围蔓延、群众最焦虑恐惧的时候，防疫物资极其紧缺，我都想象不到学院是从哪里、经历了多少辗转买到了这批口罩。

"要优先满足一线医护人员和救治病人的需要"，作为抗击疫情的重要战略物资，这些千辛万苦找来的口罩，我一个都没舍得用，当天就送到了镇上的医院。

城载世界，环抱未来。在城环学院就读的时候，就知道这个学院人情味浓，接地气，离开学校了这种体会愈发明显。这个难熬的冬天里，这些细碎的问候和实在的挂念，就像家里母亲炖的那碗汤，一口就能暖到心里。

前路再难,也不怕失了初心

4月10日晚上,我再度上线,作为主播开讲一名基层选调生的青春故事。一开始接到邀请的时候,说实话心里有些担忧,担心自己两年的基层经历是否够格开讲,担心自己能不能从琐碎的、日复一日的工作中讲出故事。但现在,我无比庆幸我接受了这个挑战。

从接下这个邀请的第一天起,我就在不断获得。

为了准备这次连线的讲稿,我从头到尾、系统地回忆了来到洋坪后两年的工作点滴。从最初的协管综治维稳、征地拆迁、人居环境整治及安全生产,到后来分管交通、旅游、教育及党政办公室,再到疫情期间负责镇防控指挥部各工作组综合协调,统筹做好全镇生活物资的代购配送,还有个人的精准扶贫、河库长制及驻村包保工作,等等。

千丝万缕,千头万绪。梳理过往的过程中,我清晰地看到了自己的成长。

记得2018年5月总书记考察北大时,我还懵懂地站在欢迎队伍中高喊着"团结起来,振兴中华"的口号。那个时候的我,心里有家国情怀吗?当然有,豪迈热血、意气风发。而两年的基层锻炼以后,今天再来正视这句话,这份情怀与初心已然更加沉静、更加理性。

在基层,我们每天都在推进解决的一件件平凡的小事,都在不经意间引起一些改变,这些改变直接影响着老百姓的生活。这,就是家国情怀最朴素、最实在的表达。

洋坪镇是一个传统农业大镇，一直都有着很好的水稻种植基础。为了发展规模产业，带动老百姓增收致富，镇上决定将老百姓的土地流转过来，交由市场主体统一经营。在走访调研、了解群众诉求的过程中，我遇见了一位大叔。大叔说："我不流转土地，一年下来收获的大米怎么也能满足我的基本所需；流转了之后，一年的流转费才 700 块钱，远远不够我的生活支出。"看似抱怨的语气却清楚指出了我们工作的不足。在开展工作时确实没有考虑周全，本意是增收，但如果保障跟不上，对老百姓来说反而成了损失。后来，我们通过与精准扶贫工作相结合，配套相应的公益性岗位以及就业技能培训，解决了老百姓的实际困难，项目得以顺利实施。

基层工作没有波澜壮阔、豪言壮语，有的只是柴米油盐、衣食住行，我们需要在琐碎与周折之间守住为民的初心。

子亥之交，新冠肆虐。在这场疫情里，医护人员逆势而行，人民警察坚守岗位，做出了很多突出的贡献。但在镜头之外，还有千千万万的社区工作者、基层干部，戴着简单的一次性口罩，承受着巨大的工作风险，顶住压力担当奉献、耐心服务人民群众。这些其实并不会广为人知。这是一个艰难而安静的过程。

疫情防控期间，为了及时排查出发热人员，湖北省在全省范围内推行了"全民测体温"的工作。在农村，因为大家的保健意识普遍较低，所以很多家庭都没有体温计，我们便要求包村干部、村组干部一起，组成专班，拿着手持测温枪，逐户逐人地测量体温。我包保的村有 1900 多人，那几周几乎每天的工作状态就是不停地测体温。

基层工作，可能是枯燥的简单重复。为了解决居家防疫的生活物资配送，许多村组干部自发地集结起来担任代购志愿者，给大家配送物资。他们用着自己的车，有的还提着自己家的青菜，每天任劳任怨地满足群众的生活需求，有时候甚至也会受到老百姓的不理解、不支持。

基层工作，有时候可能让人哭笑不得。

但即使听我讲完这些，大家还是没有离开直播间，离开自己计划赴基层、一线工作的兴趣和初心。

知难而进，是谓勇也。积极昂扬的师弟师妹们，给了我持续奋斗的信心和力量。

记得初到湖北，在接受培训的时候，授课老师给了我们这样的寄语："要如饥似渴地学习，激情燃烧地工作，知足平静地生活。"

我如是，也期待你如是。

张伟，甘肃天水人，出生于1992年8月，北京大学化学与分子工程学院2017届硕士毕业生。作为陕西选调生，现任杨凌示范区杨陵区杨陵街道办事处副主任。

寸心在杨陵

◎ 张伟

春节，原本是一个温暖的字眼，代表着团聚、陪伴和欢笑，但2020年的春节，却因这场疫情染上了层层凉意。

大年初二，收到单位通知后，我匆匆告别家人，从甘肃天水赶往杨陵。此时，我不知道杨陵街道四万多父老乡亲是否都平安无事，也不知道等待我的将是什么考验，我只知道离开了自己的家人，需要与另一群单位的"家人"去保护杨陵这个大家庭。

上班第三天，街道办紧急成立隔离应急组，我担任组长。说实话，一想到接下来的日子都要和有潜在感染风险的人接触，而且自己从来没有隔离应急方面的工作经验，忧虑就止不住地在脑海中萦绕。可是，转念一想，面对这突如其来的疫情，又有谁不害怕呢？基层干部每向前一步，百姓就离危险远一步。

守护惊慌的心灵

虽然窗外阳光明媚，但疫情发生以来我心里的天空却一直没有放晴。

对于湖北籍的赵某来说更是如此。赵某家在湖北仙桃，疫情期间入住杨陵一酒店。但前段时间赵某是否到过湖北、是否与湖北人有过接触等信息都无法确认。收到消息后，我与同事立即赶往酒店现场，初步了解情况后，依规让他在酒店房间进行隔离观察。事发突然，又是深夜，但是疫情处置不能等待，我向区里汇报了最新情况，计划第二天中午将其转移至县城的集中隔离点。

第二天就要转移时，他却特别焦虑，甚至有抵抗情绪，着实不配合。"隔离点是单人单间，不用担心有危险""隔离期间，餐饮质量、网络条件都有保障""咱们的医护人员、基层干部以及志愿者们都在一起守护着您的健康"，关于集中隔离的每一个细节我都耐心说明和解释，最终他放下心来，接受了我的建议。

2月17日隔离期满，他想要离开杨陵回到周至县找他的兄长，但当时杨陵与周边县区之间实行交通管制，而且双方疫情防控对接上还未完全畅通，但他除了回家别无选择。想到此时的他，周围全是陌生人，独自一人被隔离了十几天，一定归心似箭。在这种情况下，我竭力联系各方，向杨陵区卡口负责人说明情况，又与周至方面联系，希望他们能承认杨陵为赵某出具的证明。几经周折，终于让他通过周至县界卡口，回到周至的亲戚家中。

到家后他专门发信息向我道谢，简短的语言流露出他激动的情绪和感激之情。或许受他情绪的感染，我心里久久不能平静，望着隔离台账上的人员信息，暗下决心：守护好每一颗惊慌的心灵。

"灭火"不满情绪

随着境外每日确诊病例的增加，人们心里的恐慌也在日渐加剧，稍有不慎便会点燃不满情绪。

一对从新加坡返回的夫妇违反隔离规定，私自走出居家隔离点，给周边群众造成了极大的困扰。知晓此事后，我把利害关系跟当事人一一解释清楚，二人也承诺之后不会再私自外出。

即便如此，周围的邻居心里仍不踏实，得知我负责他们的隔离事宜，二十余名群众将我团团围住，积压在大家心中的不满与愤懑，如河水般溃堤，一倾而出。他们要求我必须现场解决问题，立马把两人从村里带走，否则今天出不了这个村。一位腿部残疾的中年大姐，挂着双拐走到我面前情绪异常激动："我们家离得最近，我在手机上了解到国外的疫情很严重，这两个人到我们村是祸害我们来了……"两位年长的老婆婆哀哀地说："我们年龄大了无所谓，但是家里孩子都还年轻，出了问题可怎么办呀……"

看着大家六神无主的面庞，听着他们惴惴不安的声音，我感同身受。所有人都可以慌,但我不可以。我连忙安抚大家,又从群众中找出两个代表商量解决办法,抓紧时间和区里各部门联系,说明情况,最终在各部门的极力配合下,两人得以顺利转移至集中隔离点。

"太好啦""麻烦您了""问题终于解决了"……群众的感激之情溢于言表。群众安心,悬在我心头的石头也终于落了下来。

其实,没有一位群众的情绪是莫名生出的。在疫情的特殊时期,每个人都在尽自己最大的努力去保护家人,只要心中充满爱意、责任和担当,我相信,任何不满情绪都可以合理化解。

搭建隔离"新家"

每一个居民的隔离几乎都是一场拼抢时间的战斗,在资源有限的情况下,如何尽早把重点人员进行合理隔离,是个不小的考验。

杨某和杜某是重庆同乡,年前在杨陵打工,过年未回家,目前租住在城郊一居民家中。流调显示,二人均与确诊患者有过接触,需要居家隔离。由于租住在别人家里,房东及院内其他人坚决反对,因此在租户家中隔离并不可行。

可寻找合适的隔离场所又谈何容易？眼看着天慢慢变黑，而二人的隔离场所还没找到，我和同事们心中不免焦虑起来。想来想去，我突然想起社区的居委会办公室有几间房子一直闲置未用，而且那里有卫生间，具备隔离条件。

隔离的地方虽然找到了，但由于长期未用，除了几张桌子以外，连床都没有，一切都需要重新收拾。

说干就干，一边打扫房间，一边抓紧协调床铺、取暖设备等物资，缺什么补什么，终于在晚上九点多钟将他们安顿下来。2月的寒意还很深，但忙碌下来我的背上却浸出了汗水。

看看周边祥和的灯火，我暗自思忖，重点人员隔离一个都不能少。当下正是春节，这个"新家"还应该尽可能温暖舒适些，要让每一个特殊的人员都有一个特殊的"家"，这里不仅安全，而且还有很多人的关心和照顾。

截至目前，在我及同事们的努力下，辖区始终"零感染"。尽管这并不是什么值得谈论的事迹，却是我们切切实实努力的结果。想想那些没有昼夜的日子，所有一切都是值得的了。

吕思捷，内蒙古呼和浩特人，出生于1992年9月，北京大学软件与微电子学院2017届硕士毕业生。作为内蒙古选调生，任职于自治区党委宣传部，2019年10月赴呼和浩特市托克托县双河镇政府进行基层锻炼，兼任郝家当铺梁村村委副书记。

基层工作情理法

◎ 吕思捷

似乎顷刻之间，我们熟悉的世界换了模样。

热闹，被隔离在了新春来临前夜；欢聚，一夜之间被贴上封条。突如其来的疫情，成为春节团圆戛然而止的序曲。

大年初三，我取消休假回到工作岗位。沟通，成为近期工作的高频词语。面对村民、居民怎么说话，变成一项本领。

三个月前刚下到乡镇时，我以为把政策落实好就算完成工作。三个月以后，在这次疫情的磨炼中，我却渐渐感受到，赢得人心，才是工作的"最后一公里"。而要走好这一公里，离不开法律的引导，更少不了情与理的支撑。

动之以情

疫情初期，鄂尔多斯和呼和浩特市区相继发现新冠肺炎确诊病例，加之辖区内还有不计其数的由湖北、武汉返乡的人员，以最快的速度对人员进行地毯式摸排、统计、监控，就成为我们最紧要的工作内容。

有一天，我和社区人员对一位武汉返乡学生例行询查行程轨迹、下发隔离通知书。这位学生的母亲却以"我们家孩子没病"为理由，拒绝网格登记，还屡次挂断了我们的电话,强硬地拒绝沟通。迫不得已,我们只能请公安机关人员"登门拜访"。晚上十点半,指挥部一天忙碌的工作刚结束,我和同事放心不下,一行人又驱车前往这位学生家中再次沟通。

到她家时,已经是晚上十一点,可能因为半夜三更很多人聚在她家门口,这位学生母亲的脾气更加暴躁。先是让我们吃了"闭门羹",只听见门内骂骂咧咧,还有摔放东西的声音。为了不影响左邻右舍休息,我们不停地轻声劝说她先把门打开,至少让我们能面对面地说说话。

过了许久,门终于开了。来开门的女主人站在门口,对着我们仍旧是一脸怒气。她一手扶着门一手顶着墙,似乎在犹豫到底让不让我们进门。但情绪和刚才相比,总算缓和了许多。看来耐心和等待,还是有效果的。

我和同事走上前,也没有生气,平静地跟她聊是不是有什么顾虑,究竟是因为什么不愿意配合我们的工作。学生的母亲终于开了口,尽管语气间还有些抱怨,但也不再抗拒说出自己的担心。原来,她以为孩子被登记在册就算是被加入了"黑名单"。孩子现在还在上大学,怕这个情况会影响她将来毕业后找工作,甚至找对象。

这个原因倒是有些出乎我们的意料,但仔细想想,也能理解。我和同事就耐心地告诉她,登记工作不是想要为难大家,更不是想要制造"黑名单"。我们这么做,是为了弄清楚她家的孩子是否与病毒携带者有接触史,又是否有可能在不知情的情况下被病毒感染。只有通过登记,将辖区内的返回人员进行分类管理,才能既保证当事人安全健康,又确保了辖区内的整体安全稳定。这也是为了她孩子好。

本地的社区工作人员,操着本地方言用妇女间聊天的语气和方式应和着,摸摸她的后背让她放心。对于她的担心,我们也保证不会泄露孩子的个人信息,只要配合工作人员询查工作、居家隔离,没有特殊发病特征,肯定不会影响前程……

经过两个小时的沟通,这件棘手的事情终于解决了。

基层群众的需求其实很简单,无非是一亩三分地的利益和家里柴米油盐生活的充实、子女家人的稳定。将心比心,不用过多的道理,站在她的角度去考虑,体谅和化解她的担忧,也就找到了问题的症结。

晓之以理

有时候,村民不支持我们的工作,不是不愿意,而是不理解。

对于疫情，很多村民一开始还没有科学认知，也意识不到严峻性，认为自己什么也没接触，就肯定不会感染。

乡里乡亲午后依旧还是会聚在村头不戴口罩晒太阳、唠嗑甚至聚集打牌。我们在巡查过程中很多老乡就跟我们说："我们知道呢，没事！"要么就是不信科学信天命："老天让你感染你逃不掉，让你好活你感染不了。"

尽管我们印制了不少宣传材料分发到各个村（社区），也通过悬挂条幅、张贴海报、滚动视频、流动广播等"土"味宣传的方式来走进群众，但效果有限。

没关系，办法总比困难多。乡亲们不识字，我们就用别的方式来沟通。我们有的干部把病毒的样子和传播过程绘制成图册，用拟人化的方式做出了一套图画故事集。每次碰到不识字的村民，我们就拿出复印版的干部手绘画册，上门去"看图说话"，用最朴素的方法进行科普。

村民会问什么叫通过黏膜传播，我就指着图册中的眼睛、鼻子、口腔，告诉他们这些器官中都有黏膜，病毒会通过眼鼻口传播。我们对村民说，就是因为眼鼻口容易感染，所以村里才一再强调打喷嚏、咳嗽要捂住口鼻，要戴口罩出门。为了让乡亲们真正重视，我们还会告知大家感染病毒患病的严重性，轻则高烧乏力，重则因为年岁增长身体免疫力下降，甚至会几天内致死。

对于家庭和自我防疫措施，我和我的同事们都会做到上门服务，"手把手"地现场教学，用行动说话。说到如何科学规范地洗手，我们就站到水龙头旁边亲自示范，还给村民免费赠送消毒洗手液；说到室内如何消杀，我们也会当场挽起袖子，帮助清理卫生死角。

知识的盲区破解了，很多村民对病毒有了更全面的了解后，也就开始积极主动地配合起我们。聚众扎堆儿的少了，唠嗑也不再说那些"只相信老天爷"的话了。沟通过程中，我们说的话都是大白话，理却不是歪理，就这样把防疫知识一句一句地从纸面上搬到了生活里。

导之以法

镇委领导干部亲自上阵，戴起小袖标每天在各分管村居检查、布置工作。我和同事们分散到各个村检查封村情况，紧盯最后几个不太听劝的"顽固分子"。

有一次遇到一个老大爷，性格倔得很。因为口罩憋得喘不上气，他每次出家门都不戴口罩。我们多次上门劝说，每次都收效甚微。老大爷每次表面上答应知道了，但后头还总会带着半句话"我们老农民哪儿习惯你们当代人的方式"。

好话说尽了都不管用，我决定来个"软硬兼施"。

我代表镇指挥部，协同片区派出所民警在村干部带领下，再次到访大爷家。见到这样的阵仗进门，大爷也是一脸懵，但又撑起那股子傲气："咋呀，还带走我呀？"我们自然是像先前每次来的时候一样，再次重复告知宣传册和流动喇叭中的防疫知识，比如如何清洁清扫、如何自我防疫、如何洗手消毒，等等。而民警则从法律角度和惩戒方式，告诫老农大爷不配合工作的后果，"国家公安近期都在严办不遵守公共安全的人事，轻的话要罚款，重的话，可能是要拘留的"。民警的言语上带出几分严厉，甚至有些强制的意味。

刚柔并济之下，大爷终于收起倔强的性格，表示尽量不出小院，出门佩戴口罩。之后到他所在村巡查时，碰到大爷他都戴着口罩，还会跟我们摆摆手、打个招呼。

基层干部工作仿佛在练太极，根据不同情况亦刚亦柔。这也是我到基层第一天一位村支书跟我说的：道理讲完，就得上"土办法"薅着他们，再不听就得拍桌子瞪眼睛讲规矩。疫情当前，唯有讲好情理也讲好规矩，才能更好地规范言行。

在打通人心这"最后一公里"的过程中，我再次感受到心理功课比理论功课重要，人情战术比简单说教管用。情感的共鸣、知识的了解、法律的普及，这些工作，基层一样都少不了。

王柄焱，山东烟台人，出生于1992年9月，北京大学软件与微电子学院2019届硕士毕业生。作为山东选调生，任职于省工业和信息化厅，现挂任枣庄市山亭区徐庄镇彭庄村书记助理。因表现突出，被枣庄市命名表彰为"防疫先锋"优秀共产党员。

逆行不只是我

◎ 王柄焱

高铁上的我哭了。这是我毕业后的第一个春节，也是我工作五个月以来第一次回家与父母团聚；可这也是我过得最短的一个假期，回家仅两天，费尽气力背回的特产还来不及亲手分给亲人，经年未见的发小还来不及相聚，年初二，我又回到了高铁站。

车站里的人比想象中的多。我逮住身边几位行李稀少的旅客聊起了天儿，他是河南某大学的辅导员，她是山西一所医院的护士……林林总总，但大家一样都是主动请缨回到工作岗位。疫情如军令，越是艰险越向前。

防控，做力所能及的事

我们村防控战"疫"的第一枪是初二打响的，第一项任务是统计全村外出务工返乡人员的信息。

三天时间里，我与村干部柔廷大爷两个人，对全村361户、1718人，逐个入户，周密摸排，登记造册，电脑归档。大喇叭广播、微信群管理、横幅悬挂和明白纸发放，我一个不落；利用专业优势，在村主干路上率先采用二维码登记进出人员信息，更好地贯彻落实登记制度，从严规范管控措施，积极阻断疫情的传播。

　　这个时候,我就想和大家站在一起,给村里帮点小忙,为疫情防控做点力所能及的事情。

值守,做篝火旁的守夜人

　　村里七成党员年纪都在 60 岁以上,大雪纷飞,几位年逾古稀的大爷大娘仍在大雪里坚守,此情此景我怎么可能回去休息?为了让他们多休息一会儿,尽管值班表里没我,我也赖在这儿不走了。

　　一周后、两周后、三周后……本是对我"特殊照顾"的村书记,几次三番劝我休息几天别把身子累坏了,甚至呵斥我提前下班。我拗不过他,拍拍屁股回去,大不了第二天再早点儿来。

　　还记得 2 月 15 日晚上,气温零下 6 度,天空飘着小雪,阵风达到六级,我与村干部仍然坚守在疫情防控劝返点。寒风瑟瑟,唯一的取暖手段是一堆篝火,唯一的遮蔽是一个窝棚,唯一的食物是一碗泡面。

夜晚的山村显得格外宁静,人们早已进入梦乡,而篝火旁我们仍在坚守。"这里就是我的家。"

个人简介 孙经纬,河北沧州人,出生于1992年10月,北京大学法学院2018届硕士毕业生。作为天津选调生,任职于市高级人民法院,四级法官助理,曾在河北区人民法院锻炼,现挂任西青区西营门街赵庄子村书记助理。

基层新人抗疫记

◎ 孙经纬

2020年1月26日,大年初二,疫情处于蔓延初期,基层正是缺人的时候。接到立即返津通知,我火速收拾才刚刚打开的行李,第一时间从河北开车返回了天津,想尽早和"战友"们会合。

我清楚地记得第一次穿上红马甲在小区门口值守时的兴奋与激动。那一天,我高兴地和小伙伴自拍,因为走上社区抗疫一线对于我这个"新兵"有着特殊的意义。

然而,随着防疫工作的深入,我渐渐明白兴奋和激动只是一时的。社区防疫不能靠昙花一现的新鲜劲儿,因为它不仅与寒冷、琐碎、单调、劳累等令人打退堂鼓的词分不开,更直接关系到村民的健康和安全。

面对未知的敌人,这场"持久战"才刚刚拉开序幕。

冰天雪地里争口气

隔壁社区发现了一例新冠肺炎确诊病例,是我村面临的首个考验。当恐慌的情绪在村民间迅速蔓延时,疫情防控工作也承受了不小的压力。说实话,得知这个消息时我心里也忐忑不安,毕竟一线工作免不了要接触大量人群,具有一定的传染风险。但是,当走上工作岗位的那一刻起,恐惧的情绪就被压下去了。

一起奋战的村干部、志愿者们给予了我很大的力量,我知道自己不是一个人在战斗。

在小区出入口,我协助同事们排查外来人员,并向村民发放防疫宣传资料。值勤最大的困难就是冷,下雪之后更冻,即使脚底贴满暖足贴,小腿肚上贴满"暖宝宝",依旧是杯水车薪。我冷得直哆嗦,真想跑回办公室喝口热水,享受暖气。可看看身边的村干部和志愿者,没有一个人喊冷喊累。大家跺跺脚,溜达溜达,就都坚持下来了,年纪轻轻的我又怎能轻易放弃?我就这么娇贵?坚持住!就这样,我反复进行着心理建设。

后来,每次值勤前我都要求自己吃饱喝足、穿更多更厚的衣服,以增强御寒的能力。寒冷,不能成为我退却的理由。

2月5日是一个难忘的日子。让我记住它的,不仅是天公赐予津沽大地那场难得的"太阳雪",也不仅是站岗执勤时刺骨的严寒,而且是无人喊停的全员坚守、大雪中大家互相打气的笑容,以及"大雪快把病毒冻死吧"这番呼喊背后对战胜疫情的渴望。

大雪过后,道路结冰,为防止出入者打滑摔跤,我们决定铲雪清道。书记问我干过农活吗,我如实回答没有,但还是主动请缨,学着村里伯伯们的样子,笨拙地拿起铁锨和大家一起清理冰雪。这过程着实艰难,手既没有劲儿也不知该怎样使劲儿,但我却一刻不停。那么多长辈都还在吭哧吭哧地干,我可不能偷懒。不熟练我就照书记的姿势跟着做……我又开始了新一轮的自我打气。

虽然干完活儿后我也会和同事们吐槽"浑身都湿透了""我感觉胳膊不是我的了",但也发自内心地为自己能坚持下来、没有偷懒而高兴。"嚓、嚓、嚓"铁锹与冰面摩擦的声音可真好听啊!看到小区内的车辆、行人不用再小心翼翼地前进,我从来没有那么深刻地感受到劳动的快乐,也真正体会到了基层工作所承载的那些苦乐酸甜。

其实,刚来村里不久的我最怕村民们说我是从机关下来"镀金"、做做样子,或者觉得我们这些姑娘都是温室里的花花草草,遇到困难就蔫儿。所以,我必须得争口气,不能让大家觉得我娇惯。这次,我证明了自己能干事、肯吃苦。

战"疫"中的"多面手"

"您是几号楼几零几?证件带了吗?""稍等一下……这个名字,您看对不对?麻烦您给签个字。""大家拉开一点距离!"在发放临时车辆通行证和住户通行证的现场,我响亮的嗓门终于有了用武之地。不过,最近家里润嗓的梨汤可消耗了不少。

为了做好宣传引导,我的大嗓门再次派上了用场。我将自己撰写的温馨提示语录制成语音,用扩音器在小区出入口反复播放。于是,我成了村头谁也避不开的"大喇叭"。声音每日回荡,我觉得自己在村里的存在感越来越强。

李大爷是我来村里后第一位熟识的村民。那天,没有微信的他无法在进入菜市场时扫码,又着急又害怕。他在门口向我求助,我一边安抚他的情绪,劝导他减少出门次数,一边帮着下载软件,教会他微信的使用方法。后来,我又帮着村民们注册、扫码,成了"津门战疫"扫码行动的现场解说员。

正是因为这次偶然的帮助,李大爷每次路过我的值勤点位,都会有事没事和我搭句话。虽然我回复的大多是"大爷您多在家待着,尽量别出来溜达",但我其实特别想和大爷多说几句。因为他独居在家,没有亲友,沟通于他而言是一件多么难得又渴望的事。疫情期间,恕我不能跟大爷多说两句,但我们爷孙俩每次眼神的传递,都仿佛缘分的继续。

防疫期间,除了"大喇叭"和"扫码解说员",我这个学法律的还当起了导演和视频剪辑师。为了庆祝这次特殊的"三八"妇女节,我教村里的姐妹们手势舞,还把她们参加防控工作的画面都记录下来,制成了一个小视频,配乐《你笑起来真好看》。小视频发布后大家连连点赞,我收获了满满的成就感。不过我知道，感动大家的并不是视频制作得有多精美，而是视频中大家面对疫情的乐观、执着、坚定以及在防控工作中一点一滴持久的努力。我，只是有幸成为故事中的一员。

"你干的活可真'杂'啊。"朋友打趣道。然而，正是在这一件又一件杂活中，我了解了赵庄子村，理清了村委会的运行方式，同时也感受着村里的人情世故，探索着基层社会治理的奥秘。

脚下有多少泥土，心中就有多少真情。在我制作的庆祝妇女节的小视频中，我写道："今年的妇女节很特别，我们为了彼此的健康都戴上了口罩。你笑起来真好看，为了摘下口罩露出满脸笑容的那一天，我们一直在努力。"

郭倩玉,陕西西安人,出生于1993年1月,北京大学对外汉语教育学院2018届硕士毕业生。作为陕西选调生,任职于西安市莲湖区委巡察办,现在莲湖区桃园路街道劳动一坊社区挂职锻炼,担任社区书记助理。

疫情防控"排雷兵"

◎ 郭倩玉

"挑刺找碴"第一天

为监督社区疫情防控落实情况,区委巡察办的同志被编入疫情防控检查组。2月3日上班以来,我一直留守办公室处理内务,其实心里迫切想去"前线",憧憬着自己有一天也能深入社区一线工作。2月12日我终于上岗了。

一大早,我就来到西北一路社区下辖小区进行检查。疫情期间无小事,我们严格按照市里提出的"八看"工作要求,对小区的人员统计、进出管理、测温设备配备、区域消毒等工作逐一进行检查。

"您好,我们是区委巡察办的工作人员,咱们小区人员出入信息登记不全,消杀记录未填写,口罩专用箱里还有其他生活垃圾,请你们尽快整改落实。"说这话时,总担心别人认为自己在"找碴"。

果然,小区值班人员觉得我们在"找事"。"女子,我们就出去买个菜,回来后量一下体温就行咧,为啥还要把出行路线、停留时间都写上?太浪费时间咧。"

多个小区的值班人员都对我们的工作有着同样的质疑,而且语气强烈。面对不理解,起初我感到很委屈。因为这么做也是为了小区居民的健康着想,而这些话,让我顿觉迎面泼来一盆凉水,心里凉了半截。

听到居民用陕西话和我交谈,我立马切换成方言与他们拉近距离解释道:"我非常理解大家,感谢你们的辛苦值守。咱们把外出人员信息填好,也是为了掌握每一个人的出行轨迹,万一有人确诊咧,咱们也能第一时间了解他去了哪里,接触了哪些人。这都是对居民的负责,咱们一定要守好小区的'平安门'。"听完这些,值班人员纷纷点头,主动对我说:"就是的,你说得对,放心吧,我们一定严格要求,这是对全体小区居民的负责。"

巡查完16个小区疫情防控工作的落实情况,回到单位后,顾不上口干舌燥、双腿酸疼,我立马梳理汇总今天发现的问题。我一边是深入小区检查的督导员,一边还是上报记录的信息员,只有及时全面地反馈小区工作的疏漏,才能堵住缺口,防止聚集性疫情的暴发。

我将每个小区出现的问题按类型一一记录在册,同时将整改方案也一一列出,避免长篇大论,每天提交1000余字的总结报告,希望能及时为小区堵上防疫管理的漏洞。

任务渐升级,甚至要"夜袭"

我的工作就像打游戏中的"boss",任务与难度逐步升级。

2月25日开始，全市小区开始采取健康码"一码通"措施，"一码通"的使用情况成为新的检查内容。

"您的'一码通'使用操作还需更加熟练"便成为我最近的口头禅。有时遇到值班人员中的大伯或者老婆婆使用并不熟练时，我便手把手地教他们如何操作，仿照思维导图手绘"一码通"操作示意图，方便他们理解和查看。

除检查内容外，任务量也呈指数级增加。

我的巡查范围扩增为青年路和北关两个街道的所有社区，直接负责的居民人口数由6300人增加至15万余人。随着"一天一查"工作的升级，"一日一报"工作量也骤增。发现问题随之增多，纵使我用词凝炼，汇总报告字数也由之前的1000多字增加至2000多字。

原以为今天可以早早地结束巡查与反馈工作，可以让身体和精神都稍作休整，最近的工作强度着实令我窒息。但是晚上七点，接到紧急通知，要连夜对全区各街道的红码人员在位情况进行全面检查。

说真的，那一刹那，闪过了请假的念头，但作为组里唯一的"女兵"，很多女性隔离人员的情况还需要我去了解。没有了畏缩，没有任何犹豫，披着星辰，迎着寒风，骑着单车，在黑夜中狂奔，疾驰前往青年路街道。

"隔壁考场"刚刚开考

"内防扩散"的考试虽将结束，但"外防输入"的考试才刚刚开始。

随着全球疫情的暴发，很多从泰国、瑞士、阿联酋等国回来的居民，"一码通"的颜色突然由绿变红。想到新闻中各地境外输入病例和关联病例的不断增加，为确保红码人员不失控、抗疫战果不反弹，我每天与社区工作人员进行电话沟通，还不定时与他们一起上门检查红码人员在位情况，对红码人员进行心理疏导。

当我听到隔离在家的居民主动对我们说感谢社区工作人员为他们买菜、送饭、倒垃圾时，心中一阵感慨。正是有千千万万个平凡人勇挑重担、默默奉献，才会换来疫情防控的一个又一个好消息，感谢这些"幕后英雄们"。

小区、社区、办公室三点一线，连续多天的高强度工作使我精疲力竭，我多想放下手中的工作去公园赏赏花、看看景。但是，想想"隔壁考场"刚刚开考，稍有大意，来之不易的"战果"就会付之东流，于是深吸一口气，又继续前行。

个人简介 米胜男,辽宁昌图人,出生于1993年1月,北京大学预防医学专业2018届硕士毕业生,在校期间曾任北京大学研究生会常代会副会长。作为吉林选调生,任职于省司法厅,2018年9月起挂任四平市铁东区四马路街道办事处副主任。

快乐"小米"服务一线

◎ 米胜男

往年我们总觉得岁月匆匆,年味渐淡,疫情的暴发却令这个春节注定不平凡。按照党工委的安排,我下沉到木兰社区和包保领导一道,参与社区防疫工作。

疫情中的能量"小米"

木兰社区只有15名工作人员,却要面对外来人口多、人员流动快、工作难度大等诸多难题。

越是艰难越向前,特殊时期容不得跨踏。我以最快速度投入到工作状态,和社区人员积极配合想办法。通过实地走访,掌握第一手资料,对六个三无小区的2507户居民开展"地毯式"排查,我们清楚地知道"不漏一户、不落一人"的重要性。

木兰社区大多数居民楼都没有电梯。那段时间,每天都要走几万步,微信运动的步数赢得了很多好友的"点赞"。许多家人和朋友都知道我在一线进行疫情防控工作,所以在心里,我也把这些"赞"当作朋友们对我工作的肯定。

虽然浑身湿透成了家常便饭,但我也同样感受到"酣畅淋漓"的快乐。

为了让居民第一时间了解疫情防控最新政策和工作进展,我和同事们设计了"线上+线下"办公模式。线下在 156 个单元门和小区出入口张贴宣传单，线上以小区为单位组建居民微信群，及时发布信息，解答群众提问，形成了社区主导、群众参与的群防群控工作机制。

那几天，许多居民看到我们爬上爬下，会贴心地送上一瓶矿泉水，隔着安全距离问候一句"辛苦了！"，这些鼓励和温暖尤为难忘。

2月4日起，全市小区实行封闭式管理。每天早五点至晚十点，我和同事们在岗位上轮班值守，虽然天气寒冷，但是想到自己的工作可以为疫情防控的全局尽一份力量，我仿佛浑身都充满了能量。

看到我帮助社区维修电脑、打印机等办公器材，同事们都笑着夸我是一个能量满满的"小太阳"。能够用自己的能量，"辐射"身边的人，大概是这个冬天最温暖的事了吧。

贴心落实防疫复工

宣传督导、防疫复工两到位。

复工过程中的每一个细节，都是关系到千百商户切身利益的大事。我们的工作虽然细碎微小，但责任却异常重大。

我和同事们对辖区内 330 家商户进行巡查，帮助他们准备应急物资、制定复工方案，做好消毒和测温工作。

起初，一些商户不了解该如何复工，我们就为他们系统解读政策法规，做到"点对点"对接指导。一些商户不配合街道和社区工作，忽视消毒和测温工作，我们就督促他们制作消毒记录表、体温监测表，尽快完成整改。

我们深知，这些工作必须细致到位，也只有如此，才能严格把住把牢复工复产企业的"进门关""防护关"和"安全关"。看到商户们理解政策、落实工作时露出的灿烂笑脸，我们心里踏实不少。

小米出品的"秘密武器"

疫情期间，我养成了每天清早关注"人民日报""吉林发布""四平发布""铁东发布"等微信公众号的习惯。我还自制了标注 A、B、C 三类人员的手机壁纸，有了这个"秘密武器"，能随时为街道和社区提供合理化工作建议，为辖区居民提供精准指导。仿佛有了"战线图"和"小罗盘"，工作效率大大提高。

作为一名医学生,我始终建议将医学专业知识和流行病学调查方法运用到街道社区防疫工作中。抗疫工作以来,帮助社区合理设计消杀计划,指导群众正确使用消毒用品,防止出现误用、混用及中毒情况。同时,指导社区建立工作档案和居民信息数据库,将五次入户排查的信息进行整合,以楼宇为单位整理成册,精准掌握居民出行动态。

同事和居民都笑称这些"秘密武器"是"小米出品"的。看到大家能够日益重视科学防疫的重要性,真的倍感欣慰。

在普通的岗位上,我们每个人都是沧海一粟,但却可以拥有和输出更多正能量,无愧于信赖和责任,让有限的自己"辐射"出更大的能量。

 李博涵，辽宁沈阳人，出生于1993年1月，北京大学法学院2019届硕士毕业生，在校期间获国家奖学金、北京大学廖凯原奖学金、北京大学三好学生等荣誉奖励。作为湖南选调生，现任浏阳市柏加镇党政办主任。

守望柏加花开

◎ 李博涵

春节放假的前一天，我取消了回家的机票，决定留下来和柏加群众一起过年，度过这个寒冬。转眼已是数十个日夜的奋战，终于等到了春的气息，柏加的花快要开了。想来这段紧张忙碌的战"疫"将会是一生难忘的回忆和宝贵经验。

打击病毒怪兽的战士

1月23日，放假前一天，镇上紧急召开防疫会议，强调了疫情发展的严峻形势。当天晚上，本该收拾行李回沈阳过年的我，思量再三退掉了两个月前买好的机票。

当我给家里打电话，告知"妈，我不回家过年了"时，不知道妈妈是否和我一样，在电话里忍住没哭，挂断后却已泪流满面。

自入职后我与家人已有半年多未见，思乡心切，所以早早地买好机票，满心期待新年团聚。但新冠病毒肆虐，我如何能退？不知下次回家会在何时，但在防疫急需人手的此刻，每个人都是织密疫情防控网的重要一环，若身在两千多公里外无法及时赶回，必将贻误"战机"。

所以，留下来，许防疫一份力量，许自己一份使命，许群众一份承诺。我想，这也是父母对女儿的期望，他们一定可以理解我的决定。

1月26日，大年初二中午，我接到返岗通知，当晚七点要紧急召开防疫工作部署会。作为党政办一员，我明白疫情期开会更需要考虑全面仔细，会议方案要更精细复杂，办会标准也更为严苛。于是下午我就赶到镇上，起草防疫方案与横幅宣传文案，叮嘱会场清洁消毒，联系卫生院医务人员到场监测参会人员体温。这一场战斗开始了。

晚上，结束了一天的紧张忙碌，终于回到宿舍。和父母视频时，他们"展示"着三天还没有吃完的牛肉干、烤羊腿、酸菜馅饺子……这些精心准备的我最爱吃的食物，还有那红着眼眶的笑容，让女儿心酸更心疼。为了让父母放心，我忍住思念，谈起战"疫"展望，让他们相信女儿已然成长为可以守护一方热土与群众的"战士"，我们很快会取得胜利。

这段日子都住在宿舍，已经连续十几天没有回家，也想念自己的孩子。三岁的女儿，正处在最可爱、最黏人的时候。孩子给我打电话："妈妈我想你了，妈妈你快回来。"听到孩子的声音，心头一揪："妈妈在打病毒小怪兽，你要乖乖等妈妈打赢回来呀！"她说："妈妈是我的英雄！"听到这句话，一天的疲惫顿时一扫而空。

拉满技能点

作为网格干部，我最放心不下的就是片区内218个家庭。1月27日一大早，我就戴上口罩出门，开始第一次入户摸排，挨家挨户发放倡议书，叮嘱大家做好防护,对有疫区接触史的人员做好记录一一上报,不漏掉一个接触人员。

每天从晨光熹微到暮霭沉沉,都奔走在村落里,心里觉得很踏实。

我还是法律学子。在对村上特困群体走访的过程中,我了解到低保户王嗲嗲的故事,这位年过八旬的独居老人住在简陋清冷的柴屋,孤苦无依,无人赡养。听完他的情况,我感到非常痛心,我决定帮助他拿起法律武器,使其抚养十余载的继子女承担起赡养义务。"谢谢你,给你添麻烦了。"老人的眼眶湿润了。"不客气,我是学法律的,一定尽己所能帮您!"

2月13日,凌晨三时许镇上遭遇了冰雹灾害,半拳大小的冰雹击穿了数间屋顶。疫情严重,突如其来的冰灾更是雪上加霜。我抓紧联系各村统计受灾情况,及时跟进信息动态,做好信息上报,力争让大家安心。

作为一名宣传干部,我也会以文字为利剑、以照片为锋刃,锻造抗击疫情的思想"武器"。每天不管多晚,都会把这一天的所见所闻撰写成稿,及时记录基层一线的防疫情况,记录战"疫"前线的感人事迹。有冲在一线日夜奋战的救援人员和志愿者,有制作防疫漫画表达致敬的小学生,有挥毫书写防疫宣传标语的八旬老党员……这些人物和故事激励着我,我也努力把他们的精神传递给更多人。

晚上匆匆吃了几口泡面,我赶到两处值守卡点与中药分发点了解情况。天气湿冷,值班人员一直坚守在岗位上,村民们送来了炭火和热水。回到宿舍,我写下了抗疫宣传的第18篇稿件,记录下这护小镇"周全"的多重"屏障"。

守望花开

防疫工作片刻不能松懈,复工复产也开始提速。

柏加这里罗汉松、香樟、桂花、红花檵木等各类花木都长得很好。犹记得去年7月初,刚到镇上工作不久,我便接到柏加获评首批省级农业特色小镇的喜讯,第一个周末便通宵写了近三万字的建设建议方案。至今,我已和这座"花木特色小镇"一同成长八月有余。

浏阳河养育了柏加这片土地,也赋予柏加人坚韧、乐观、敢拼的性格。虽然疫情肆虐使产业旺季的销售遭受重创,但经过我们的入户宣传、网络推广、产业能人带领,柏加花农们又快速提振士气,有序开展起复工复产。年轻人还带来了电商平台,有花农的抖音粉丝从几个涨到1.8万个,看到柏加花木越来越被认可,大家都笑开了花。如今产业带上密集有序的运输车辆、街边门店幸福洋溢的灿烂笑脸、浏阳河边高速运转的施工设备，已然呈现出紧锣密鼓复工复产的热闹景象。

最近我参与了国家地理标志产品认证筹备会的召开、年度项目实施计划表的制作、省级调度表格的填写，看到项目的推进、看到小镇的变化、看到花农们的收益，我不由得更有热情，更受振奋。

两个多月的时间，在柏加父老乡亲那一双双信任的目光中，我进一步找到了扎根基层的意义——温暖他人，淬炼自己。很庆幸，当初选择了选调这条路，来到了基层这片热土，同柏加群众一起携手面对此般艰难险阻。

朱懂斌,湖北孝感人,出生于1993年2月,北京大学信息科学技术学院2018届硕士毕业生。作为广东选调生,任职于深圳市财政局,2019年12月起挂任南山区西丽街道百旺社区主任助理。

在深圳的湖北人

◎朱懂斌

"懂斌,你买回家的票了么?今年湖北情况特殊,要不就别回去了。"

腊月二十七的晚上,我正吃着饭,计划着除夕当天下火车后怎么转车能最快回到老家,突然接到单位领导的电话。

我们聊了老家的疫情和家人的近况,言语间我能清晰地感受到领导在替我担心、替我焦虑。和在老家的父母商量后,我决定留下来。

来到深圳一年半,来到百旺社区一个半月,我一直能感受到这座城市对我的包容和接纳。

这让我尽管是人生中第一次不回家过年,但也没那么遗憾和孤单。

慌乱的春节

决定留在深圳过年的时候,没想过会过一个这么特殊的春节。

正月初一晚上,看着一条条疫情相关的新闻、一个个不断增长的数字,我有点睡不着觉,坐立不安,想做点儿什么。

第二天一早,我匆匆回到社区工作站"找活儿干"。本以为只会见到值班的同事,谁知不少本应在休假的同事居然不约而同地回来了。

"小朱你来了，正好过来看看这个问卷。"

工作站的萍姐向我打招呼："咱们社区是农村化社区，两个村的居民基本都是外来人口，流动性很大，其中湖北籍的居民也有不少。现在我们一是要摸清楚社区湖北籍的人口有多少，其中多少人已经返乡了，二是掌握目前还有多少人留在社区过春节。这两个数搞清楚了，我们就有个大概的底了。"

要摸清这两方面的数据，只靠查系统恐怕不行，需要发动更多的村民填问卷，甚至上门排查。

一起商定了问卷设计方案，面对着摆在面前的统计各类人群、张贴传单、上门排查、联系消毒、联系物资渠道等等工作，我做好了化身"奔走小朱"的心理准备。

"萍姐，我去系统排查居民信息了，后面哪里缺人我就补上去，贴传单、上门排查什么的都可以。"

初期艰难而烦琐的信息摸底清查，随着一步一步地推进渐渐清晰起来。问卷帮我们收集到了2000余条居民信息，配合系统筛选的数据，基本勾勒出了整个社区目前的人员状况。

马不停蹄地结束了一项又一项工作，抬头天已经全黑了。

回家的路上，从前灯光通明的街道现在一片静寂，只有零星的路灯散着微弱的橘光，路边的店铺大门紧闭。

第一次走这样的路，有些不习惯。当时不曾想过，这段暗而安静的路，我要走很多次，甚至偶尔着急了，还会跑着来回。

一天晚上，刚下班回到家，洗了菜准备做饭，就接到了社区工作站的电话："外面下雨了，今天排队办证的人又多，你来帮帮忙吧。"

随着疫情防控形势愈加严峻，社区开始按照上级部门的要求进行围合式封闭管理，本社区符合条件的居民需要凭出入证进出社区，所以办证的居民络绎不绝。

挂了电话，我急匆匆出门，迅速赶到了村口。

这天晚上，我一直在办证现场待到十点多。

回到家，看着砧板上还没切完的菜，摸着咕咕叫的肚子，不自觉地笑了，真是个慌乱的春节。

但想着在我的家乡湖北，一线工作人员可能比我更辛苦，也更危险，就觉得自己其实还应该做更多。

朱懂斌◎在深圳的湖北人

异乡里的同乡人

忙碌的工作间隙，常常会忍不住想起家人。

1月24日，孝感封城，我的心跟着揪成一团。但母亲却常在电话里劝我，不必挂念他们，有时间还是多为身边的居民做事，"不是也有居民是湖北人吗，都是老乡，多照顾照顾"。

我难以安放的乡情和乡愁，在社区里的湖北务工人员身上找到了出口。

隔离期间居民无法出门，如何保障他们的正常生活是我们的一大难题。居家隔离的居民住得很分散，村内又都是农民房，没有电梯，很是难办。

我考虑过联系商家为居民送菜，但村里超市都嫌利润低不愿接单；还考虑过跟超市合作开发购物套餐，又担心菜品质量。"我父母在家隔离，肯定也想吃到质量有保障的新鲜菜吧。"我对自己说。

思前想后，还是决定用笨办法。居民想要什么就列出清单，我们去超市一件一件买，两个人不够就四个人，一天跑两趟超市不够就跑四趟，买回来再挨家挨户送到门口。

一次次上门送饭菜、收发快递、倒垃圾、派送爱心物资，我就这样跟大家熟悉了起来。

跟老乡的相处不只有温暖和互相理解，偶尔也有些小小的波折。

一天晚上，村口一个从湖北过来的女孩子不愿去指定酒店做核酸检测，坚持要进村。

那天晚上风很大，村口临时安置点就她一个人，执拗地站在那儿。看到她，我仿佛看到在外地工作的姐姐，以及千千万万在异乡生活的同乡人。

我上前跟她聊天，聊她从哪儿来，怎么来的，聊她的家人，她这时候赶回来的初衷。

因为是同龄人，也是同乡，距离的拉近很是容易。稍微熟悉了一些后，我跟她解释政策要求，说明酒店安全可靠，保证测试结果一两天就会出来。

多方沟通之下，她最终同意去酒店做核酸检测。送她上车前，我把随身带着的消毒洗手液递给她，让她记得勤洗手。

社区就是城市的缩影。深圳是移民城市，社区居民也来自五湖四海。但无论大家来自哪里，是哪里人，来了深圳都会被平等、温和地接纳。

我是一名在深圳的湖北人，但我跟其他的外乡人又有些许不同。我的职业让我能够像个本地人一样，去照顾和呵护八方来客，又让我不打折扣地享受着这座城市的善意和体恤。

这个留在深圳的春节是我此生过得最辛苦的春节，但我更爱这里了。

个人简介

施雅莉,福建平潭人,出生于1993年2月,北京大学法学院2019届硕士毕业生。作为福建引进生,现任平潭综合实验区海坛片区党政办公室副主任,挂任城中村党支部副书记。

这次我来保护你

◎ 施雅莉

谁也不会料到,2020年的序幕会由一场来势汹汹的疫情揭开,每日不绝的疫情消息让原本应该充满欢乐的新春笼罩上一层萧瑟的意味。记忆中上一次全国性的重大疫情,还是2003年的"非典"。那时新闻媒体不似眼前这样发达,还是小学生的我对那场疫情的印象只有学校为我们日日进行的体温测量。15年过去了,我已然从一个懵懂孩童变成一名公职人员。看着疫情实时动态里攀升的数字、一则则增援武汉的新闻和身边日渐增设的层层防护,我意识到自己不再也不应该是一个被保护者了。

自动选择结束"安全模式"

1月24日,福建启动重大突发公共卫生事件一级响应,平潭也迅速进入了全城戒备的状态。由于我在数月前被抽调到区里的机构编制部门,因此一线防疫安排表中并没有我。看着工作群里紧张的动态,我心绪难平,想奔赴一线战斗的念头不停盘旋在脑海中。

我所在的海坛片区聚集了平潭近八成人口,防疫宣传与值守工作已全面开展,但从了解到的信息看,由于人手限制,许多细节难以面面俱到。想到去年刚到任时走访过的数家养老院,深居在家的我突然担心起疫情中老人的现状。作为易感人群聚集地,院内的老人是否有充足的防护物资、是否有正确的防护意识关系到这场疫情阻击战的成败。因此,在和其中一家养老院负责人通过电话后,我决定去养老院看看能不能帮上点什么。既然不能在"面"上参与作战,就选择在"点"上出击。

"这一次,我来保护你们。"想着这群疫情中最年迈的人,我暗自对自己说。

然而万事开头难,当我把这个想法告诉家人时,爸妈沉默着不答应,年迈的奶奶更是谈"疫"色变,又急又气地训斥:"大年初二,年都还没过完,越长大越不听话了吗?"我低头不语,是的,我是长大了,但这一次,面对家人的劝阻,我也许真的不能"听话"。成长的过程中,我得到了太多保护,在家人眼中,不论我在何种工作岗位,都始终是需要呵护的小姑娘。但在这场疫情中,又有哪一个人不需要被保护和珍视?我不想让自己从始至终都在外界的羽翼下度过这段惊心动魄的时光,不想因为排班表上没有我的名字就心安理得地享受疫情下的"安全模式"。

八小时的"苦口婆心"

1月28日,也就是农历的大年初四,我带着年前抢购到的二十余个口罩来到福康养老院。

这座位于老城区的养老院,住着六十余名平均年龄高达85岁的老人,其中不乏低保和残疾老人,照料起来非常吃力。即使正值春节,也仅有少数几位被亲属接回家。我到的时候,有十来个老人聚在活动区闲聊,其他的在宿舍内坐着。

我加入正在聊天的老人们当中,渐渐发现除了每日例行的体温检查,以及设在养老院门口的出入登记外,这里实际上并没有更多系统细致的防护。

"你们有口罩吗?"我试探性地问。

"没有。""我也没有。""只有她有,初一那天她家孩子看她的时候,给她留了两个。"

顺着说话的老爷爷的目光望去,我看到一位剥着花生闲聊的老奶奶,也是没戴口罩。

我走上去问:"依姆,他们说你有口罩,你为啥不戴呀?"她看了我一眼,低头继续捻花生壳:"戴着闷,不好受。我孙子也大惊小怪,你们年轻人怎怎娇贵,古早时我们什么病都见过,什么苦都吃过,最后不都活得好好的。"我一时愣住,来之前我只想到老人们可能会缺口罩,来之后却发现他们除了无法人手一个口罩外,竟然还没有戴口罩的意识。

想到此行的目的,我赶忙操着已经生疏的方言,一边向聚集聊天的老人发口罩,一边解释,"这个病毒是新发现的,还没有好药治"。"对,就像我们现在坐这么近讲话,马上就会传染的,比从前的瘟疫厉害多了,不开玩笑的,依姆依伯!"我向他们演示口罩的正确戴法,"我们把(口罩的)带子挂到耳朵后面啊,要记得按一下鼻子上这个硬硬的条!"

起初,老人们摆手拒绝,"非典我们就没戴口罩,不也过来了""戴着太闷,遭不住这罪"。

"哎,不骗你们的,现在去超市、坐公交不戴口罩都不行""你们看电视新闻里的人口罩都戴着呢""这个口罩很轻很透气的,戴上了就不怕跟人说话的时候碰到口水呐"……面对老人们的不理解,我已经记不清当时说了多少遍"口罩"。好在半天下来,他们中总算有几位挨不住我反复劝说,半信半疑地戴上了。有位奶奶边戴边和同伴说:"戴吧戴吧,人家小姑娘也是为咱们好,别真传染了,白给子女添麻烦。说得这么严重,听起来心惊。"

我看着陆续戴上口罩的老人,突然万分庆幸选调时作出了回乡的选择,这才有机会用从小说到大的方言拉近和老人们的距离,用不同于标语口号的方式给他们更细致的宣传和照料。

不知不觉,我从上午九点讲到了晚上六点,中午只休息了一个小时,真切体会到"苦口婆心"的含义。准备离开时天色已是灰暗。"你本地话讲得还不错呀!"跟老人们道别时,那位剥花生的老奶奶给我塞了一把熟花生仁,口罩把她的脸遮得只剩一双含笑的眼睛。

"一波多折"的口罩筹集行动

在养老院讲解了一天,宣传到位,物资却仍然缺位。

这时平潭正处在疫情防控最严、物资最紧缺的节点。我在寒风中骑着"小电驴",两三个小时间辗转了数家药店,有的是问了但被告知没货,有的还没进门就能看到门口贴着"口罩售罄"或"酒精无货"的标语。

无奈之下,我向北大福建校友会求援。令人遗憾的是,并没有得到我想要的口罩,却意外获知校友有捐赠消毒水的意愿。经过一番协调对接,两吨消毒水成功搬进了片区防疫仓库,进行分街区消毒洒扫,也包括福康养老院所在的老街。

但福康养老院的口罩问题始终悬在我心头。庆幸的是,随着疫情形势日渐好转,救援物资已经不似最初那样难求。不久后,我为自己所辖村的村委会募集了一笔2000只口罩的捐赠并入库登记后,收到了养老院负责人的电话:"养老院的所有老人,今天都有酒精和口罩了!数量不多,但好歹人手一个!基本也都戴上了!你这么关心他们,能抽空再来坐坐吗?""当然能,恭喜你们即将战'疫'成功!"

尾 记

在疫情严峻的一个多月间,不时有朋友微信询问近况。我每次都自豪地说:"我这里好得很!虽然福建确诊病例几百例,但是平潭到目前为止还是零确诊、零疑似!"是的,这个数据,截至我写这篇随笔时,依旧为零。不过,我知道这两个"零"来得并不轻松,仅我参与过的养老院防疫宣传、消毒水物资协调、口罩筹集等工作,无一不充满考验与历练。

当下,这座四面环海的岛屿,正经受着一年中最凛冽的时节,但初涉工作的我却在这时候有了最热血的体验。不仅因为我真切融入了一场战役,站稳了一名保护者的角色,更因为成长于此的我最了解,隆冬过后这座海岛将迎来的是何其和煦的春光、明净的海岸和鼎沸的人潮。

个人简介

张荷,陕西宝鸡人,出生于1993年3月,北京大学哲学系2018届硕士毕业生。作为陕西选调生,现任西安市阎良区北屯街道办事处主任助理、北屯村党支部书记助理。因疫情防控期间表现突出,2020年3月被阎良区委授予"优秀共产党员"荣誉称号。

心中涌动的热流

◎ 张荷

作为一名北大人,作为一名选调生,我为自己身处疫情防控一线而感到幸运,以青春之名,多发一点光,更尽一份力。

"这个时候你一定要回去"

1月24日,除夕。傍晚时分,我们一家坐在电视机前,看着各地医疗队驰援武汉的新闻。

我的内心充满无限敬意:岁寒,然后知松柏之后凋也;国难,然后知国之脊梁之所在也。此时,手机突然弹出消息:"按照全区疫情防控工作会议要求……机关干部正常上班,深入各村开展疫情防控排查工作。"

瞬间,我感到热血沸腾。在抗疫战争中,我也能出一份力!只是……刚回到家就又要离开,这话要怎么跟父母开口呢?我内心纠结不已,试探着向父母说出情况。没想到父亲的态度非常坚决:"这个时候你一定要回去!回单位吧,一定要戴好口罩,做好防护,我们支持你。"

街道不复往日车水马龙,变得寂静、空旷。独自疾驰在赶回单位的道路上,我的内心涌生出一股热流:"虽然不能像医护人员那样冲锋在抗击病魔、挽救生命的战场上，但我这也算是'逆行者'了吧？"

到底什么时候才能好转呢

辖区内共有两万多人，谁是从高发疫区回来的？

我们要以最快的速度，不漏一人地摸排出来。然而，我们遇到了一个难题：部分村民故意隐瞒旅居史。村民有各种担心：会不会被拉去集中隔离？老人小孩能否适应隔离环境？会带来多大的经济损失？会不会被村里人歧视？平日的相处，使我对他们的忧心感同身受。

但在疫情面前，必须按照上级部署，挨家挨户上门调查清楚情况。什么都不愿意说的，就做思想工作，讲清当前严峻的形势；意图隐瞒的，便仔细询问细节——哪天回来的？乘坐哪种交通工具？班次是什么？去过哪些公共场所？如果是确诊或疑似患者的密切接触者，我们立刻联系疾控中心，连夜将他们集中隔离，进行医学观察。

一个有老有小的五口之家，前往集中隔离点前十分恐惧，在两个小时的劝说后，他们才登上了救护车前往隔离点。

救护车走后，站在村口，看着夜空中稀稀拉拉的星星，我心情复杂：即使心中充满恐惧，这个五口之家还是顾全大局去了，小孩才五岁多，隔离点又狭小又没有暖气，一人一间房，连个说话的人也没有，他们接下来的日子一定会很煎熬吧。这疫情……到底什么时候才能好转呢？

"你是力求精准的人员信息库"

疫情形势变化后，根据组织安排，我的核心工作是统计重点人员的信息。

我很清楚自己肩上的担子：这项工作听起来简单，实则每一项信息，都可能暗含隐患，关系到对疫情的了解和判断，关涉到防控举措的制定和落实。于是，那段时间总是早出晚归、泡面果腹，从到岗至离岗始终对着散乱的 A4 纸花名册核实信息，成了我生活的常态。

"X 村的某某是什么情况？""今天的这个数据有问题！""区里更新了防疫措施……"墙上的时针已指向凌晨一点钟，办公室里仍在超负荷战斗，上级部门和兄弟单位的联络让电话一片繁忙，铃声不断响起。

选调工作已有一年半，这恐怕是印象中工作量最为繁重、工作节奏最为紧张的一段时间。疫情防控的紧迫性要求必须争分夺秒，统计信息的重要性又要求必须耐心细致，连日来高强度、快节奏的抗疫工作，身体难免会疲惫，但心中一直充满斗志。

我每天都仿佛强迫症似地核对人员信息，为此同事们笑称我为"力求精准的人员信息库"。这段特殊时期的工作经历，抑可说是成长经历，注定成为我永生难忘的青春记忆。

温暖的春天正在悄悄降临呢

正月里的每个凌晨，从单位回家，独自行进在空荡荡的街道，寒风扑面而来，我常常陷入深思。

2020年伊始，这场突如其来的肺炎疫情，像一场龙卷风席卷全国，打乱了无数人的工作、生活秩序。这曾经令我不安、惊慌，但在我的内心深处，更多的是责任与担当，是信心与希望。

正月的夜里，陕西正是一片天寒地冻的景象，我的心中却涌动着一股热流。

基辛格在《论中国》中写道："中国人总是被他们之中最勇敢的人保护得很好。"高铁餐车上闭目养神、向武汉逆行的钟南山院士，除夕夜从全国各地驰援武汉的医疗团队，车身悬挂"抗疫物资、中国加油"横幅的货车司机……太多太多人，在这场没有硝烟的战争中主动请战、逆向而行。每每看到，总是令我热泪盈眶。

夜阑人静，我又一次披着皎洁的月光，疾驰在回家的路上。我突然惊觉，陕西的气温已不似前些日子那般寒冷。是的，寒冬已然过去，温暖的春天正在悄悄降临呢。

冉泽泽，甘肃通渭人，出生于1993年6月，北京大学城市与环境学院2019届硕士毕业生，在校期间获北京大学三好学生等荣誉。作为广西选调生，任职于梧州市自然资源局，同时担任龙圩区龙圩镇城东社区第一书记。

梧州的冬天

◎ 冉泽泽

这是我在祖国南疆过的第一个冬天。

年初的梧州，正是一年中最为湿冷的时候。从小生活在北方的我还没来得及适应这里的气候，就开始了我在社区防疫的生活。

社区两三事

凛冽而潮湿的寒风吹在脸上，我的大脑格外清醒。

疫情发生至今，我在街头巷里待了四十多天。我所在的城东社区有常住居民两万余人，三千多户人家分布在前前后后48个小区，这48个小区之间有上百条路，我每一条都数得清。

每一天，我和同事穿上"红马甲"，戴好口罩，伴着清晨的鸟鸣出发。

"上门入户"是工作日常，为了排查外来人员，我们每天要敲响上百户家门，询问、记录，不厌其烦重复手中的工作。得知有居民发热时，也会第一时间联系医务人员，一同上门进行诊治。

"麻烦您配合我们，开一下门好吗？"

"我就是普通感冒，你们去下一家吧！"屋里传来回答。

"我们这有医务人员,可以给您看看,普通流感是不会被隔离的!"我知道居民不愿开门,是因为害怕隔离。

果然,门锁打开了。

疫情初期,居民的心里难免有恐惧,我们不止一次被拒之门外,我一遍又一遍地耐心解释。几天后,不等我敲门,居民们早已站在家门口等我了。

每个小区门口都要设置卡点,统计出入人群。这项工作很辛苦,一般由小区物业和志愿者共同分担。遇上无物业小区时我却犯了难,没有物业的协助,人手明显不够。

"小冉,咱们小区没有物业,门口测体温是不是缺人手?"一位阿姨问。她是居民工作组的组长——不久前,无物业小区的几位居民自发成立了工作组,做起了"临时物业"。

我点点头。

"没关系,我们工作组几个人商量好了,每天派人,和志愿者一起上岗!"我知道小区居民平时是向工作组交了服务费用的,连忙问:"阿姨不怕危险吗?特殊时期,是不是要多收些钱?"

"别说什么钱不钱的!我们能出份力,还有什么不满足的?"阿姨斩钉截铁地说。

我一时竟接不上话来,千万思绪涌上心头,只汇成了一声"谢谢"。

环境卫生也是重要的一环。为了搞好社区清洁,我和志愿者们常常下班后去社区打扫卫生。

清理垃圾、消毒楼道……楼上居民听到我们的响动，好奇地站在窗前看着我们忙乎。

有一回我实在疑惑，问一位老大爷，我们大扫除有什么好看的。

"哈哈，看你们上心，我们心里面踏实。谢谢你们哟！"老人说。

第二个故乡

"你好，我是城东社区的工作人员，今天你们还需要什么生活用品，等一下我们帮忙买过去。"时隔两天，我和志愿者们又一次敲响了周女士的家门。

周女士是湖北荆州人，十几天前举家来到梧州，此后一直隔离在家。说起他们滞留梧州的原因，有些迫不得已。

周女士一家原本打算前往海南过年，却被突如其来的疫情阻断了旅途——到达海南省界时，湖北籍市民已经被限制通过。孩子太小，在外面待久了容易生病，周女士决定原路返回。

经过梧州时，他们得知通往湖北的最后一条高速封路了，只好就近从高速路口下来，正巧到了梧州市龙圩区。一位老同学帮他们整理了一套房间，就在我负责的城东社区内。

周女士一家对我们的工作很配合，入住后立刻向社区报备，也非常理解隔离的安排。我们第一时间为他们送去了口罩和消毒物品，上门做体温监测。

不能出门，周女士一家的生活用品来源是个困难。为此，我特地安排了几位志愿者，轮班为周女士一家采购生活用品，送到家里去。

担心周女士心理上有负担，我也隔三差五上门同她聊聊天。

"隔离的日子不好过吧？有什么困难就跟我们说！"

"没什么不好过的，社区对我们帮衬很多，我们都快忘了自己在隔离了！"周女士笑道。

我听了也放下心："外面到底不如家里，辛苦你们了，得坚持到武汉解封。"

"说实话，虽然我们是湖北人，现在已经把梧州当成第二个故乡了。"周女士说，"在这里待着，我们一家很安心。"

收获＞付出

到梧州工作还不满一年，突发的疫情给我带来了很多挑战。最让我焦头烂额的，是口罩、消毒液等物资短缺的问题。

买不到口罩，有些工作人员一个一次性口罩用了十几天；有些工作人员在口罩内面垫上"医用纱布"，试图延长使用寿命。社区好不容易采购到一批口罩，质量却不达标，戴的时间长了，嘴唇会粘上一层毛。

一线工作人员的防护得不到保障，我心急如焚，立刻向我所在单位梧州市自然资源局党组递交购买疫情防控帮扶工作所需物资的请示报告。经过不断沟通了解情况，单位同意了我的申请，捐助了医用口罩、防疫消毒用品、矿泉水、方便面等一批防疫物资和慰问品。

一周后，当我终于把200个医用口罩和慰问品送到社区一线工作者手中时，他们向我道谢，我心里却满是歉疚，一遍遍重复："抱歉，我们来晚了。"

每天晚上，我都会浏览龙圩镇的微信公众号，这次却吃了一惊。

最新一篇推送中，竟赫然标着我的名字——"抗疫先锋：龙圩镇城东社区党组织第一书记——冉泽泽"。

我苦想良久，最近没有接受采访，也没提交过类似工作报告，这篇文章是哪里来的？我赶紧向同事核实。

"这是何书记亲自写的，你为社区工作人员解决了这么大的困难，他说一定要表示感谢。"同事回复说。

这时，手机上收到一条新消息，是社区何书记发来的。

"小冉书记，你好！首先要给你道歉，我没事先告知你，就把你的工作事迹投给龙圩镇媒体了。

其次我要向你表示感谢，疫情发生以来，基层的每一件小事都逃不过你的眼睛，城东社区一直保持零感染，离不开你的付出。

这些天，看你忙前忙后，费了好大劲才把物资送到工作人员手中，我很感动，决定把这些事记录下来。只是我年龄大了，电脑用得不好，打字很吃力，没能写得更长了。

最后，我再次代表社区一线的工作人员，对你说声谢谢！"

我鼻子有些发酸，何书记，是今年已经五十多岁、社区里我最敬重的老前辈啊！——在这样的鼓励面前，还有什么困难值得一提呢？

"梧州的冬天再冷，也挡不住春光照入人心。"我默默地想。

李文咏，山东济宁人，出生于1993年6月，北京大学公共卫生学院2019届硕士毕业生。作为山东选调生，任职于青岛市卫生健康委，现挂任西海岸新区长江路街道阿里山路社区书记助理，获得2019年度"先进工作者"称号。

疫情过后再订婚

◎ 李文咏

正月初六上午，我从老家出发，一路逆行，回到了西海岸新区榕江路的宿舍。背负着一些不理解、一些歉疚，和再来一次还是会做此选择的倔强，这是我作为一名公卫人的选择。

今天本来是我订婚的日子。

但现在，我坐在离单位不远的小房子里，面对着冷锅冷灶，听着窗外呼啸的风，想想肆虐的疫情，心情复杂地提笔记下此刻的心情。

我与病毒的初遇

本来，我是极期待这个新年的。

这是我入职以来的第一个春节，也是我人生中第一次休年假。这个假期我和男朋友早已安排好，双方父母会会面，我们会订婚，我的人生将逐渐走向安定。现在回忆起来，还能清晰记得进入腊月以后，我每天跳跃的心情。哪怕偶尔看到疫情的消息有些低落，哪怕口罩、消毒液开始慢慢紧张，我依然坚定地相信这都是暂时的事情，一切都会好起来。

1月23日武汉封城的消息粉碎了我岁月静好的幻想。

公共卫生专业出身的我，当然知道封城是一种多么艰难、多么沉重、多么别无选择的选择。民众的情绪、城内的医疗资源、生活物资保障，一切的一切都让我担忧。我意识到，灾难真的来了。

大年三十，返乡路上，之前期待的所有快乐都被疫情的沉重压住了。车站人不算多，各个全副武装，默契地保持着距离，隔着口罩对视，冷冰冰的。课堂上看过无数的疫情处置案例，但我仍然无法适应这种群体恐惧、互相防备的氛围。心里忍不住想，等我再回到这个车站的时候，一切会好吗？

我回到车站的时间，比我想象的早。而疫情的好转，却比我期待的来得迟。

艰难而自然的决定

在家待了五个整天后，我踏上了返岗复工的路途。

这个春节假期，有无数的人跟我一样，因为疫情逆行返岗。这本来没有什么特别的，但我却着实经历了一番纠结。

我跟男朋友一直感情稳定，双方父母也期盼着我们能早日定下来。儿女成家，可能是父母考卷上的最后一题。从我毕业入职以后，订婚就提上了日程。我们讨论过很多次，两边的时间、风俗习惯、仪式安排，一点点商量，慢慢推进，最终决定正月初六来完成这件事。

在家过年的头几天里，我每一天都在焦虑，一边希望单位的复工通知早点来，我早点回去工作，好摆脱每天浸没在疫情新闻里的无力；一边又担心通知来时，双方父母不能理解。我不时往家庭群里转发一些抗疫新规，摆出八年公共卫生学院求学的资历，倡议不聚餐、不出门，也常常向大家表达，我作为一名公卫人希望能身至一线、不负所学的决心。我竭尽所能，去铺垫将要取消这场已经决定的仪式，希望大家能够给我一些理解，所幸，我爱的人，也都爱我。

男朋友说，别在群里表演了，大家都知道你想说什么。想回去就回去吧，现在抗疫要紧，等送走疫情，我们再订婚。

两边父母的开明更让我感动。大家默默收起了为订婚仪式准备的各种物件，对我只有肯定和鼓励，不露丝毫的遗憾和不满。四位家长通了个电话，其间都是互相的叮咛祝福，不时伴着欢声笑语，我知道，他们担心我自责。

"原来就是在做这些小事"

带着被理解的感恩、被呵护的幸运，我回到了自己的工位上。每天的工作，是收发文件、拟写通知、接听电话，兼职做些翻译。工作细碎繁杂，坐在电脑前，常常一坐就是一天。

跟朋友聊天聊起每天的战"疫"日常，她显得有些惊讶："我以为你是为了多重要的工作，才推迟订婚提前返岗，原来就是在做这些小事。"

这是小事吗？我从不觉得。出入小区如何管理、外地人员返区怎样管控、消毒工作怎样保障、物资怎么配送，这是关乎街道辖区41平方公里、46万人口、3.1万家生产经营单位、3.2万户个体户生命和生产的大事。

他们当然值得我放下一切，驻守在他们身边。

回想起在家看新闻的焦虑无力，此刻能够坐在工位上，服务战"疫"和辖区人民，我多么高兴。正是因为有一个个普通人坚持做好每一件小事，火神山、雷神山医院才能拔地而起，数个方舱医院才能迅速投入使用，口罩厂才能在春节里复工,湖北的防疫垃圾才能被及时清理,世界各地的防护物资才能源源不断运抵国内,我们朴实的山东"搬家式援鄂"才有人搬运、有人护送。

  成立于1931年的北大公共卫生学院,走过了沟沟坎坎,遍历了新中国成立以来所有的疫情和灾难。而我,虽然自诩为公卫人已经八年,但全国性疫情,新冠肺炎才是初见。每当焦虑、纠结、彷徨的时候,我常常想起课上的很多画面,当年似懂非懂的情绪,而今真正身处疫情中,才慢慢参透了。

  经历了那些时刻我才突然领会到,老师为什么会说,走出校园的时候,真正的学习路才开始。我也才真正理解,毕业典礼上那些饱含期待与担忧的目光,临行时那些细细的叮嘱和展望。我不会辜负这个地方,不会辜负我的志向,路还长。

邢启磊，山东滕州人，出生于1993年7月，北京大学哲学系2019届硕士毕业生。作为山东选调生，任职于青岛市委组织部，现挂任李沧区虎山路街道金水路社区书记助理。

"90后"随笔

◎ 邢启磊

春节假期还未过完，我就第一时间报名志愿参加疫情防控工作。这期间，有过担心，有过疲惫，但更多的是坚守和成长。

冷雨夜里的身影

根据工作安排，我被编入执纪执法工作组，负责对交通检查站疫情防控人员进行监督。根据市里统一安排，城区关键入口处设置了交通检查站，临时抽调了卫生健康、公安、城市管理、交通等多部门的精干人员组成工作队，承担体温检测、身份信息查验、车辆引导以及车辆和人员信息登记等多项工作任务。在执纪执法检查中，虽然偶尔存在部分工作流程环节不顺畅的情况，但令我印象最深刻的还是防疫人员的辛勤付出。

第一次开展执纪执法检查，是在一个下着蒙蒙细雨的夜晚。虽然已经参加工作半年多，但面对疫情防控这么紧急重要的工作，我内心还是有些忐忑。一方面，疫情来势汹汹，无论是党员还是群众，起初多少都有些不安；另一方面，经过白天一整天的业务工作，又要值夜班，这对个人精力而言也是个挑战。

感受着袭来的阵阵寒风，当我开始有点打哆嗦时，透过路边晦暗的灯光，却看到一个个身着防护服、身型略显臃肿的卫健工作者仍坚守在岗位上。

"这会车不多,又下雨了,你们赶紧套上雨衣。"我拿着几套雨衣走过去,"我先替你们一会儿。"但一位大姐笑着说:"没事没事,再坚持一会儿就换班了,雨衣留给下一班吧。"再看着他们护目镜上泛起的一层雾气和一颗颗凝结的水珠,我内心不禁为之一颤,他们冒着严寒,没有丝毫怨言,却用实际行动去释放光和热。

在深夜,当我发现一处临时被借用的商铺,简易的床铺在狭小的房间里被排列得满满当当,看到有的公安干警连大衣都没有脱下,就已经熟睡时,一阵感伤伴着温暖涌上心头。与这些一线战"疫"勇士的奉献相比,自己的工作实在是微不足道,如此便也更有动力努力奋进。

街边的迷路人

有一天我刚上岗,发现有位衣衫褴褛的老大爷。他站在防疫期间临时搭建的帐篷旁边,身边有个破旧的蛇皮袋,戴着一个脏兮兮的口罩,面容稍显急躁。意识到可能有特殊情况,我立刻上前了解情况。由于他不会普通话,在经过一番耐心交流之后,才发现他是湖北人,是交警刚从胶州湾大桥上发现并带过来的。

湖北籍的身份让在场的所有工作人员都提高了警惕。

说实话，刚知道他是湖北人的那一刻，我是恐慌的。旁边的民警同志略带调侃但又不无严肃地说道："这可能是个'定时炸弹'。"战胜恐慌的是责任。尽管看起来有一定危险和挑战，但我更明白，站在面前的是一个需要帮助的普通老百姓。放下忧虑，我紧了紧自己的口罩，继续向老大爷了解情况。

"您是什么时候来的青岛？"

老大爷语气有些激动，他说了一堆话，但全是方言，我听不太明白。于是继续耐下心来，重复问他来青岛的时间。

这次好像听到他说一年多，我伸出食指急忙问："一年多？"

他点点头。

"这期间回家了吗？"我继续问，"过年没回去吗？"

老大爷连连摇头："没有没有。"

他不会说普通话，不认识字，没有任何通信工具，也没有亲人朋友的联系方式，这一切都让我们处理起来非常棘手。但最终经过反复沟通和公安部门信息核查，我们才确认，这位老大爷一年多来一直在青岛打零工，没有回过湖北。这让我们稍稍松了口气。

老大爷的工友们在春节前都去了南京打工。疫情来临，他独自一人在青岛找不到工作，无奈便决定独自一人沿着高速公路走到南京去寻找同伴。这个行为看起来是如此冲动，我相信任何一个人看着这位大爷憨厚老实的样子，再听到他"疯狂"的徒步计划，都会觉得不可思议。但当我们注意到他身无分文、衣衫褴褛，眼神里充满艰辛的样子，再仔细想一想，他的计划也有他自己的道理。

不管这个计划如何，疫情期间，为了他的安全，我们还是力劝他暂时不要离开青岛。看到老人身边的蛇皮袋，里面装着他的饭盒和打零工的工具，我们开始担忧起他的生活。纪委的一位同志把身上仅有的二百元钱给了他，我们又同防疫现场的其他工作人员商议，送给这位大爷一些泡面和饼干等食物，让他先回到住处安心待着，等家人将身份证寄给他、疫情结束后再出行。我拿了一张纸，迅速写上我的电话号码，趁大爷要走的时候递给他，"有什么困难及时和我联系，不要一个人乱走"。他笑着点点头，背着东西回去了。

疫情期间，广阔的社会天地让我看到了生活的多种维度，接触到了更多真实可爱的生命。在基层，我们不是在解决什么理论难题，而是在真实的世界中直面挑战，用行动去化解问题。理想不是凭空生发，书本告诉不了我们的，我们自会在生活中习得。只有真正与老百姓打交道，用心去感受他们的喜怒哀乐，才会真正理解"全心全意为人民服务"这份承诺的重量。

门口的赵阿姨

青岛市李沧区兴城路街道唐山路社区是原青岛碱厂职工宿舍,属于老城区老旧小区。在交通检查站被撤销之后,我来到该社区参加防疫工作,和社区志愿者们一同负责测温登记工作。工作本身并没有太多挑战,难得的是长期坚持。在我来到社区之前,社区志愿者们已经坚持了近两个月,他们大多是社区的党员、楼长,已经退休在家。在微信群看到社区防疫招募志愿者的时候,这些叔叔阿姨们立即主动报了名。

他们对社区居民情况大都了解,工作也十分认真负责。刚开始执勤的时候,我就看到一位阿姨工作没多久就开始扶着腰,倚在旁边的栏杆上,我就和她聊起来,了解到她姓赵。

我说:"赵阿姨您每天都来吗?"

"对,我每天两个班,上午十点到十二点,晚上六点到十点。"

"阿姨您这也太拼了吧,其他志愿者不都一两个小时吗?"

她捶捶背,继续说道:"刚开始也没想那么多,没想到疫情持续这么久。这几天实在是累了,书记给我说让我歇歇,俺对象也说要不别去了。我也不是没想过,但是后来想想,咱既然报名了,自愿这样干,咱就得坚持下去,干出来个样子。"

看着她辛苦疲劳的样子,我就说:"赵阿姨,您先歇歇吧,我刚来,多干点。"阿姨一开始还坚持不让,后来我就反复劝她:"您就坐旁边,看着进来的谁是社区居民就行了,免得麻烦他们掏健康证,我来给他们测温,咱们这样搭配不挺好嘛!"然后就跑到前面继续测温。

有些热心的居民在寒冷的夜里为我们送来包子和鸡蛋。

"这晚上还是有点冷啊,这自己家刚包的包子,你们赶紧趁热吃点。"

"哎呀,谢谢你。我们不饿,都吃饭了。"

"快别客气了,你们都这么辛苦,再吃一点吧!"

简单吃了点东西,干起活来还真是又暖心又有动力。进入小区的居民大都默契地伸出手腕配合工作,甚至那些一开始不理解、不配合的居民也开始主动出示健康证、接受测温。

有一次,我刚测量完一位驾驶着 SUV 的车主体温,赵阿姨就对我说:"小邢,你刚测温的那人怎么样啊?"

"还行,就是态度有点冷。"我回答。

"拿卡了?"

"嗯。"

阿姨于是继续说:"这都不错了。他就是一开始不配合、不拿卡,每天这里都这么多人轮班,我们都还好,了解情况。碰到像你这样的志愿者,那不就得看证件嘛!他一开始不配合,我就给他说必须办卡、带着卡,不然不让进。这种人就得'治'他。"

我笑着说:"是是是,就得这样,还是阿姨您厉害。"

社区防疫没有感天动地的大事,但这些点滴小事给我们带来的感动也值得珍藏。居民出入小区时的一句"辛苦了"、温暖人心的食物、和叔叔阿姨们侃大山的闲暇时光,这所有的真诚感谢和热心鼓励都将永远铭记在我心中。

和我一同参加防疫工作的,还有一位无法返校的大学生志愿者。在她身上,我依然还能看到自己学生时代求知探索和理想主义的影子。但半年多的工作让我真切感受到,"改造世界"需要的不仅仅是知识,更重要的是实干和知行合一。正是这段日子的点点滴滴,才让我深刻体会到力行近乎仁,将理想付诸实践才是守护初心的最好方式。

王雷振,河南郑州人,出生于1993年8月,北京大学公共卫生学院2019届硕士毕业生。作为河南选调生,现挂任郑州市郑东新区杨桥办事处娄庄村主任助理。

我在家里等你

◎ 王雷振

亲爱的妻:

见字如晤!

大前天收到你的信息,说医院感染科即将安排本批医护人员换班。我真的很高兴,你太辛苦了,该休息一下了。

疫情暴发后,我们放弃了新婚后的第一个春节假期,投入到抗疫工作中。我们同在一城,却过起了"异地恋"的生活,你在医院照料着新冠病毒感染的病人,我在村庄守护着一方百姓的安康。距离说远不远,说近不近,我们在照顾着身边人的同时,也更牵挂着彼此。

2020年1月13日,我们结婚了,多么幸福的一天。想着终于能和你和爸妈一起在家过个春节了,一切都是那么地美好。

2020年1月22日下午,你接到了科室电话,新冠肺炎疫情暴发,让你回郑州待命。我有些不舍,问你能不能一起在家待命,随时开车就能返回郑州。你说不行,虽然你也很舍不得离开家,但医院的战友和病人这会儿可能比我更需要你。

晚上临睡觉前,你就收到了科室微信群里的消息,通知大家第二天早上七点到科室。你有点生我的气,说为什么不下午就走。你懊恼得不知道怎么办才好,我说那咱们现在就走吧，说着就叫起了还在睡觉的咱爸咱妈，开始收拾东西，匆忙踏上了回郑州的路程。临走前，咱们还讨论要不要带上你为回娘家准备的枣花(北方地区春节特色面食)。咱妈说，不用拿了，初二就回来了——可谁想到，一直到现在都没回去呢。

那天夜里雾好大呀，咱们一点多从家里出发，原本两个小时的路程走了四个小时，过五点时才到郑州的家。虽然你早上七点就要去医院上岗，可你一刻都没睡，一直一边陪我聊天，一边盯着前方的路。我说睡会吧宝贝，你说自己不困呢。其实我知道，你是在担心我，怕大雾里行车不安全。

除夕，我在镇上准备了一天的防疫物资，为接下来的排查和站岗做准备，到傍晚时，领导知道我新婚不久，让我早回去准备年夜饭。可没想到你直到天彻底黑下来时才回到家，我们一家人吃了团圆饭。我说："接下来，我可能白天都得在外面值守。"没想到你说："我也是啊，放心去吧。就是有点对不住咱爸妈，第一个春节，就没法在老家过了。"可咱爸妈却说："跟你们在一起，在哪都是过年啊。"

年初三，你开始进驻隔离病房，开始了每天吃睡都在12号楼的日子。我也来到了办事处，每天往返于村口、社区和家。你告诉我，病区很安静，穿着防护服在病房里，呼吸的时候，能感受到口罩随着自己的一吸一呼而轻微波动。

你穿着防护服、戴着护目镜和面屏,端着治疗盘走进走出病房;我披着棉衣在村口帐篷里登记和劝返居民,带着物资看望村里的老人。

我们不在家里,是为了在各自的岗位上守卫更多家庭;我们今天不过节,是为了以后更好地过节。等这场战"疫"结束,千千万万个家庭会迎来属于他们的团聚,那是真正的节日。

2月11日,你告诉我你要换班了,马上去隔离14天。想到两周后又能见到你了,我真的很高兴。

在别人眼里你是白衣天使,是每天将病人从死神手里夺回来的勇士。我只希望你能平平安安地回家,还做原来那个普普通通爱笑的护士。我希望你是个白衣天使,带着我的那一份热情,去多挽救一条生命;我希望你是普通的护士,不仅是担心你的安危,更是希望祖国平安。虽然接到命令时表现无比淡定,但却用实际行动默默支持着你赶赴前线;虽然描述风轻云淡,却无时无刻不为你忧心。你去抢救病人,我来守护群众,共同等待春暖花开的日子。

个人简介

黄文慧，江西赣州人，出生于1993年12月，北京大学药学院2018届硕士毕业生。作为江西选调生，任赣州市章贡区沙河镇党委委员、副镇长。

有一种倔强叫逆行

◎ 黄文慧

我在江西省赣州市章贡区沙河镇挂职担任党委委员、副镇长已有一年有余，在此期间一路学习成长，但面对这样关乎所有人民群众生命安全的战"疫"还是第一次。家，就在不远处，我想，我是回不去了。

一开始，我是彷徨的、焦虑的，担心家人们能否保护好自己。但是后来，在内心深处传来一个声音说，我们是那群不能离开阵地的人，赣南这方红色热土需要我们，有六万人口的沙河镇需要我们。家，就在不远处，我想，我不回去了。

我对父母说，待那春暖花开，我们再一起繁花与共。

难以收到回应的"拜访"

"大年初一怎么能串门呢！？多不吉利呀！"

这是在大年初一我们第一天开展全面摸排工作过程中最常听到的埋怨声。

沙河镇下辖9个村、5个社区，总面积67.4平方公里，全镇常住人口近6万人。从1月25日起，我们迅速成立了排查小组，开始挨家挨户地展开摸排工作，其中，我主要负责五龙社区。我带领着社区工作人员进入居民家中，询问是否有外地回来的亲朋好友,身体是否有感冒、发烧等症状,并提醒大家尽量减少外出,在家中做好防护工作,出现情况及时和我们联系。

"疫情哪有那么严重,别来打扰我们休息了。"疫情防控初期,社区里充斥着太多情绪,不是所有人都能理解这样的"登门拜访"。

当我惆怅地穿梭于楼道间时,看到每家门上为准备过年所更换好的新的春联和"福"字,我心想,在这特殊的春节里,我们要做带给大家温暖的那群人。我们奔波在各家各户之间,遇到不太乐意接受的居民,我们就隔着门耐心地为他们解释此次疫情防控工作的严峻性,同时安抚大家的情绪。

好在后来,或许是看到我们每天坚持戴口罩、穿绿色值岗衣服、认真登记信息和进行解释,或许是见到社区里每走几步就有一条宣传标语,抑或是听到社区小喇叭里一直传出的"关怀语",居民们逐渐意识到,疫情确实需要重视起来了。

之后,大家慢慢接受了"在小程序上填写自身信息""每户每两天一人外出买菜""禁止串门聚集聚餐"等要求,开始积极配合起我们排查小组的工作。

在疫情面前,社区居民们有恐慌,有愤怒,但我们更怕他们有失望和无助。我们能做的,就是告诉大家,我们一直都在他们身边。

和时间赛跑

"这基本上是不可能的。"当得知我们需要在三天内首轮摸查完十个小区时,一同开展摸排工作的人员这样说。

沙河镇五龙社区共有 3963 户居民,而我们的工作人员只有社区干部五名,和镇里加派的七名干部。开始时,大家的畏难情绪悄然滋生,毕竟大家所面对的不是一般的小事。在这场关乎大家性命安全的疫情面前,摸排任务工作量大,还需要准确性,这无疑给我们身上的担子增重了许多。

而时间是不等人的!

那天,当我走进一个有 13 栋 25 个单元且每个单元 33 层楼的小区时,我瞬间屏住了呼吸。在片刻镇静后,我再次组织大家讨论工作安排。我将我们一行 12 个人分成六个小组,鼓励大家振作精神,齐心协力,共同完成好这个开篇工作。

从一个单元到另一个单元,楼层上上下下地爬,门一遍遍地敲。在这严寒冬日,我们已跑出热气,只有当寒风和汗水交织时才滋生出一丝凉意,不过这反倒让我们更精神了。

"打起精神来,加油!"我的嘴里念叨着。

最后,一天半过去了,我们终于拖着疲惫的身躯走出这个小区,而三天后,在我们排查小组的共同努力下,十个小区居民情况的首轮摸排工作也顺利完成。

在时间和责任面前,我们秉承"不漏一户,不漏一人"的原则;在困难面前,我们坚信,只要共同协作,再大的阻碍也能一起克服。

倔强逆行

"好不容易从武汉回到赣州了,怎么又要回去呢?"我不解地看着这家人,直到了解真相后,眼泪终于没有止住。

五龙社区下属的一个小区中有一户人家住着一对老父母,母亲年前在家附近药店买了一两百个口罩,等待着儿子一家三口从武汉回来过年。在家人还没回来之前,这位母亲就及时向居委会报告了情况。过年那天,这一家三口自驾回到了赣州,到了社区后也配合我们进行了居家隔离。

后来为了更方便地给他们提供餐食服务和日常身体健康检测,我们希望他们能继续配合我们去到集中隔离点进行隔离,但是他们断然拒绝了。当时的我并没有理解他们的想法。毕竟家里的老人若感染了,这个家庭将会遭受到不小的打击。

在后来的协商过程中,医生说他们一家防护措施做得比较好,实行分餐制,居家也会戴口罩,也会经常通风消毒,我们就妥协了。在过了隔离期14天后,他们一家人都没表现出任何感染症状。当我正要舒一口气时,却听到了令人震惊的消息。

"这家人中的丈夫要回武汉,需要我们开具相关证明。"居委会书记说。"武汉都封城了,怎么进得去呢?"我当时就问。后来他把单位证明拍给我们看,才知道他是被请回去筹备改建方舱医院。

他出发前,在我们送证明去的那天,我们和他说,愿平安归来。他说,只要父母和妻子孩子健健康康就好。

家人是我们永远的牵挂,但也正是因为有这份牵挂,在前行路上,我们才不孤单。

原来,有一种倔强,是想和家人多待一会儿;有一种倔强,是做逆行英雄。

朱春彪，江西鹰潭人，出生于1994年1月，北京大学深圳研究生院2019届硕士毕业生，在校期间获国家奖学金、北京大学三好学生标兵等荣誉奖励。作为上海选调生，任职于市委军民融合发展委员会办公室，现挂任奉贤区金汇镇新强村书记助理。

我在村里安了家

◎朱春彪

新强村——我在这里已经五个多月了，这个隶属于上海市奉贤区金汇镇的村子，被两条市级公路和多条镇级公路横纵贯穿，属于城乡接合部，人口流动频繁。这些天，又赶上外来人员返沪务工潮，它已然成了这次疫情的"重灾区"。

一周里，六天住在村委会，一天回家洗澡换衣物。熟悉了村子白天的鸟鸣、夜里的犬吠，这里成了我的家。

夜 巡

2月23日，初春的夜晚还有些冷。

又要在村委会办公室过夜了。有风从不起眼的缝里灌进来，我起身拉紧了窗户，只剩下老式空调呼呼的运转声，村子睡着了。

这么多天来，已经习惯了这种安静，也不再害怕那个偶尔在半夜间歇性响铃的座机。和衣躺在值班专用小床上，回想刚刚结束的夜巡工作，心中有些许感慨。

夜巡是我每日的常规工作项目，无论刮风或下雨。村子3.85平方公里，徒步巡完几个大队就要花两个多小时。几天下来，旮旮旯旯我一个人走了个遍。

村里只有主干道有路灯,擦黑时还能靠着余晖走走小路,夜再稍微深一点,就得全靠着手机手电筒照亮。起初,一个人还是有些不适应。村子里野猫本来就多,尽管已经做足了心理准备,一不留神还是会被从田间窜出来的活物吓一跳。再加上村里家家户户都有养狗的习惯,路过村民家门前,常常会被狗追着叫。记得被叮嘱过被狗追一定不能撒腿就跑,要不然狗会穷追不舍,于是佯装淡定路过,行不通时,只能朝着狗大吼,希望狗主人听见了,能出来解解围。遇到体型大一些或是不怕人的狗,说不害怕是假的。

走的次数多了,有些路摸着黑就能走下来。狗仍然会叫,但有时也会冲着我摇摇尾巴。

于我而言,夜巡更是一个契机:观察村子,熟悉村况,了解人情。走在路上,村民们大都好好戴着口罩,没有戴的或者没戴好的经过提醒也能赶紧改正,从最开始的陌生,到见面也能互相拉拉家常。我在适应这里,村子也在接纳我。

愧 疚

2月24日,天气越来越暖和了。

今天傍晚,我在村里巡逻,正巧遇到几位村民聚集。于是上前询问情况,了解到一位阿婆身体不适,准备服药却看不懂使用说明,来寻求隔壁人家帮忙。我借着手电筒的光,照着药盒跟阿婆详细解释:这个药是治疗三种疾病的,阿婆您是属于第二种疾病的轻症患者,一天两次,一次半粒就好。

和阿婆解释完,我像往常一样嘱咐还在门外的村民,告诉他们最近外地返沪人员较多,出门要记得戴口罩,保护好自己。阿婆听到后,反映说:"口罩不够用,对面马路口总有一群这几天从外地回上海的人聚在一起聊天,没口罩,我都不敢出门!"

听闻这番话,我心中一紧。把阿婆送回家后,我立马联系了负责采购口罩的工作人员,咨询了情况,拿到口罩后送到了阿婆家里。随即又跑到对面路口与该片区域的几户人家讲明了情况,叮嘱他们不要在外聚众聊天。

事情已办妥,此刻坐在这里,却仍感一丝愧疚,总觉得自己的工作还没做到位。村民们常常关切地和我们说:"最近辛苦了。"心中有被认可的舒畅,肩上同时也有了更沉重的担子。我时常想,自己不过是在做着本职工作,那些敢冒风险、无私付出的志愿者,积极配合我们、留守在家的村民,才更辛苦。

不留死角、不留盲区,说起来容易,做起来还真是需要下足了功夫。这倒也给我这个基层"新人"上了一课,往后该注意、再注意。

暖　心

2月25日,天气晴朗,心情也舒畅。

基层防疫工作不容易。白天负责外来人口登记、体温检测、口罩发放、村民接待、复工人员健康核实,晚上负责村内巡逻、卡口轮岗值班,总会碰到棘手的问题,有时难免遭遇误解,偶尔还会背负委屈。

为了拉近和村民的关系,我常在村里"转悠",遇到哪家缺个帮手,就下田和他们一起春耕。值得庆幸的是,在防疫工作深入开展的过程中,老百姓大都很配合,我们也得到了理解。

今天,到一户人家进行外来人口健康登记。住在他们隔壁的一位老奶奶正要出门,而她踏出家门前的第一个动作,就是把口罩戴上。见此,我心中欣慰不已。登记工作结束后,便上前和她聊了一番:"阿婆,您做得非常好。近期我们村有很多外来人口,出门要戴好口罩。口罩不够了,给村委会打电话,千万要保护好自己。"看着她频频点头,我也放心了许多,临走前,为她测了测体温，一切正常。

在村子里，我们守护村民的安康，而村民也给予了我们最暖心的回应。如今，要是有外来人口进村，村民都会主动联系村委会报备；有时候上门登记，附近的村民还会主动从家里搬出凳子给我们坐。愈发觉得，这里的柴米油盐酱醋茶、一草一木、一人一事，都与我有关。

在大家的共同努力下，至今我们村都是零感染。

以前总听说基层工作者"什么都能做、什么都不怕"。这段时间的基层防疫工作，逐渐让我明白，并非是全能或勇敢，只是做得多了、做得熟了，一切都自然而然了。

陈雯怡,上海松江人,出生于1994年1月,北京大学法学院2019届硕士毕业生,被评为北京市优秀毕业生。作为上海选调生,任职于市委组织部,现挂任青浦区朱家角镇万隆村书记助理。

村里的油菜花开了

◎ 陈雯怡

2020年伊始,新冠病毒性肺炎疫情来袭,一边是闭不出户的坚守,一边是义无反顾的逆行。作为刚赴任不久的选调生,我在冬日里体悟到了人世间的阵阵温暖与勃勃生机……

"冲锋号"和"狙击枪"

1月23日,大年二十九,放假前的最后一个工作日。回想起来,当时大家都已经意识到武汉疫情的严重性。那天,我们村的支书和主任去镇里开了防疫形势会议,回来后立即在村委会召开了防控工作会议。我记得书记最后一脸严肃地对大家说:"'冲锋号'已经吹响了,大家要做好春节不休息的准备。"确实,春节至今,我们村委上上下下,一日未休。

"冲锋号"已然吹响,可战斗还需要"狙击枪"。在会上,我主动请缨参与道口的24小时值班工作,为进出车辆和行人测量体温、办理出入证。很快,我领到了组织为我配备的"狙击枪"——测温枪。我想,此时此刻,我就是一名"小战士"了。

没想到,要做好一名防疫前线的"战士"真是有许多门道。2月的上海,天气湿冷，测温枪经常冻关机或读数不准。为了解决这一频繁出现的问题，我琢磨出使用手腕测温的替代方法，有效提高了读数的准确度。不过，冻关机实属不可抗力，所以我仍是没辙。

有时，重启测温枪的时间长达十几秒，排着队或等不及的叔叔伯伯一下子就焦躁起来，朝着我大声嚷道："我没有发烧啊！大家这么熟，你还不信我啊？你们就是形式主义！"为了平复他们的急迫心情，我只好用蹩脚的本地话，手忙脚乱地跟他们解释："我们认真测温不是形式主义，是为您和大家的健康负责。"本地爷叔生起气来多少有点凶，即使戴着口罩，身边人也一定注意到我的脸已经急红到了耳根子。

后来，我慢慢摸索出了如何消除这短暂"尴尬"的办法。我发现，十几秒钟的等待着实有些漫长，这时聊些村里人习惯的家常话，时间不仅稍纵即逝，而且还能让他们感受到组织的关心。疫情期间大家的社交活动都减少了，我一问爷叔"今天去哪儿了""买了什么好吃的"，他们的话匣子就都迫不及待地打开了。熟络之后，他们甚至还关心地问我："小陈你怎么没戴手套啊？"这不禁让我心里一暖。

其实，值班过程中并不缺乏这样的暖心时刻。村里的外口协管员哥哥好几次紧张地叮嘱我，"车子开过来你要躲啊，别站得离车太近""摇下车窗去测量驾驶员体温的时候，你要离远一点"。原来，车窗一摇下来，车内外的温差会导致车内的热气袭面，他担心病毒也会朝我扑面而来。

我身边有很多人会关注到各种小细节，甚至比我自己都担心我的安全和健康。每一天，拿着手中的"狙击枪"，我心里都是稳稳的安全感。

村里的老人们想理发

俗语说：有力长头发。这么说来，显然我们村里的老人身体都很好，因为他们的头发长得飞快。村里的理发店因为疫情闭门歇业没多久，他们就不断来村委会问："理发店啥时候开门？"

"二月二，龙抬头"那天，万隆村决定为老人们义务理发。很快，我们就招募到了七位在镇上做理发师的村民志愿者。

老人喜欢热闹，人数又多，一不小心就容易演变成聚众晒太阳聊天。如何在防止扎堆聚集的前提下安全理发？我想起网红饭店的"预约取号"机制和微博上的"北欧风"排队奇景，提出首先要限流，其次要做到减少等候区人数。

万隆村义务理发

想到对策之后,我赶紧拟好通知发到各个小组长手里,告诉他们每个村民小组有八个理发号,全部按顺序通知前往。老年活动室前只会摆十张椅子,早去没地方坐,所以必须等快轮到了再通知老人前来。为了确保安全,我作为志愿者维持着等候区的秩序。

太阳快下山的时候,有个爷叔开着残疾小车缓慢驶来。进门以后他不找理发师,而是径直冲向我询问能否上门理发。仔细一问才知道,他女儿最近腿摔断了过不来,又不想就此错过二月二剪发的好彩头,所以来碰碰运气。本来我不想开这个特例,可爷叔的眼神里满是渴望和请求,还拉着我出了大门,给我指他家的方位,反复强调:"只要过桥就到我家了,不远的,不远的。"

父爱如山,我们怎忍心拒绝这位残疾父亲?那天晚上,我和一名志愿者赶去他家里。当他女儿看到理发师前来为她剪发时,露出了灿烂十足的笑容。志愿者的剪刀穿梭游走,三下五除二就完成了令她满意的作品。欣赏着女儿剪完以后利落的头发,父亲一边摸着自己蓬乱的头发,一边露出了放心的笑容。在不远处看着这个温馨的场景,我的心里也充满了喜悦和满足。

油菜花开

遥远的人们，都与我有关。在道口，我看到太多村民自发前来捐款。截至3月9日，村支部91名党员自愿捐款总数达到18971元，加上群众的捐款，总额逾4万元。他们是普通的公司职工，是年迈的老人，是腿脚不便的残疾人，是收入微薄的保洁阿姨，是手握压岁钱的小学生，是你，是他，也是我，是"人类命运共同体"中的小小的个体，为了近处的、远处的人们，奉献着自己的力量。

"沃田桑景晚，平野菜花春。"没有什么比油菜花更能让人感受到春天的脚步了。3月初的那个清晨，进村时我突然眼前一亮：一夜之间，田里冒出一大片金黄，微风一吹，它们整齐地弯腰向我致意。

这时跑来一只撒欢的小狗，毛茸茸的，跑着跑着突然停住，直起身来伸出两只小爪子，扒在桥边的护栏上安静地"眺望"着油菜花田的尽头，远处旭日正初升。

一旁，已经有人在用挖掘机起垄，休眠了一个冬天的泥土苏醒了，这是最好的沃土。水稻田里蓄着水，小水鸡正在认真地觅食，惊蛰后的小虫子们来去穿梭……那一刻，我深切感受到——春天来了！

道口往来的爷叔们已经认识我了，我也早已将进出测温变成一个"肌肉记忆"；老人们的头发又长了，第二、第三场义务理发即将接踵而至；春耕的脚步近了，复工的号角也已经吹响……

寒冬已过，花开正盛，我和万隆村共同期待着"疫"散君来！

个人简介

魏忠凯，甘肃酒泉人，出生于1994年2月，北京大学政府管理学院2019届硕士毕业生。作为湖南选调生，在常德市鼎城区灌溪镇工作，担任组织干事、宣传干事、团委副书记，2020年2月起任经济发展办公室主任。

疫情防控"多面手"

◎ 魏忠凯

我所在的湖南省常德市毗邻湖北，市内有大量人口在武汉务工经商，灌溪镇恰有一处高速公路收费站，因此防疫形势十分复杂。

"北京来的年轻专家"

全镇有六处开放式安置小区，没有物业管理，又不属于任何一村管辖。

一天晚上，我和镇长到小区搞暗访，发现大部分居民还是喜欢"蹲墙根""扯白话"，三五成群凑成一堆，聚在小区广场上。我的本地话不流利，喊上两嗓子，群众也不买账。

"怎么让老百姓听招呼"，成了我那两天最重的心事。

疫情人命关天，为了自己的健康考虑，老百姓还是愿意信科学、信专家。想到这一点，我便"计上心来"，为什么不发挥我"讲普通话的外地人"的特点，扮演一个上面来的年轻专家呢？

那以后再到小区巡查，我便挂起志愿者胸牌，甩出字正腔圆的普通话，扯着嗓子大声喊："我是北京大学的研究生，上面派到灌溪来指导疫情的科学防控。这次这个病毒能在空气中存活一天，像你们不戴口罩扎堆闲聊的，就是最危险的潜在被感染人员……"

我们把这称为"特殊时期的特殊办法",虽然可能有一些"夸张"的成分,但群众大多都买我的账。"你们都是好人呐,是为我们好",以心换心,大爷大妈的这一份理解,就足以驱散每晚巡查劝导时一遍又一遍重复相同解释的疲惫。

"喇叭里的小伙子"

镇里给全镇居民编印了材料,讲疫情防控知识和防疫期间的管理规定。我想,除了文字,声音也许更有温度和力量,因此计划打造一波"耳朵攻势",让"村村响"喇叭和防疫宣传车连番上阵,把科学防疫的知识要点和镇里关于疫情防控的规定建议,向群众不间断循环播放。

条件局促、设备简陋,录音、剪辑就全部由我自己上。没有录音间,可我们有"浴室混响"。在北大读书时,喜欢在浴室唱歌或常听到浴室歌声的人都知道,浴室的收音效果绝对超群,独特的混响效果使得歌声的美感往往比正常水平高出几分,因此各栋宿舍的浴室里,都诞生了一批实力不俗的浴室"歌神"。

浴室录制、手机收音、自己剪接，制成的音频交给村干部，从那以后我就成了"喇叭里的小伙子"。"气质厚重、声音清亮"，我自己听得心里美，竟没想到离开校园后还又当起了广播员。

"临时上阵的教导员"

3月初的一天中午，我接到派出所所长电话，最近正在严督严防聚众打牌现象，发现了一些不听劝告的负面典型，正被带回所里进行谈话教育。

知道我当过"北京来的专家"，所长说："这次还得你这位专家出马啊，给乡亲们上上课！"言辞中既带着调侃，也透着真诚。

"除了办理户籍手续，还是第一次以这样的身份去你们派出所。"我虽然笑着应承下来，但内心还多少有些紧张。

到派出所是中午十二点，正是午饭时间，干警的工作餐就是一碗泡面。群众有喊饿的，派出所同志给他端去了一碗。"我不吃这个，给我来点好的。"他斜靠在椅子上，语气十分不屑。

"他们三四十天没回家，一天早中晚三次搞巡查，图什么？按理说个人的健康个人负责，他们每天冒着风险到处跑，都是为了你们大家的健康，却这样得不到你们的理解。"看到这一幕，我有些生气，便直接跟这几个群众谈了起来。

"我们就三五个人凑一桌玩玩，都是熟人，有什么大不了的？"他们还是心存侥幸，没有意识到病毒传播的危害性。

"你所谓的熟人最近在外面接触了哪些人，接触的人又是否接触过病毒感染者，你能搞得清楚吗？居家隔离就是最好的防护，你们偏要跑到外面来打牌，一旦发生感染，父母老婆孩子不也都跟着你们一起倒霉？"

……

从科学防疫讲到家长里短，他们逐渐意识到自己的错误。

"专家说得对啊。"

"是啊，没想到这个病毒这么厉害，回去可得好好洗洗手！"

"请你们答应我一个请求，回去以后在村里做一个义务宣传员，不但自己不要再凑一起打牌，发现有类似情况的，还要及时制止。"临走前我这样告诫他们。他们都满口答应，真的放在了心上。

临时上阵，我成功当了一次派出所的教导员。

"能写会画的宣传干事"

宣传是我能带给镇里的另一种能量。疫情期间,每一个宣传员都想长出"千里眼"和"顺风耳",为的是发掘素材、抢抓时效。两个月来,我也常常穿梭在村组街巷,发掘疫情防控期间的感人故事。

在我写的四十多篇省级以上通讯报道故事中,最令我动容、我最想让全镇老百姓都看一看的,还是那位"最美巾帼陈春华"。

她是我所联系村的村会计,去年查出罹患癌症,可在疫情防控期间,她一直坚守岗位,统计摸排、收发物资,工作比谁都忙。

"我没问题,在家待着我也得急出病来!这些年我跟大家处得好,尤其是村里的姐妹们,都愿意听我说两句,我一定要去给大家做宣传,给村里的防疫工作多做点贡献。"她平常沉默寡言,说这话时眼神中却充满了坚毅。

我由衷赞叹、由衷敬佩,为她写了一篇报道,"支书说春华你多休息,她却敷衍应和着继续忙"。她是群众的好干部,也是我学习的榜样。

除了文字报道,我还点开尘封已久的PPT、Photoshop,设计了简明易懂的"灌溪镇居民防疫五知道"。看到群众在村口展板前看得认真,我知道,自己的工作起了效果。

"不要问基层能给你带来什么,但问自己能够从基层学到什么。"这是我在离开燕园时毕业感言中的一句话。到今天,在这场疫情防控人民战争中,我真正体会到群众有多么可爱、基层战斗堡垒有多么重要。"我是一名基层干部",再说这话时,骨子里更添了一份担当。

苏永宁,陕西咸阳人,出生于1994年4月,北京大学政府管理学院2018届硕士毕业生。作为上海选调生,任职于市人力资源和社会保障局,先后在静安区静安寺街道、市人社局信访接待大厅进行轮岗锻炼。

小弄堂没有"漂亮话"

◎ 苏永宁

这次的疫情来得又快又猛,让人猝不及防。

了解到单位要组织党员干部参与一线防疫工作的消息,我立刻改签最近日期的票从老家回到上海。按照要求先期抵沪居家隔离满14天后,我向局团委报名,成为支援基层一线抗疫顶岗工作中的一员。

根据安排,我被分派到杨浦区大桥街道富禄里居委会。这里都是老式上海里弄。

就像北京胡同与四合院,上海的城市文化永远都缠绕着"弄堂"二字。

弄堂似乎从来烟火气十足,嬉笑怒骂皆有韵味,在无数名人笔下跃然纸上。而这一次,弄堂似乎安静了,大家埋头苦战,人人都憋着一口气,等待着鲜活日子的复苏。

发口罩:先从紧处来

都说基层锻炼人,身处其中,确实是"事非经过不知难"。

这里的弄堂居住人员数量多、结构组成复杂,多以老年居民和外来务工人员为主,我们的防控压力很大。

起初，我的主要工作是协助居委会的同志进行口罩领取预约登记，同时和社区党员志愿者一起在弄堂口为出入的群众测量体温，排查登记其他省市回沪人员。这些事儿说来普通又轻松，做起来却着实费了些功夫。

"家有三件事，先从紧处来。"我们首先要解决的是社区居民的口罩短缺问题。

和全国其他很多地方一样，上海市面上口罩极度缺乏，居民们买不到口罩，可总是不得不出门。我和居委会的几位同志一起商量着凑了一些，优先给社区里的困难家庭每家分几只，但相对于巨大的需求而言，这依然是杯水车薪。

不过，很快得到上级指示，明确社区居民可以通过预约登记到指定销售点购买口罩。我们立刻在辖区内张贴宣传告示，挨家挨户去上门告知，分批引导居民到居委会领取购买凭单。

有些年龄大的老人家腿脚不便，子女又不在身边，我就要带上单子，买好口罩一家一家送上门去。两天下来，社区居民没有口罩可用的现象便初步得到了缓解，每户人家日常生活的最低需求量基本能够满足了。

所谓"服务群众"，首要便是急人所急、解人所难。可有些问题，单靠个人、靠市场，都解决不了，所以要"集中力量办大事"。什么是大事？抗击疫情、守护安康，这就是大事。有了国家、政府的统一调配，防疫物资才能去到需要的地方，弄堂里每个居民才能安心戴上口罩出门。

量体温：守好这道门

结束口罩预约登记工作后，我来到杭州路665弄路口，接替上一组同志的工作——当一名弄堂"守门员"，对进入弄堂的居民进行识别登记和体温检测，筛查登记外省市返沪人员。

早春的上海阴冷潮湿，这条弄堂又恰好处在风口，即便是晴天，大部分时间也晒不到太阳。我每天要在路口站近六个小时，一整天下来手脚冰凉，冻得仿佛四肢都不是自己的了。

对进入弄堂测量体温这件事，绝大部分居民都表示了理解和支持，也十分配合工作。但一开始的时候还是有极少部分居民会抵触体温检测，甚至会破口大骂。

我的上海话说得不利索，有时候交流不畅，干着急没办法，只能求助于熟悉弄堂情况的老党员志愿者进行劝说。这样的情况让我稍有了一些挫败感，甚至一度想过:"算了,何必要查得这么严格,给自己找麻烦呢。"现在想来,还好自己没有泄气,坚持守好了那道门。

经过观察,我意识到问题出在了哪里。

上海这座超大城市的飞速发展在某种程度上把弄堂甩在了过去,在现代化升级的过渡期里,老弄堂仍有"苦处"。

这条弄堂十分破旧,许多居民家里没有卫生间,只能用"夜壶"。附近唯一的公共卫生间和垃圾箱又在弄堂外,居民们每天倒垃圾、上厕所都要频繁外出,而每次回来又都要量体温,次数多了难免烦躁。

于是在报告居委会领导后,我学习其他社区同志的做法并稍作改良,设计了出入便条,上面记录了日期和持条人的测量体温。时间以半日计,弄堂内居民上午或下午第一次出门时需要进行体温测量,并发给这张便条,随后半天内凭这张便条可以不测体温出入弄堂。

这样一来,居民们的麻烦减少了很多,防控的效果也得到了保障,居民不配合测量体温的现象便不再有了。

行方便，让群众的生活更便利，前提是要讲原则。规矩不能破，它关系着千千万万人民的安危，但办法可以想、方法可以试。摸清基层情况，了解群众需求，是硬道理。想再多、说再多，都不如去做。

分快递：母校给的灵感

除了测量体温，整理快递也是个"令人头大"的工作，而这本不是我的职责。

由于大家都尽可能减少了出门购物的次数而转向网购，这段时间弄堂里的快递来得格外多，一两天就能堆出一座小山。

但665弄路口实在是太狭窄了，窄到放一个快递架的空间都不够。快递员们常常是将快件散乱扔到地上也就不再管了，任由收件人自己手忙脚乱找着。

出门来取快递的居民经常挤作一团，在一片混乱中翻找自己的东西，甚至还有因找不到而和快递员吵起来的。弄堂口又直接连着马路，十分不安全。疫情还没过去，每天取快递的人群挤在一起太久可不是什么好事。这种情况实在令人担心又头疼。

思来想去，我回忆起了自己在燕园生活时取快递的经历。34楼南侧，快递窗口分了号码，大家都有序排队领取物件。

于是，我和这些快递小哥沟通，划定不同的固定区域来对应弄堂里的门牌号段，帮助他们一起提前将快递分拣好，让居民们都能在固定位置快速找到自己的东西然后离开，既提高了效率，也避免扎堆聚集带来风险。

在这一过程中，我也调解了部分居民和快递员之间的矛盾，算是一点意外的收获。

我们常说，母校教会了我们很多东西，说起到底是什么，反倒是讲不清、道不明了——因为它们大都沉淀为一种精神浸入了骨髓。然而，这次我想说，母校教会了我如何让基层群众更便捷地取快递。

得人心：关怀是相互的

回顾在街道社区值守的这段日子，群众对我们这些工作人员给予了巨大的支持和理解，有太多的人和事让我感慨动容。

有居民见我们每天哆哆嗦嗦站在寒风里，自掏腰包给我们买了热腾腾的咖啡送过来；有居民看我们用棉球蘸酒精消毒不方便，专门给我们送来了小喷雾；

有居民在下雨天小跑着把自家的雨伞和雨披拿给我们，生怕我们在雨里淋着；还有居民把家里的充气床垫都拿了出来，好让我们站岗累了的时候能坐下来歇歇脚……

对一个地方产生好感，往往源于那里的人。我开始理解，上海的弄堂文化从未被岁月消磨，在看似狭窄的道道里，藏着一以贯之的包容、大度与理解。过去它容纳了土生土长的上海人，现在它又无声地接纳着来自全国各地的我们。

在知道我毕业于北大后，弄堂里一位曾在沪东造船厂工作的阿婆非常激动，跟我讲起了五十多年前她去北京到访燕园的经历，还拉着她的小孙子来见我，告诉他："这个哥哥是从全国最好的学校毕业的……"

人民公仆，走的是群众路线；基层工作，也总是要跟群众打交道。当我们的努力被群众看见并认可，没有什么比这更值得高兴了。

支援顶岗的日子过得飞快，我也要回到自己的本职岗位上去了。想到离别，难免不舍。弄堂里有朝夕相处的战友，有热心相助的居民，这里没有什么"漂亮话"，大家也不爱讲大道理，可每一声问候、每一次叮嘱，都让人感受到实实在在的温度。

张扬，安徽淮北人，出生于1994年5月，北京大学数学科学学院2018届硕士毕业生。作为安徽选调生，在淮北市委组织部工作，现在淮北市同创融资担保集团有限公司锻炼，疫情期间被所服务社区评为"最美志愿者"。

数院人的抗疫笔记

◎ 张扬

在数院就读的时候，课上记笔记是基本功。记下知识、教诲、提醒，也记下自己的思考和困惑。

走到工作岗位上，我保持了这个习惯，也正是因为这个习惯，今天我可以去回顾自己的战"疫"经历，在纸页的翻动中真切感受到自己的成长。

向数字学习

相比早早关注疫情的同学们，我较为"后知后觉"。

腊月二十九的上午，手里的工作终于全部落定，忙碌的一年算是走到了尽头。我给自己放了个小假，久违地在网络上畅游。

这个本意是放松的小假，却让我的心情沉到谷底。"人传人"、武汉封城、25个省级行政单位已有确诊病例……铺天盖地的新冠肺炎疫情信息，让之前只是知道但并不了解的人，意识到了疫情的严重程度，也让本来盼着回老家的雀跃心情蒙上了阴影。

从这一天起，我开始随手在笔记本上记下确诊病例人数：

1月23日，累计确诊830例，新增259例；

1月24日，累计确诊1287例，新增444例；
1月25日，累计确诊1975例，新增688例；
1月26日，累计确诊2744例，新增769例……
疫情蔓延出乎意料地迅猛。

我下意识地把这些数字放在一起，随手一画，一个粗糙的"凸函数"跃然纸上。

学过高等数学的同学们应该对"二阶导数大于0"的潜在含义熟稔于心，如果不能采取有效措施，确诊和新增的数字，在不长的时间里就会"爆炸式"攀升。

这场仗，还有得打。

赶在老家城乡公交线路停运的最后一刻，我辞别了刚刚团聚三天的父母，启程回到工作岗位。

向一线学习

1月27日，大年初三，我回到了"阔别三日"的办公室。

我原以为，回来可能要真刀真枪地战"疫"，谁知却拿起"笔杆子"，干起了文字战"疫"的工作，悉心挖掘报道抗疫一线的那些人和那些事儿。坐在办公桌前，看着一线传来的一张张图片、一段段文字，我慢慢放下了对写稿写到头秃的担忧，沉浸在一个又一个故事中。

"哎，哎！

父老乡亲同志们，静坐家中仔细听。听我说段抗击疫情大行动！

党叫咋办就咋办，不给政府去添乱。宅居家里也贡献。

……"

这是五沟镇土楼村74岁的贫困群众纪成轩自编的一段快板。老人因脑血栓导致肢体二级残疾行动不便，眼见着疫情一天天严重，村干部们起早贪黑地忙碌，他坐不住了。不能出去入户排查，不能四处张贴宣传标语，他开动脑筋编起了抗疫顺口溜。

纪老伯文化程度不高，庄稼地里，需要咬文嚼字的时候也少，编这段顺口溜没少费工夫。但老人家愿意挑灯熬油地想、改，想到乡亲们能听进去、记得住，他就觉得值，觉得自己也参与了抗疫工作，觉得光荣。

"各位亲朋好友，非常遗憾地通知您：由于新型冠状病毒扩散，响应国家号召全力做好疫情防控工作，我们原定于1月30号（正月初六）的婚礼延期……

不给国家添乱,对亲朋好友负责……"

这是一条特殊的拜年短信。大年初一,南坪镇街西村预备党员、扶贫专干杨浩没给亲朋好友们送祝福,却送了个婚礼延期的消息。

推迟婚礼,不仅是担心人群聚集风险,还因为他根本没有时间。

安徽跟湖北接壤,防疫难度不可谓不大。疫情一起,村干部们既要入户摸底排查,又要兼顾村口值守,常常从天亮忙到下一个天亮,谁还顾得上筹备婚礼呢?

杨浩婚礼延期后,村里其他三户新人也纷纷响应,取消宴席近六十桌。

此外,还有手拿小音箱每天在村里巡回播放防疫知识的离任村干部,有帮助解决萝卜、草莓、牛肉等滞销问题,千方百计守住"信用村""信用户"金字招牌的金融村干部们……

一个个挑灯写稿的深夜,整理着这些普通人的抗疫故事,我突然想起了燕园里三尺讲台上的老师,简单、真挚、专注、纯粹,为一件事拼到底。

向业务学习

不久前,按照安徽省定向选调生培养政策要求,我开始了为期两年的基层锻炼,第一站在淮北市同创融资担保集团有限公司。

从机关到企业,我感受到了不少冲击。"担保""反担保""再担保"等专业名词让我"一脸懵""压力山大"。

同创是一家政策性融资担保机构,是支持小微企业和"三农"发展的前沿。要想在这里发挥作用,专业知识储备必不可少。

于是,我的补课开始了。

我一边学习《融资担保公司监督管理条例》及配套政策,一边从同事手中借来《信用担保实务》钻研琢磨,还抽空陪同其他业务经理跑遍了凤凰山经济开发区、烈山经济开发区等园区,实地了解企业在疫情中面临的生产经营困难,在现场调查、审核资料、撰写报告的过程中,理解书上读来的知识。

这段既读书又躬行的学习经历,让我对金融的救急纾困作用有了深入的理解,对政策效力的传导生效有了更直观的感受。

为帮助企业共渡疫情难关,中央、省、市各级都出台了相关政策,也对发挥担保作用提出了具体要求。但是如何将"白纸黑字"的政策导向变为"真金白银"的实际支持,责任就落在了我们身上。

"担保期限1年的担保费率降至1%";

"担保期限半年的担保费率按0.5%";

"对存量业务给予担保延期支持"……

一批降低费用、宽限期限、特事特办的举措陆续出台,我们在尽最大的努力,帮助受疫情冲击的中小微企业渡过资金紧张的难关。

在淮北的地方电视台上,曾经听到过这样一句话,"90后的孩子们追寻着前辈的脚步,同城市一起成长,如日之恒、月之升,逐渐成为我们这座城市的中流砥柱"。我的学习笔记,记的不仅是知识,更是我的成长轨迹,我成长为这座城市的中流砥柱所需的营养。

我还会继续学下去,继续记下去。

李淑筱，安徽六安人，出生于1994年6月，北京大学深圳研究生院2018届硕士毕业生。作为广东选调生，任职于广州市生态环境局，四级主任科员，2019年10月起挂任花都区新雅街石塘村书记助理。

燃起心中一团火

◎李淑筱

今年的春节假期，因这突如其来的疫情与往常格外不同。原本，我早已抵达安徽家中过年。然而，看着新闻中不断增长的确诊病例数，我愈发挂念起远在一千多公里外的父老乡亲们，决定主动请战，回到自己的工作岗位上。

父母都是县城医院的医务工作者，是假期也早出晚归的"逆行者"，一家人只能在夜晚相聚。温馨时光本就短暂，但看到我的工作群里不断蹦出的消息，他们对我说："你回去吧，越是特殊时期，你们年轻人越是要往前站。"带着家人的理解与支持，我登上了返程列车。即便车厢里冷冷清清，我的内心也是一团火热，一边联系着村里的领导同事，一边筹划着回村之后如何开展工作。

步履不停，当好"多面手"

返程的路上，我都在想着疫情防控工作的开展。石塘村外来务工人员超过万人，高达本地户籍人口的三倍以上，节后从全国各地陆续返工的大量人员，将给村里的防疫工作增加不少难度。幸好，我回村后发现，大部分村民都能意识到这次疫情的严重性，自觉遵守着村口小音响不停播报的"四个要""四个不"。回到岗位的当天上午，我便承担起村里情况核查、数据统计等工作，成了一名"多面手"。不久,我又得到了一项新任务——遍访街道的 11 个村、4 个社区,为其他村居的统计提供援助。

然而,紧锣密鼓的工作日程,对我也是不小的挑战。白天与街道防控办的工作人员一同驱车前往多个党群服务中心,了解各村、各社区的情况,帮助他们建立清晰有效的台账;晚上回到村里加班,汇总当日出入卡登记情况、跟进重点人员健康检测情况、梳理各类人员的信息数据,为第二天的工作做好准备。有时候忙起来,连一口水也顾不上喝。

岗亭值守、物资清点发放、出入卡办理、来穗系统登记、宣传资料制作、未返穗人员联系和沟通……哪里有需要,我就在哪里。

接地气,从学好粤语开始

"新病毒、人传人,飞沫传播系诱因。少聚集、远人群,春节期间唔探亲。出外务须戴口罩,个人防疫多留神。出街翻屋先洗手,真系唔论晨和昏……"这是村委会电子宣传栏滚动刊播、党建"小喇叭"循环播放的宣传口号。在石塘村,村民的日常交流都使用粤语,入职后为了通过语言关,我将字词和拼音抄写在纸上,每天学习和复习。到了防疫期间,我已经基本可以用粤语交流了。我永远记得每一个值守村口的日子。"早晨!"每当有村民路过村口关卡处,我便这样向他们打招呼。村民在面前停步,配合测量体温后,我再用"唔该"

等感谢语请村民通行。有时，我还会和村民们聊上几句，拉近距离、便于开展防疫工作。

比学会粤语更高兴的，是得到同事与村民的夸赞："呢个细路女（这个小姑娘），真系好接地气。"

最难忘的，是守望相助的力量

在我印象中，村民们待我永远像亲人一样。今天去祠堂门口帮村民办理登记手续，已经等候在那里的村民见到我，很热情地喊着"靓女靓女"，还主动帮我搬桌子、摆板凳。担心人群聚集可能增加病毒传播的可能性，我喊"大家站开一点，不要聚集在一起呀"，村民们便将证件和填写了电话号码的小卡片按顺序摆在桌子上，用卡片代替人"排队"，然后分散到开阔地方去，非常配合我们的工作。

疫情当前，大家的团结齐心让我难忘。在这个小小的村居里，有不厌其烦地每天配合登记的村民，有协助人口调查的本地出租屋主，还有无数认真负责的岗亭志愿者，以及平日里欢声笑语、工作时埋头苦干的村干部。尤其要感谢那些电话联系时遇到的湖北籍未返工人员。登记流程有些繁杂，有些人可能已经反复接到好几通内容相似的电话了，但态度仍然十分友好，没有一点不耐烦。"没事没事，有什么需要问的，你说吧！"他们中有些还会跟我唠两句，即使未曾谋面，我也感受到了相互理解、守望相助的力量。

连续战斗的四十多个日日夜夜里，脑海里全是共同战斗的伙伴们的身影。最骄傲的事，不是梳理了上万条数据信息，也不是成了全街的典范，而是在工作中的用心用情获得了大家的认可。

"等到疫情结束的时候，我们就放假了！"身边的村干部转过头笑着对我说，"我们一起去武汉看樱花吧！"

王少川，浙江义乌人，出生于1994年7月，北京大学哲学系2019届硕士毕业生，在校期间曾任哲学系研究生会主席、北京大学团委理论研究室常务副主任。作为福建引进生，现在宁德工作，任福鼎市太姥山镇科技副镇长、康湖社区副主任。

战"疫"一线见闻

◎王少川

1月24日，除夕，福建省启动重大突发公共卫生事件一级响应，工作部署会后，镇上所有工作人员奔赴一线。

一线"逆行者"

返回太姥山镇的前一天早上，我有点着凉，所以临出发前忐忑不安，就怕出现发热症状。一再确认体温正常后，我就这么出发了。我想的是，感冒不是当逃兵的借口。那时我一直给自己打气——反正还年轻，即使感染了，及时接受治疗、好好休息不会有大问题，该上的时候必须要上。

有一段时间我在火车站出站口带班，带领工作人员一起登记旅客信息、测量体温、劝返相关人员等。登记信息过程中，大家在每次接触旅客身份证件时都小心翼翼，真的是"如临大敌"。在协力劝导旅客返程过程中，难免会遇到因为不理解防疫政策、情绪激动不断靠近的旅客。这时，我们也会大声制止旅客进一步靠近，要求保持两米以上的安全距离。

一位我的老相识，铁路公安的同志，夫妻俩都在铁路系统上班，二人早早就已经回到了工作岗位。当我春节期间第一次见到他们的时候，发现一起的还有两个孩子。当他们注意到我略有停留的目光时，主动跟我解释，因为两人都必须 24 小时值守在火车站，家里两个孩子没人带，就只好带着他们一起住在火车站的宿舍里。我多次看到男同志一再叮嘱活泼好动的小女儿，不能走出生活区，出门一定要戴口罩。

其实一线工作人员也是肉体凡胎，面对可能存在的感染风险也会害怕、会恐惧，家里有小孩的同志甚至能不回家就不回家。但是纵使千难万险，依旧坚守在岗位上，即使冒着被传染的风险，还是要完成本职工作。

基层工作的感情与人情

疫情最紧张的时候，原则上非本地户籍人员不得进入太姥山镇。期间，也就发生了不少花式"劝返"故事。

有一对恋人，今年春节计划双方见家长，当时刚在广东见完女方家长，准备到男方家来。但是根据当时的防控规定，广东籍的女方只能原路返回。闻讯后，女孩眼泪立刻就掉了下来。后来，经耐心劝说，两人一同坐上返回广东的列车，男方将女方送回后，再乘车返回太姥山镇。

坦白说，对于这个场景以及处理结果，一开始我在情感上挺难接受，我甚至设想，如果女方是携带者，那么男方也基本上是携带者，让男方进入、拦住女方，并未有效降低病毒传播的可能性。

我将自己的困惑告诉了一位基层工作经验更丰富的前辈，他告诉我的是——如果男女朋友吵架了，发生了矛盾怎么办？女方又不是本地人，一赌气跑到外面去了，那么让谁去把她找回来呢？

说到这里我才反应过来。在基层，尤其是村、社区，开展工作的重要手段之一就是"感情治人""羁绊管理"。村干部不是公职人员，没有执法权，大多数情况下无法通过法律的强制力来开展工作，而且很多情况也没有到触犯法律的程度，开展工作主要还是得靠一张嘴。

疫情期间，这种情况更为普遍。例如，党委政府倡议大家不要聚集，待在家里，可在农村就是经常会有群众聚集在一起晒太阳、聊天。站在村民的立场去想，这也可以理解，毕竟多是中老年人，对疫情的信息和严重程度了解不深，况且宅在屋里真没事干，反倒可能闲出问题。但聚在一起拉家常，又确实容易造成聚集性疫情。那该怎么办呢？在实际工作中，主要途径只能是村干部借助平时工作中形成的威望，进行反复劝说，但时间久了也未必奏效。

因此，如果非本地人的女方一气之下，外出"暴走"，或者闹矛盾需要调解，这个工作谁能胜任呢？缺少了感情和人情的羁绊，村干部的劝说工作效果可想而知。在行政系统已经高负荷运转的情况下，越多的不稳定因素就意味着越高的风险。口子一开，谁也不知道最后一根稻草何时出现。相比之下，两人因此异地一段时间，也不会产生不能接受的损失，因此对各方来说都是最保险的方案，以免成为雪崩时的那片雪花。

严管就是厚爱

往年"3·15"，我所在的社区都会举办消费者权益维护大型活动。虽然各地都陆陆续续进入了分区分级精准复工复产阶段，但是举办大型活动仍然是一个风险较高的选项。难道"3·15"活动就此作罢？

作为康湖社区副主任，我向社区党支部书记提出了这个问题。她也是左右为难，毕竟在这个关头，谁也不敢拿群众的生命安全冒风险。看出她的顾虑后，我建议："要不我们今年转换思路，就不举办大型活动了。可以结合防疫工作开展一些辅助性工作，帮助复工复产顺利推进。"

复工复产的开启意味着疫情风险已经降低到了较为安全的阶段,然而传染风险依旧存在,无论是消费者还是商家,对于恢复生产的信心都有待加强。同时,最大的现实问题是,长期以来的疫情不可避免地对社会经济造成较大冲击,复工复产已迫在眉睫。

此次复工复产,我们选择的切入点是餐饮行业。之所以选择餐饮行业,一方面是因为"民以食为天",确保食品安全是民生工程、民心工程;另一方面,餐饮企业在疫情期间遭受重创,尤其需要尽快恢复生机。在审慎思考后,我提出了对辖区内餐饮店铺开展突击检查的方案。

方案一经提出,疑问也相伴而生,有人就问:"在餐饮企业已经如此困难的关头,还要给企业额外增加负担吗?"不错,现在各地都在大力度支持餐饮企业复工,多地政府还下发通知,领导干部要带头支持餐厅复工。作为最基层的干部,能发挥的作用有限,但是我相信——"严管就是厚爱,监督就是保护"。检查的目的不是为了处罚,而是为了指导和督促餐饮店铺提供更优质的产品和服务,以免出现食品安全问题,更严重地打击消费者信心。

面对突如其来的检查,商户们多少显得有点惊慌,执法人员的"翻箱倒柜"更是让他们有点不知所措。我们仔细地检查,边边角角的地方也都不放过。"你这个厨房杂物不能乱堆,要及时清理啊""咱们还是要把食品安全监督信息公示牌亮出来,得让消费者进到店里头来一眼就能看见""这个垃圾桶需要换成非手动、带盖式,这样才会降低污染风险"……

"一定要在整改期限内把这些问题解决,下次来再发现,可就要严厉处罚了!"一句句严厉的改正要求,背后实则是工作人员的苦口婆心。

在这场没有硝烟的人民战争中,作为基层的工作人员,我们有一分热,就发一分光,共同守护这片家园、这片乡土。

 高阳,江苏常熟人,出生于 1994 年 10 月,北京大学法学院 2019 届硕士毕业生。作为湖南选调生,在株洲市攸县网岭镇进行基层锻炼,任镇团委书记、大瑞村书记助理。

战"疫"的日子

◎ 高阳

1月30日,千里返岗

今天是正月初六。昨天深夜将近十点,一个紧急通知的召唤,促使我连夜收拾行李,退掉机票,在今天踏上了返岗之路。

早上七点,再一次告别家乡与家人后,我与爸爸一起从江苏苏州驱车返回了湖南株洲。从晨到昏,1300 多公里,13 个小时车程,我们轮换开车、一路未停,终于在深夜到达了攸县网岭镇——我的另一个"家"。

春节以来,新冠肺炎疫情时刻牵动人心,"滞留"江苏老家的我也是惴惴不安。可是,在重新踏入网岭镇政府大楼的那一刻,当我隔着口罩闻到一股浓烈的消毒液气味,心中却突然莫名心安。

当前线在面对风雪的时候,我必是众人中的一分子。而此刻,我回到了自己的岗位。

1月31日，全员应战

正月初七，我开始正式投入工作。疫情期间，镇政府的工作氛围不仅紧张，甚至还带着一丝压抑。一切都与往常不同了——消毒液的气味，同事间戴着口罩、保持着距离的点头问好……没有闲聊，没有人来人往，只有忙碌工作的身影与来去匆匆的步伐。

返岗第一天，工作节奏之快出乎我的意料。一整天的时间，我一边要负责新闻稿撰写、协助信息报送、开展宣传，一边要参与卫健所的电话摸排工作，按照每日更新的名单，挨个儿给湖北返乡人员打电话。在这个冷清的冬日，每每接通电话，我总会先向电话那头的陌生人道一声"新年好"，而当电话里传来一句"你们辛苦了"的时候，时常觉得心头暖暖的。

我们素不相识，却又是为了同样的目标在努力着。

即将下班时，村书记打来的一个电话打破了一天的平静：我的办点村大瑞村出现了一例确诊病例！由于潜伏期长、接触人员多，村民们一时陷入巨大的恐慌。面对疫情可能随时扩散的风险，镇村干部顶着巨大的压力，开始全员投入防疫工作。

匆匆吃过晚饭，我便赶到了镇政府的小会议室。此刻，村干部们已经来到镇政府，县疾控中心也派来了专业人员，各方通报最新情况，敲定防控方案。密切接触者的隔离、活动地点的消毒，乃至大瑞村共计11个进村路口的监测……问题被一一提出，并确定应对方案。

随后，我们一行人便在夜色中驶向大瑞。疾控中心的专业人员对确诊病例活动地点展开彻底消毒，我和镇村干部连夜走访密切接触者，安排他们居家隔离。

就在前线应接不暇之时，村级微信群里村民们早已炸开了锅，恐惧声、问询声、质疑声乃至责难声接踵而来。

面对这样的情况，我与村干部们立即向群众公布最新信息，并通报了确诊患者近期的活动状况。与此同时，我们开始拍摄一线正在持续进行的消杀行动，通过小视频向村民进行实时转播。看到县、镇、村三级迅速有力的行动，村民们的情绪逐渐稳定下来。随后，我们又将防疫要点向村民们进行宣传，要求大家开始14天的自我隔离，共克难关。

线上线下的工作一直持续到凌晨，在所有人的努力下，村民们的情绪逐渐从恐慌转为齐心协力、配合工作，乃至相互监督和关爱。

在这个不眠之夜里,在突如其来的疫情面前,无人置身事外。

当"遥远"的危险突然变得迫在眉睫,紧张的感受是难以言说的。面对无法预测的疫情传播状况,我们有的仅仅是薄薄的口罩,以及本就极为紧缺的消毒物资。但也正是在这份紧张下,对病毒的恐惧好像突然消于无形,唯一意识到的,是在疫情面前,作为基层干部的我们应该做什么,可以做什么。

2月3日,不一样的村庄

再入大瑞,村里已看不见走动的村民和聚集闲聊的人,取而代之的是一番新景象。去年新修的柏油路上,宣传车挂着党旗循环播放宣传语,村干部和村医则戴着口罩拿着消毒器械,走在消杀和摸排走访的路上。

在确诊病例家,我们给居家隔离者送上消毒液和生活物资。隔离线内,患者的老父亲哽咽地道谢,嗓音颤抖几不可闻:"给你们……添麻烦了!"这是让我印象最深的一句话。

疫情面前,他们也是无辜受到冲击的一家人,但老人却在此刻因为给我们添了麻烦而过意不去,让人感到难言的心酸。

离开这里,我们又到村里的公共区域协助村干部进行消毒,我顺便为我的结对帮扶贫困户送去了一瓶消毒液。看到他多日不见却依旧爽朗的笑容，不觉感到阴云散去了些许。

雨雾之中，整个大瑞好似前所未有的寂静，但寂静背后，却是全村人的众志成城。

2月9日，久违的好消息

下班后，我照例给远方的父母打电话，叮嘱他们不要出门。这些天来，下班后的电话似乎已成了我的日常，但每次家人问候，我从不提及镇里已有两例确诊病例，更未告知我时常需要下乡走访。

这些天来，无形的压力伴随着消毒液的气味笼罩着每一位镇村干部，但在危险面前，大家不曾叫苦叫难，只是戴着口罩，默默全力以赴。好消息是，疫情至今未在全镇产生任何扩散，而今晚，大瑞的确诊病例也将治愈出院。

我知道疫情还远未终止，但至少，平安归来的人们让大家看到了战胜疫情的希望。

2月17日，复工复产

田野里的油菜花正成片盛开，仿佛在吹响春耕生产的号角。

在"一手抓疫情防控，一手抓复工复产"的要求下，我们开始走访网岭镇循环工业园内的企业，送去消毒物资，检查防控工作。

巷口山村的英华米业是全镇最早复工的工厂之一，厂区内体温测量、厂区消毒、生产工作有条不紊地开展着。

而在大瑞，阳光下的田野里已有了春耕春种的农人。那位赶着黑山羊的阿姨远远认出了我，抱着刚出生不久、掉在队尾的小羊羔，向我招起了手。

在百草园种植合作社，负责人召集了八位村民开始拔草，准备今年的春种。疫情之下，大家隔着口罩挥手致意，没有了一杯热茶、没有了促膝闲谈，却依旧是淳朴勤劳的面容。

度过了14天隔离期的大瑞，正在逐渐恢复生机……

走进村部，村书记脸上终于扬起笑容，面对共渡难关的"战友"，他向我伸出手，却又突然想起什么，用招手代替了握手。

村干部们站在院中谈起了近期村里的防疫动态，谈起了开始复工的工地和工地上的防疫措施，还有今年即将开始建设的高标准农田。

春日将至，警报虽未解除，但我们相信疫情终会过去。

2月21日，回望初心

返岗至今，我已连续无休地工作了22天。

在镇政府，我负责宣传工作，组织镇青年干部通过志愿服务协助防疫工作，并接受各项突发的临时任务。在办点村，我协助村干部继续做好防疫与复工复产的各项工作，时不时绕道到确诊病例家问问依旧隔离中的他们有什么需要，在路上劝返少数出门的村民。

回首这22天，疲惫是必然的，每当入户走访感到有危险、连日工作感到辛苦时，只要想到在一线的医护人员和日日坚守在路口的干部群众，我便觉得这点辛苦算不上什么。正如一位同事所说：我们只是在尽自己的本分。

正是在这些酸甜苦辣之中，我在触摸最真实的基层，也在践行自燕园走入这片土地之时的初心。

待到疫情消散，回看万家灯火，我会自豪地告诉自己：这便是我奋斗过的地方！

王斯佩，福建泉州人，出生于1994年10月，北京大学社会学系2019届硕士毕业生。作为福建引进生，现任安溪县城厢镇科技副镇长、城厢镇经兜村副书记。

守好一道门

◎ 王斯佩

"阿佩，一定要戴好口罩，保护好自己。工作多，就一点点做，千万别着急，先把自己照顾好了，才能照顾好别人啊……"母亲一边把东拼西凑得来的口罩放进我的行李里，一边嘱咐着。看着电视里滚动播放的新闻，我想她知道我随时可能要返岗工作了。

年夜饭刚刚吃完，家人精心调制的年味还混杂在味蕾间，可我的心却踏实不下来，不断刷新"疫情实时地图"，红色面积又扩大了，确诊数据又增长了，形势正变得越来越严峻。

大年初一一早，我就接到通知，"初二返岗，做好应对疫情的各项准备工作"。尽管对此早有预感，但当集结的军号真正吹响时，我心里还是免不了有些忐忑不安，刚刚工作半年的我能不能担好这份责任？能不能帮乡亲们守好阻隔疫情的那道门？心里有再多疑虑却不敢流露出来，生怕母亲担心，而母亲也并没有多说一句，她大概也不想用依依惜别增加我的负担。

"零死角"的坚守

"从湖北、武汉回来的同志，请你们这段时间不要出去和'厝边头尾坐骑'

（闽南话，意为与邻居来往）……"

每天两次，广播声准时由远及近地传来，那是我们的村干部正骑着摩托车在整个村巡逻，对于那些有从重点疫区返回人员的，还会特意在他们家门口多停留一会儿。这个声音刚刚响起时，还会有好事的村民追着摩托车走两步，笑着议论两句。时间久了，大家也慢慢意识到，这不是玩笑，更不是作秀，防疫工作真的越来越严肃了。

为了确保宣传不留死角，我和村两委干部还一起拟定了《致村民的一封公开信》，走家串户将公开信分发给每一户村民；村部广播、移动式喇叭、LED屏等各个宣传媒介也一齐上阵，滚动播放"防疫小讲课"，如此"铺天盖地"的宣传攻势确确实实发挥了作用。

我所挂钩的经兜村和经岭村所在的下长泰工作片，有不少人以外出经商为业，且与南安接壤，人员流动情况非常复杂。为了确保管控到位，我和两个村的干部第一时间在各个路口设置检疫点，排查所有进出车辆和人员并做好记录，立起一道守卫村民健康的"防疫门"。

然而，守好这道门并不容易，在村口设卡难免会给村民的日常生活和出行带来诸多不便。一开始，许多村民不愿意配合，抱怨声不断，甚至还有村民说我们"拿着鸡毛当令箭"。

"明明是为了大家的健康着想，怎么就是我们多事了呢？"面对村民们的怨气，我一开始也会觉得有些委屈，但我知道，严防输入是死命令，不能因为个人的情绪而出现疏忽。于是，我一边宣传疫情形势，耐心解释这样做的必要性，一边与我们的"志愿服务队"一起值夜班、守夜岗。这一点一滴，大家都看在眼里，疫情快速蔓延的消息也每天从电视、广播里传来，渐渐地，抱怨声不见了，大家更配合了，检测的效率更高了。

大年初三那天，经岭村有一位村民去世。闽南地区治丧仪式比较烦琐，亲朋好友的聚会甚至要持续好几天，这显然不符合当前的疫情防控要求。

"村里家家户户几代人的丧事都这么办，邻里乡亲的红白喜事我也参加了不少，怎的偏偏让我改？"刚赶到村民家做工作，我就碰了一鼻子灰，心里着实沮丧。在回办公室的路上，回想起同在基层工作的母亲曾在我下村锻炼前告诉我，"在基层工作，贵在坚持，贵在真诚"，我才去了一次，不能就这么退缩了。于是我硬着头皮去了第二次、第三次，好言劝慰、耐心安抚，帮他们权衡利弊，还自掏腰包为已故的老人准备了"银两钱"。看到我这么上心，一家人终于不再执拗，同意一切从简，我心里的石头也总算落了地。

疫情防控这道门，一扇在村口，还有一扇在大家心里。把好检测关，更要把好意识关。

"60公里"的战线

疫情防控的另一个难点在于务工流动人口。经岭村两个工业区共有大大小小55家企业和加工点，为了能够准确掌握县外流入人员情况，我和村两委干部一家一户敲开村民的门，登记租户信息，往往一走就是大半天。

随着近来疫情形势有所缓解，各家企业和加工点陆续启动复工。为了确保每家企业和加工点具备安全复工的条件，我们挨家走访，了解各企业和加工点的员工数、防疫物资准备情况，实地检查防疫程序和相应的应急预案是否完备，复工人员的防疫意识是否够强。渐渐地，企业和加工点的负责人和我们成了"老熟人"，"本来我们心里还有点儿没底，你们来把把关，我们也就踏实了"。

疫情期间，每天往返两个村至少四趟，开车奔走六十多公里，这对于我这样一个"本本族"驾驶员来说确实是不小的考验。有一次，为了尽快核实人员信息，我一改往日的谨小慎微，一路上深踩了好几次油门，一个不小心，竟然差点撞到路边的防护栏。急刹车之后，我的心扑通扑通地跳了好久，害怕、焦急、自责一齐涌上心头，可是眼前的要紧事还没做，我来不及慢慢整理情绪，定了定神，再次启动汽车。

这样每日驾车往返，车技的进步竟成了繁忙日常中的一点意外之喜；一个多月的走街串户，也让我苗条了不少。我时常和同事开玩笑说："每天走这么多路，你猜疫情结束后我能瘦多少？"

更多的惊喜与欣慰则来自可敬可爱的村民们，他们或许没有多高的文化水平，但是都有着一方有难八方支援的朴素热情。那天，正在走访的我得知两个村自愿发起了防控疫情募捐活动，心里有说不出的感动，赶忙出了自己的一份力。防疫期间的往返奔波着实辛苦，但看着大家心连着心，我知道这"60公里"的战线上我不是一个人在战斗，我迈出的每一步都更觉充满了力量。

我个子小，身子单薄，刚到基层时，基层的前辈们都开玩笑说我是"小人办大事"，甚至我自己都怀疑我这并不强健的肩膀能不能扛得住这么重的担子。但随着在工作中的磨炼，经历过疫情的考验，我越来越发现，勇毅在心不在身。

钟昕锐,江西南昌人,出生于1994年11月,北京大学元培学院2017届本科毕业生。作为西藏选调生,在拉萨市城关区夺底乡工作,2019年3月任桑伊社区党群服务中心主任。

藏地日记

◎ 钟昕锐

"今年春节,准备留在西藏过了。"说话的是一位武汉的同事。他刚结束在海拔超过4200米的驻村任务,原本打算休假返乡,休养身体,但疫情的缘故,他的计划被打乱了。

"嗯,我也打算留下来过年。"作出这个决定,我没有考虑太多。

今年,是我在拉萨工作的第三个年头。三年前,"好男儿志在四方"的信念驱使,也是对这片雪域高原的神往,我下定决心来到这里。如今,布达拉宫、唐卡、转经、酥油茶、民间歌舞……这些藏地符号已经同我的生命产生了如此深刻的联系。三年来,我无时无刻不感受着这片土地带给我的震撼惊喜,想把无穷的力量投入其中。

从桑伊社区到指挥部

今天是1月29日,拉萨出现首例新冠肺炎疑似病例,西藏宣布启动重大公共卫生事件一级响应。下午我接到领导电话,单位抽调我到拉萨市疫情防控指挥部工作。

从社区到指挥部,我有些压力。

从进藏开始，我就在城关区夺底乡工作，桑伊社区是我最熟悉的地方。到岗第一天，藏族同事告诉我，"夺底"在藏语中有安居的意思，窄窄的地方住了很多人；"桑伊"是隐蔽的意思，因为当地傍山而居。我想，这个名字寄托了大家对安稳生活的向往，而安定下来、尽快融入就是自己的首要任务。

在"办公室—宿舍"两点一线的生活轨迹中，我开始了漫长的进藏适应过程。首先是身体适应。从有意识地深呼吸以缓解头疼症状，到合理地选择运动方式并逐步提高运动频率和运动强度，两个月后的我开始对骑车爬坡产生了迷恋。其次是语言。虽然同事之间都用普通话交流，但当地群众大多只会讲藏语。为了有效开展工作，学习藏语势在必行。于是，我买了第一本藏语书，在入藏的第一个月里从头背到尾。在社区的沟通工作中，我也厚着脸皮主动用藏语去交流，听到高频词汇及时向乡亲们和同事们请教，一来活学活用，二来了解乡情。大家也都主动为我提供学习上的帮助和建议，淳朴的群众和热心肠的同事们，让我感受到了家的温暖。

慢慢地，我在社区的工作步入正轨。去年6月，西藏迎来了雨季，一个小区的一段围墙被雨水浸泡过的土方压塌，而旁边的围墙也是裂缝满满、摇摇欲坠，必须抓紧拆除。土方是林业局为了植树提前倾倒的，层层上报再反馈太耗时。于是，我们第一时间联系了乡里的农牧民施工队，并组织社区工作人员抵达现场。当晚，我们打着手电，一边疏散周边群众，一边指引施工队进行墙体拆除。随着最后一段危墙被推倒，小区的群众也带来了热气腾腾的酥油茶，递给我们的时候连声说着"谢谢"。原本喝不惯酥油茶的我，此刻，却觉得每一口都是那么香醇。

暂时作别桑伊社区，我起身前往指挥部报到。这次，疫情突然，发展迅猛。三年社区工作，我深感这里医疗资源的落后和不足，也明白高原缺氧的环境势必会增加救治的难度。我知道，拉萨经不起任何大规模的疫情蔓延，一旦出现类似其他城市几百例的确诊病例，全市的医疗卫生系统将难以负荷。拉萨市内不生产口罩，全靠外省供应，一旦疫情暴发，医疗物资短缺也是大问题。

想到这些，我的步子更紧了些。

暗夜"数据侦探"

今天是元宵节，刚好是我到指挥部工作的第十天。

我们的办公室很大，多个小组在这儿集中办公，方便了沟通协调。这里永远灯火通明,所有人都铆足劲地干。我被分配在文字材料组,不愿也不能拖大家的后腿。

临近凌晨,我们接到紧急通知,需要分析近期生活必需品价格的变化趋势,用以评估近期指挥部保供稳价的工作成效,找出影响物价波动的关键环节,研判群众的消费心理。作为组里为数不多的理科生,我当仁不让,接下了任务。

好久没干学生时代的"老本行"了。看着 Excel 表格里密密麻麻的原始数据,竟有些陌生了,不知从何入手。我沉了口气,捋了捋思路,紧急从脑海中调用了几年前"概率与统计"课残存的一点记忆。接下来就很简单了,抽丝剥茧般从海量数据中提取出关键信息,一条条清晰美观的变动曲线完成。根据价格趋势和销量变化,合理推测群众的消费心理也就顺理成章了。

凌晨三点,任务完成!转身交给身后已经有些疲倦的领导。"做得不错,小钟辛苦!"领导看完以后说。原以为那些再也用不到的专业知识,也有发挥作用的一天。

合上电脑,准备回家——自从抽调到防控指挥部工作,我的宿舍也跟着搬到距离单位近些的地方,骑车二十多分钟的距离。

凌晨的风格外刺骨,尽管戴着加厚手套,手还是冻得有些疼,似乎只有驶过的路灯投下来的亮光能带来一丝暖意。风声很大,甚至听不太清自己的呼吸,我有些眩晕。

不知是熬夜的疲累还是偶发的缺氧，躺上床的一瞬间我开始胸闷头疼——这是高原上的常态。我赶紧戴上氧气面罩：抗疫工作以来，几乎每天都要借助这一"藏地神器"才能缓解入睡前的不适。

思绪随着近几天来各种蔬菜价格一起起伏，带着满脑子的价格数据和起伏曲线，我沉沉地睡了过去。

第二个新年

2月23日，藏历腊月二十九，是藏族的传统节日——古突节。古突节之于藏族群众，如同除夕之于汉族群众。这天太阳西沉的时候，西藏家家户户都会进行被称为"古突"的二十九日面团宴——这是藏族的年夜饭。"古"即九，指的是九种馅料；"突"即突巴，是一种面疙瘩汤。在腊月二十九吃古突寓意辞旧迎新，在新的一年能够健康吉祥。

今年的古突节是特殊的。中午收到了母校的短信——总书记给正在首钢医院实习的西藏大学医学院学生回信了！细细品读，字虽不多，但在这个节日却显得格外暖心。

因疫情防控需要，群众聚集性活动都受到了限制。但我想，天性乐观的乡亲们的古突节，依旧精彩吧？想象着他们聚在一起揉面搓面，揪出面疙瘩后再倒入翻滚着的牛肉汤中的场景，想象着现在应该端上桌，全家人聚在一起，迫不及待地挑出并掰开碗中那些大个的面疙瘩，看看里面到底藏的是哪一种具有特定含义的馅料，然后相互打趣、相互调侃，一定很欢乐吧……

我们的"年夜饭"也送到了办公室。单位特意准备了面疙瘩汤，在这个日夜奋战的办公室，"年味儿"立即就来了。窗外响起阵阵烟花声，这是古突节驱鬼仪式的收场。突然想到，我们的工作也是在给群众"驱鬼"啊，只有真正把新冠病毒阻挡在这片净土之外，大家才能真正在新的一年里身体健康、扎西德勒！

突然很想念父母。想到前些日子给他们打电话，督促他们做好疫情防护，结果他们竟执意回老家探亲。我当即有些愤怒，在电话中说了很冲动的话，没有一句问候，现在想想有些后悔。

我放下手中的面疙瘩，又一次拨通电话。"爸，今天是藏历的新年，我们这里很热闹，我也很平安。现在疫情还很不稳定，你和妈妈要注意防护，保重身体。"我一股脑儿把想说的话都说出来了。"爸爸妈妈理解你的关心,知道你工作忙,我们平时不打扰你,你要注意多休息啊。"熟悉的乡音,混着外面噼里啪啦的鞭炮声,从电话那头传入耳畔,仿佛一瞬间和家人在春节团聚了,我眼眶有些湿润。在这个属于藏族人的新年,我收获了温暖与力量。

第二天一早,我照例骑车从宿舍出发去上班,拉萨已经从节日的热闹中苏醒。太阳明晃晃地照在身上,很温暖。

我知道,疫情的寒冬就要过去了,于是加快了骑行的速度。

 郭宁美,福建龙岩人,出生于1994年11月,北京大学法学院2019届硕士毕业生。作为福建引进生,现任平潭综合试验区金井片区经济发展处副处长。

一路逆行一路坚行

◎郭宁美

逆行与坚行

得知金井镇的本地干部为了防疫已经进入日夜连轴转的工作状态,又想到不久之后各地很有可能公共交通停运、道路封锁,而老家在闽西的我距离金井镇五百余公里,最终,决定自行驱车返回。

启程的那天,离情别绪蔓延在湿凉的阴雨中。匆匆吃过早饭,只在下午用一个微凉的饭团应付了午饭,最终用时六小时,我从福建西部的山区老家到达东部的滨海小城。

天色已灰暗,稀落的路灯泛起橘黄的光晕,像是对风尘仆仆的我温柔安慰。尽管因长时间屈坐在狭窄的车内而浑身僵硬发酸,我却因"回来了"而欢喜。

想到疫情中有无数位可敬可爱的医务人员、公务人员,为了大多数人的生命健康而坚强逆行,我突然意识到,平凡的我,这次也成了逆行者中的一员,不觉眼眶湿润,眼神也更加坚定。

但是,驻守岗位20天后,家里的一通电话打破了这种欢喜与坚定——父亲突然重病。我的世界仿佛瞬间笼罩上一层阴霾,心因此而撕裂,每天的工作压力之上又附加了一份沉甸甸的牵挂。

"父亲,我也想回家,您再等等我,等我交接了捐赠物资,好吗?""你是公职人员,要做好公职人员的本分。"电话那头,是父亲短暂沉默后的理解。我不禁鼻头发酸,回想起返岗后的点点滴滴,我希望我做到了父亲所希望的那份我应做的"本分"。

唠叨与宣讲

村民爱出门溜达是我相当担心的一点,甚至还有大叔会挑着菜到路口卖。每当看到村路上没戴口罩的村民,我们总会停下来,聊上两句:"伊姆(伊拔),现在疫情很严重的,您出门要记得戴口罩!"即使是戴了口罩的人,也躲不过被我们唠叨几句:"伊姆(伊拔),最近没事情千万不要往外跑。要是有亲戚熟人从湖北回来,一定要给村里干部说。"

这样的话我们不知道和多少位村民说了多少遍,但是为了加深村民们对防控疫情重要性的认识,我们仍然耐心地反复说明强调。

往常村里的老人总喜欢聚在一起聊天,通过我们一日三次、一周七日的巡回宣讲,现在每次和村里的老人打招呼时,看到各自"形单影只"的他们,我都会从心底舒缓一口气。只有现在的冷清,才能帮助金井镇更早地战胜疫情从而迎回往日的热闹。

口罩与消毒水

"宁美,您能不能想办法拿些口罩?我们村干部两天才一个口罩,口罩太缺了,没有口罩发给村民。"北厝村书记和我说起防疫工作时苦恼的模样,打破了我对书记一直以来的印象。书记向来精明能干,再重的征迁任务也难不倒他,然而这次口罩等物资奇缺的问题,却是真的把他难住了。

在老龄化严重的北厝村,"一罩难求"的问题更是令人忧愁。老人占北厝村人口半数以上,十多公里外的隔壁县城就是疫情重灾区。

为此,我四处找寻渠道,但是却屡遭碰壁,各大购物网站均已无货,药店早已断货,微信朋友圈的口罩也是真假难辨。"走投无路"的我尝试联系北大校友会寻求帮助。第二天,他们就联系好了渠道,不到两周,便为北厝村的老人们筹集到 5000 只口罩。

收到口罩那一刻,心里充满了暖意。我与村干部一起逐户上门,将这份温暖传递给村里的老人们,并叮嘱老人们尽量不要出门,出门一定佩戴口罩。"谢谢,谢谢你们。"村民的感谢回荡在我耳边,他们的笑容也萦绕在我脑海里。

不过,镇上还面临需要全面消杀但消毒水不够的难题。"消毒水还交给我办!"我再次接下筹集物资的任务。

福清的一家消毒水厂家答应捐赠,针对安全运输和顺利消杀,买容器、租车、派人运送、入库交接等步骤缺一不可。尤其是疫情期间,由于工厂停工,市场上容器存量告急,甚至价格疯涨。我与同事们只好通过借、租、买等多种方法,终于凑齐了 82 个桶,并租用一辆大卡车第二天赶到厂家将消毒水安全运回。

"加速键"与"大拇指"

2 月 10 日起,平潭企业开始有序复工复产。我具体负责一个企业聚集园区,共计 117 家企业。

我建立了复工复产微信服务群,很快收到企业主反映的各式各样的问题:"复工需要隔离吗?""岛外回来的,被卡在岛外,需要怎么操作?""复工要怎么报备?"……挑战远比想象中的大。

起初几天,我常常吃不上一口热饭。请示、汇报、沟通、协调,成了这段时间的"主旋律"。每遇到一个新的衔接问题,都要在接二连三的关于"怎么办"

的提问和"就这么办"的答复中奔忙。

事实上,衔接并非一帆风顺,偶有矛盾和摩擦发生。此时我们都是一番晓之以理、动之以情的沟通劝说,争取理解和支持。

此外,我还与同事们一同前往已经复工的企业进行走访,不厌其烦地督促做好防疫工作。"你们要印制防疫手册,让每个员工人手一份。员工进入要做登记、测体温,还要备置足够的口罩和消毒水,确保要让每个员工都有口罩""对于你们这个有来自重点疫区人员的企业,有必要设置一个突发的应急隔离室"……

当复工复产按下了"加速键",当企业主纷纷在微信群中竖起了"大拇指",我获得了莫大的力量。而最使我欣慰的好消息是,我们片区从复工复产以来直到我写下这篇文字时,未出现任何确诊病例。

想念与盼望

又连续工作了一个多月没有回家,每当我不经意想起重病的父亲,总会万分难过与愧疚;每当在微信视频中看到父亲的脸庞因生病而消瘦、母亲的脸上又添一丝沧桑,我真想立刻飞回家好好陪家人一场。

但是,我选择通过更加忙碌的工作来抑制对家人的想念。父亲的鼓励与支持,给了我莫大的动力,"没事的,今天已经不怎么疼了,你专心做好你的工作"。

庆幸的是,如今一切都在向好。气温逐渐回暖,父亲顺利完成手术逐渐康复,疫情也得到控制逐渐好转。

于国,我盼望着疫情的阴霾早日彻底散去,到那时,我想对所有逆行的可爱的人们说一句"你们是最棒的"!于家,我盼望着疫情阴霾散去的那天,我能牵着父母的手,在灿烂的阳光之下,在热热闹闹的公园里,悠闲地散步、聊天、嬉笑……而那一天,不久将来到。

个人简介

程芷薇,江苏扬州人,出生于1994年11月,北京大学外国语学院2019届硕士毕业生,在校期间获北京大学优秀毕业生、北京大学五四奖学金、北京大学三好学生等荣誉奖励。作为江苏选调生,目前任职于扬州团市委。

防疫的绣花针功夫

◎ 程芷薇

正月初二,我回到工作岗位。大家常说,基层是"上面千条线,下面一根针",看似常规、简单,但其实需要特别细心、耐心、热心、贴心。

见自己　见天地　见众生

2月5日,我响应市委号召,主动下沉到顺达社区便民服务中心和桃园社区党群服务中心,开始了进楼、入户、问人的工作。

有一分热,发一分光。可这光和热不是一朝一夕的,而是持续持久的。在居民对疫情认识不到位的防疫初期,特别需要我们社区工作者反复做工作,容不得疏漏和马虎。

从一张张告知书的张贴发放,到五栋居民楼上百人次的电话拜访,再到居民信息登记、出入证派发,两个社区、四个居民小区的基本情况,我总算摸清楚了。

这期间,我遇到过不同身份、态度各异的人,其中不乏对社区工作不了解而前来咨询的大爷大妈、对社区工作不支持而冷言冷语的陌生男女、对社区工作不关心而漠然置之的商户经营者……电影《一代宗师》里有句台词说:"习武之人有三个阶段:见自己,见天地,见众生。"这段高强度与群众打交道的经历,就像习武里"见众生"的阶段,给我以最大的能力锻炼和提升。

基层是服务人民群众的"最后一公里",工作不好做,特别考验用心、细心和耐心程度。遇到困难的时候,我常想,我学的不是医学专业,无法像医务工作者那样在前线与病魔当面决战,而能做的是在基层一线保护好后方的安宁和百姓的健康。

在严格执行每一项社区疫情防控任务、耐心沟通社区疫情防控措施的同时,我像习武之人磨炼自己内功那样,不断探索和调整工作方法,"人一能之己百之,人十能之己千之",个别群众不配合,我就反复和他们耐心沟通。后来,看到出入社区的居民中向我点头致意的人越来越多,以前不配合工作的居民,隔着口罩我也开始感受到他们口罩后面的善意,我知道自己的工作有了成效,"功力"有了提高。

尽可能把工作做得有温度

我还服务居家留观人员这个特殊群体。

顺达社区下辖的名兴花园小区流动人口众多，如何妥善安置居家留观人员成了摆在眼前的大难题。谁去劝，谁来盯，谁管送物资，谁负责突发情况的应对？怎么把防疫政策落实到位，又不因此引起留观人员和其他居民的反感和恐慌，还能给大家强心剂、定心丸？问题一个接一个涌出来。

我采取的策略是，尽可能把工作做得有温度。每天除按时了解他们的身体状况，还主动送菜上门，多拉拉家常，多问问有没有要帮忙的地方，关心居民生活点滴。让他们感受到，面对汹涌的疫情，基层干部时刻与他们站在一起。

作为下沉干部，我因"旁观者"的身份很多时候更容易发现创新点。

桃园社区信息化建设有一定基础，疫情期间有进一步拓展的优势。为此，我主动申请成为"智慧桃园"系统的后台管理员，依托网络，为办理返扬信息登记、疫情调查、登记查询等工作服务。线上工作方式一经推出，便在居民中快速得以推广使用，很多人第一时间注册登录，纷纷夸赞方便快捷。

当我们用热情和真诚处理群众反映的问题时，大家的反应也常常让我感动：每次送菜上门或有群众来社区办理业务时，即便一时因为客观原因，群众的诉求无法立刻解决，大部分群众也会耐心听取我们的解释；当我们和他们说"谢谢您的理解"时，群众们也会说"谢谢你们，你们最辛苦"……我感到基层真的是一片热土，蕴藏着催人成长的动力。

民心是最大的政治。疫情期间最需要呵护的，就是群众的信心与群众的团结，而基层工作者以绣花针功夫织出的，正是聚人心的锦绣图画。

向舒,湖北宜昌人,出生于1995年1月,北京大学社会学系2018届硕士毕业生,在校期间曾担任学院研究生会副主席。作为湖北选调生,现任恩施州巴东县大支坪镇副镇长、长岭岗村第一书记。

数字背后的长岭岗

◎ 向舒

434天、41天……我打开日记,用手数过一个个日期。久了,这些数字有了温度,总在诉说些什么。我屏息聆听,它们的窃窃私语连成了线,讲述的都是我与长岭岗村的故事。"我们都还记得。"它们如是说。

41天"远程"抗疫

"回不去",这三个字像是在我的脑海里生了根,将身在宜昌的我搅扰得不得安宁。春节回到家后,武汉封城,湖北全省执行严格的交通管制,我离巴东县虽然只有一百多公里,却成了插翅也飞不过的千山万水。

"村民们的生活物资缺不缺?精神状况好不好?"每次和巴东的同事打电话,我都想问个面面俱到。我工作的长岭岗村,坐落在层层峦峦的大山里,人烟稀少,村民们又困在家中,消息难免有些闭塞。我灵机一动,这不正是新媒体发挥作用的好机会?在家运营公众号,也算是和村民们一起"远程"抗疫了。

更新疫情数据、转发重要新闻,小小一方电脑屏幕成了我与村民联系的纽带。我却不知足,在严峻的疫情形势面前,村民们需要的不仅是冷冰冰的数字,更要"走心"的鼓励。情人节在即,我和同事们动员身边的一线工作人员和居家市民，让他们给最挂念的人写封"情书"。看到收集上来的四十多封信时，我眼泪婆娑，"春暖花开，我就回家"——我真想立刻回到巴东！

除了"云"抗疫，家乡逐日上升的确诊人数，也搅动着我的心，我想我还能发挥余力为家乡做点什么。于是，我主动申请到家乡社区基层工作。

上岗的第一天是正月十五，妈妈心疼我不能在家过元宵节，赶早煮了一锅软糯糯的汤圆，装在保温壶里让我带上。在值守卡点，我负责登记来往行人和车辆，对每一个通过卡点的人员测量体温。志愿者数量有限，没办法轮班，我和值守的工作伙伴只得在卡点解决午餐和晚餐。这时天下起了小雪，我们在寒风中吃着有些发凉的汤圆，不住地呵气搓手。晚上八点收工，在回家的路上，我喜滋滋地盘算："这下可以踏踏实实过元宵了！"没想到刚坐上饭桌，手机就响了，是社区工作人员打来的，"刚刚路口有车喇叭响，要不要去看看"。我放下饭碗，一路小跑来到卡点，原来是一个孕妇急着去医院生产！按照规定登记完信息，我赶忙为他们放行。事情处理完，正要转身回家，却又停下了步子，"晚上如果还有车辆经过怎么办，卡点可不能'打烊'"。想到这，我又坐回挡雨棚下，一直守到了夜里十点。

3月中旬，疫情平稳了许多，我申请返岗的应急车辆也通过了。开车回巴东的路上，我算是体验了"归心似箭"的感觉——人还在车上坐着，眼里却已经看到了大支坪的青山绿水。

下车的一瞬间，我长舒一口气：终于回来了。

长岭岗的 434 天记忆

回到大支坪，我第一时间下乡看望父老乡亲们。

为了满足群众的生活需要，村里开启了"网购"和"代购"服务。但很多老人不会用智能手机，又不想总是麻烦村干部，随着封锁期延长，购买生活物资出现了难题。我有些揪心，一面联系妇联，争取捐赠物资；一面下到村里摸排需求，争取把物资第一时间发放给他们。

除了老人，孩子们也是个大问题。村里孩子们开始上网课了，却有家长反映，正值春耕，白天要去田里干活，小孩玩性大，学习难免会掉队。我到访的一个单亲家庭问题更严重：小孩读五年级，与在家务农的父亲一起生活，爸爸只有小学文化水平，没法辅导功课，加之家中网络不佳，智能手机也老化了，孩子的功课落下了不少。

我翻看孩子的作业本，空空如也。问他为什么不写作业，他只低头盯着自己的脚尖，不说话。我蹲下身去，看着他的眼睛安慰道："有什么困难说出来，阿姨帮你想办法。"孩子张了张嘴，小声嘟囔着："我学习不好，现在身边没老师，更不想学了，只想和伙伴们玩。"

看到他如此失落，我心疼不已，立马联络县团委，帮他争取了"一起学习，希望同行"公益项目的名额。没几天，公益组织捐赠的平板电脑到了。我又协调电力部门改善网络状况，保证网络的顺畅。得知有校友正在开展一对一在线陪伴辅导公益项目，我便与他们取得联系，寻求帮助。现在，孩子有了志愿者的陪伴，学习逐渐走上正轨。

看着新奇摸索学习机的小男孩眼里满是兴奋，我不住地开心，担任第一书记的434天就这样浮现在眼前。

初到基层，从未有过农村经历的我，走起山路"举步维艰"。不服输的我做了一个大胆选择，主动请缨，担任长岭岗村第一书记、扶贫尖刀班班长。

精准扶贫是驻村的"头等大事"，村里的未脱贫户依靠扶贫资金救助保障基本生活。然而，他们缺的不仅仅是这些，社会支持也同样重要。恰逢村里"童伴妈妈"项目启动，我决定在长岭岗村建设"妇女儿童之家"，组建一支"村妇联+童伴妈妈+驻村帮扶队"的志愿服务队。

"童伴妈妈"项目是为给留守儿童提供持续陪伴。刚开始,我与服务团队进行了全村大走访,摸排妇女儿童情况。

"小朋友,你家住哪?"我看到一个扎着羊角辫的女孩站在路边,怯生生地盯着我们一行人,于是上前搭讪。没等我走近,孩子却转身跑了。我和同事有些诧异——这不是第一个被我们"吓跑"的孩子了。问了村里老人才知道,这些孩子的父母大多外出打工,有些甚至多年没有音信,村里山大人稀,孩子放学回家没有玩伴,经常一个人玩手机,渐渐就不太愿意和人交流。听到这些,我暗下决心,一定要把"童伴妈妈"项目尽快办起来。

村里招募的"童伴妈妈"们顺利接受了社会工作者培训,在驻村帮扶队的支持下,"妇女儿童之家"走上正轨。每逢周末,村委会不再大门紧锁,时不时传来孩子们的欢声笑语。里面,手工、绘画、科普等各类活动正开展得火热,那些本不该属于童年的孤独,总算被融化了大半。

疫情期间,"童伴妈妈"也发挥了不小的作用。刚回到村里,我看到"妇女儿童之家"比起平日格外冷清,左思右想,我与村委会商议,把有特殊需求的孩子叫过来,每天一两人,轮流让"童伴妈妈"来陪伴他们学习,人手不够时,我可以亲自上阵。计划通过,我们立即拟好时间表,确定了困难儿童的名单。

孩子们来到村委会后,学习得格外专心,"妇女儿童之家"又开始有了活力。

田野里的十万字

"深入田野!"一年半前,我在日记本的扉页上写下了这四个大字。现在,日记本又添了十万字的重量。

基层工作杂、忙、急,刚上任的我有些摸不着头绪,在一叠叠文件里埋头苦干了好一段时间,工作却不见有什么成效。这才明白,盲目"做事"只能事倍功半,要想打开工作局面,必须先摸清楚当地情况。

精挑细选了两双运动鞋,在它们的陪伴下,我踏上了田间长长的路。工作中的点点滴滴,都被我记录下来——村里的老乡都以种辣椒、土豆为主,产业比较单一;务农收入占了大头,缺少能"致富全村"的集体经济……晚上回到家,我就把白天的所见所闻一一整理出来,又找来经济学的书籍补充知识短板。日积月累,总算对身后的这片田野有了更深的体会。

原本课本里对我而言没有实感的统计数字,摇身变成了眼前鲜活的个体。

走访中遇到这样一家人,户主和 90 岁老母亲住在"土墙屋",弟弟住在猪栏上的"小阁楼",生活条件很差,户主却整日在外游荡,无所事事。我们向他们介绍了危房改造政策,一直想住上新房的阿婆满心欢喜,户主却十分抗拒,坚决不建新房。左邻右舍几番打听,才知道他偏信了当地"风水师"的说法——"房屋相位不好,不能建房"。

我立刻联系了这位"风水师",向他讲明政策要求:"不进行危房改造,怎么能保证村民的住房安全呢?"循循善诱下,对方愧疚不已,立马对这家人改了口——"今年能建房!"户主还是犹豫不决:建房"太贵",补助不够,在外务工"亏得多"……

我反复向户主解释政策,帮他申请民政救助,又精打细算修房费用,这才开始动了工。

十余次入户,一次次观察,一次次解虑。两个月后,当我们再次登门时,房屋已经焕然一新。正在田里耕种的阿婆听说尖刀班来了,连忙放下手中的锄头,走上前拉着我的手不住道谢。

"没有你们,这辈子我都住不上好房子了!"阿婆的泪水在眼眶里打着转。

脚下的田野像是一条探索不尽的长路,手中的笔则是我的指路明灯:记下问题、思考对策、解决矛盾,有始有终的工作方式帮助村民们获益不少。为了壮大集体经济,我们承接了不少小型项目;为了完善产业,村里引入了花椒种植。看到老乡们夜里下了农活只能磕磕绊绊走回家,我们尖刀班发动全村党员组织群众众筹11万元——太阳能路灯点亮了全村,年久失修的公路换上了新颜。

不知不觉,日记已有了足足十万字,每日记录、反思、总结已然成了我的生活习惯。时值3月,春耕开始了,乡亲们在花椒田"战斗"得火热。我在日记里添了一句:花椒正在茁壮生长,诉说着"野火烧不尽,春风吹又生"的生命力。

个人简介

张晨，湖北随州人，出生于1995年1月，北京大学深圳研究生院2019届硕士毕业生。作为上海选调生，任职于浦东新区财政局，现挂任界龙村主任助理。

界龙村抗疫小记

◎ 张晨

口罩预约记

2月1日，"上海发布"微信公众号发出了预约购买口罩的消息，界龙村的村民们都坐不住了，纷纷跑来村委会咨询具体怎么购买。

原本就不宽敞的村委会来客络绎不绝。我坐在服务站看着不断进门的村民们，突然想到，如果明天现场预约领口罩，全村能来的人可能就都来了，岂不是人为制造了一次人群聚集？

当下，村委紧急讨论替代方案，思来想去，还是网上加电话预约的方式比较稳妥。恰好村委中有同事具备编程技术，他连夜赶工，多次修改，最终推出了一个口罩预约小程序。

第二天，小程序与预约电话齐上阵，第一轮预约开始了。

在办公室坐下不多一会儿，叮叮叮的电话铃声响起。

"您好，界龙村家门口服务中心。"

"请问您的门牌号、姓名、电话号码是？"

"您的预约信息已登记，药店口罩到货后工作人员将按顺序电话联系、送货上门,支持现金和扫码支付,价格会因批次材质不同有所变动,请您耐心等待几天。"

化身人工客服,我和同事们几乎来不及歇口气。

不少人打来电话问一个同样的问题:"为什么我预约了却没拿到口罩?"

这大多都是因为地址重复而被判定为无效预约。如果同一居住地址房东已经预约,租客后来的预约就失效了。这样的情况也发生在合租的室友之间。我们向打来电话的村民详细解释了原因,并建议他们与房东或合租室友协商分配口罩。眼下别无他法,我们也只得嘱咐村民尽量不要外出,减少口罩的使用量。

然而节流更需开源,当务之急是尽快增加口罩生产产能和产量。上海原本生产豆制品的清美开始生产口罩,村里的印刷公司也在加班加点印刷口罩包装盒。政府统一征用调配之外,市场上口罩也陆续补货,想来不久之后,口罩的缺口将能在加班加点的生产输出下慢慢地被填平。

村委对点的药店到货后,会立马通知我们。负责发放口罩的同事就先出门,去药店拿货再进行打包。50 个一包的口罩被分装成 10 袋,每袋 5 个,用保鲜袋包好。

随后,我们化身快递员,挨家挨户送货上门。送完一圈回到居委会,原本装口罩的袋子里多了不少一块、一毛的钢镚儿,叮咚叮咚响着。

村口值守记

上海启动一级响应之后,各个村都实行了封闭式管理。

村委在出入口设置卡点,村民们凭借车辆出入证、本村手环,经测温不超过 37.3 度后,才能进入本村。

我们人手不足,倒腾换班显得捉襟见肘。村民们进进出出,有时候看我们人少忙不过来,便热情道:"你们是不是人不够,我们能帮上忙的就直说。"不少村民主动报名志愿者,新的人手加入,卡口得以宽裕地全天 24 小时轮班值守。

由于实行封闭式管理,当地给本地村民和隔离满 14 天居住在本村的外来人员发放了出入证,只能凭出入证进村。

2 月 19 日,办公室突然接到一张 12345 的工单,有人投诉说我们不让她进村去村卫生室看病买药。

这位居民住在别的小区,没有我们村的出入证,却硬要闯卡口。听说是要看病，我们建议她就近去社区卫生中心或者大医院，距离非常近，医生更有经验，药品也更加全面。

然而耐心解释她并不接受，甚至对值守的工作人员破口大骂，一定要求到村卫生室拿药。

我们无论如何也劝说不动她，只得村党委书记出面沟通。经过一番交流，她才说明了自己的真实需求是买药而非看病，理由则是"村卫生室开的药便宜"。

于是，我们主动提出和她所在的居委会对接，由居委送药上门。最终，她同意回到自己所在社区，这件事情总算是解决了。

面对群众，需要充分的耐心，需要彼此的理解，更需要互相的配合。

村民复工记

在基层工作，最重要也最有成就感的便是为村民们解决切身的难处。政策的落实与村民的现实需求之间难免存在不适用、不匹配的情况，此时就需要基层工作者来填补这一段距离。

2月29日，借住在村里的一位村民急匆匆跑到村委会。

他想开一个证明，表明自己没有离开过上海，以便第二天开工。我们立即帮助他在"上海发布"微信公众号办理"随申码"——绿色，表示健康。他一边连连感谢我们，一边高兴地离开了村委会。

第二天上午,他又来了。"随申码不行,要开证明。"我们又通过中国移动疫情防控行程查询系统,得到他30日、15日内曾经的到访地并截图。他带着截图回家了,说:"这回肯定成。"

没想到,当天下午他又出现在了居委会。

"公司说必须要居委会、村委会的证明,不认别的。"他就像霜打了的茄子,蔫儿了。

我们也很纳闷。"随申码"是上海市级层面的,效力在居委村委之上,为什么有企业不认可呢?我们试图和他的房东沟通,签署一份房东责任书,然后出具信息确认书。但是房东说自己住得很远,过来一趟要几个小时,不太方便。我们很想帮助他解决问题,但是受限于职能权限,没法开具没有依据、超出能力之外的证明。于是他只好先回家等消息。

当天晚上,事情出现了转机。

"上海发布"公众号推送"'随申码'拓展应用"的快讯,明确"随申码"可以支撑复工复产复市。

那位村民没有再来村委会,大概是企业认可了他的"绿码"。

疫情防控是一场持久战,从1月份到现在3月份,从冬天走向春天,国内的局势终于控制住了,然而国外形势却日益严峻起来,我们的工作重点也从防扩散转变为防输入。

这段时间以来,尽管有时候不被理解,甚至会遭受谩骂,但是让人宽慰的是,理解的村民是大多数,胜利的曙光也在不远方。

春和景明,静待花开。

 魏天瑶，江西南昌人，出生于1995年1月，北京大学人口研究所2019届硕士毕业生。作为江西选调生，现在南昌市安义县长均乡把口村基层锻炼，担任村主任助理。

成为一名"战士"

◎魏天瑶

离别的声音不大不小

2020年1月24日，农历大年三十。

一场突如其来的疫情，像凛冬的寒风，吹散了久违的年味。母亲看到我放假回家，难掩喜悦之情，忙里忙外准备着我喜欢的饭菜，却不让我搭把手。我无事可做，只能呆呆看着窗外家家户户的春联，远处时不时传来的鞭炮声才让我感受到了一丝春节的喜悦。手机在手中紧握，它的每一次振动都将我拉回到现实，一篇篇愈显严峻的疫情新闻推送，一条条发在工作群、村民服务群中愈显紧急的通知，仿佛前线不断吹响的号角和拉响的警报，让我心中五味杂陈。不知道村里的乡亲们现在还好吗？有多少湖北返乡的人员？有没有还没统计到的呢？一些宴请集会有没有按规定取消？是不是还有村民不把这次疫情当回事？我无法停止脑海中不断涌现的问题，甚至开始有些焦虑。

"妈，我想回去。"仗着电视上春晚节目热闹的声音，我终于鼓起勇气，庆幸声音不大不小，母亲应该刚好可以听到。"才回来又要过去，千万要注意防护啊！"母亲停顿良久才开口，万万没想到她并没有拒绝我的请求。看着她起身开始查看并挑选着大包小包给我带回去的年货，我想去劝阻，却又坐了下来，希望能留恋一下母亲的爱意，却再不敢迎上她不舍的双眼。今夜难眠，虽然不能陪母亲欢度春节，但是我必须回去，一名"战士"只有站在"战场"上，心里才能真正安定。

来自心底的自言自语

2020 年 1 月 26 日，农历大年初二。

疫情形势比想象中还要严峻，一整天的"战斗"紧张而激烈，对我们的要求也是无比严格。回到宿舍已是晚上九点半，暗夜笼罩，气氛有些压抑。坐在温暖的台灯前，摘下戴了一天的口罩，看到窗玻璃中的自己，不觉中脸上已经有了深深的勒痕。终于可以稍作停歇记录几笔，我竟然异常享受这难得的片刻闲暇，甚至感觉有些奢侈。

脑海中浮现着今天的工作。为了最大可能地节省时间开展工作，我们一大早就在书记办公室里召开了紧急会议，逐条安排防疫的各项工作：从摸排村里 34 位自湖北返乡人员的差旅行程和健康状况，到需要日夜值守的进村道路卡点的布置和排班，再到挨家挨户的走访和宣传等等，我记录笔记的手已经有些发麻。会议结束的瞬间抬头，我看到书记眼睛里已经有些红红的血丝，我暗暗对自己说今天一定要把工作保质保量完成，做一名优秀的"战士"。

按照会议部署，我有条不紊地开展了各项工作。一天下来身心俱疲，但还是非常开心能够将各项任务顺利进行。一路政策制度宣传下来，大部分村民都能表示理解，虽然也有部分村民不甚配合，但只能更加耐心地解释疫情的严重性，晓之以理，动之以情。现在喝水的时候嗓子都有些疼痛，但希望能换来村民们的平安，哪怕多了一位村民因为我的努力而听进去，从而降低了感染病毒的风险，那么这一切的付出也都是值得的。

待会把口罩喷点酒精消毒后就可以休息了，现在村里防护物资紧缺，要做好打持久战的准备，口罩能多用几次就多用几次吧。和今天的自己说一声"晚安"，明天要以更加充沛的精力和饱满的热情走上工作岗位，加油！

遇见另一个自己

2020 年 1 月 31 日，农历大年初七。

魏天瑶 ◎ 成为一名"战士"

这两天晴好的阳光驱散了连日的阴雨，世界焕然一新，村口树林里的小鸟叽叽喳喳，仿佛春天就要来临。

在平日，此时此景必然让人心情舒畅，而在疫情期间，我却更加担心村民忍不住出门晒太阳所带来的风险。果然，在今天的日常巡查中，行走在空荡的小巷，突然看到远处有不少村民在广场上扎堆聚集。我不由得心一缩，甚至有些恼怒，也顾不得什么，冲过去大吼一声："你们在干什么？村里不是发了通知，要求大家都尽量待在家里不串门不聚集么？这么关键的时刻，你们怎么还敢不戴口罩在这儿聚集？快，快，快！赶紧散了！"在场的村民被我这一嗓子吼得一怔，马上就散了。

早上的事情，现在想起来我仍有点脸红，甚至不由得拘谨起来。二十几年来平时说话轻声细语的我不知道哪里学来的"河东狮吼"，我开始有些懊悔，会不会大家因此改变了对我的看法了呢。不过能让大家遵守规定，能全力保护每位村民的健康安全，这些都算不上什么。

我曾像海子一样，坐在图书馆里幻想着"从明天起，关心粮食和蔬菜"，但今天调研时才知道最近正是村里扶贫产业种植基地所种植的 5000 余斤蘑菇快成熟的时候。我内心焦虑了起来，种种困扰和想法萦绕在脑海：疫情期间的采摘和销售运输怎么办？能否借助微信、抖音、蔬菜上门 APP 等网上平台进行线上销售和宣传呢？现在市场价格怎么样了呢？村里的蘑菇长势喜人，而我却忧心忡忡。

最美的底色

2020年2月3日，今天是大年初十。

村里贫困户是我最放不下的惦念，战"疫"路上，一个都不能少，而且作为弱势群体的贫困户，在疫情期间更需要来自物资和精神上的支持与帮助。

今天我又一次逐一上门，为大家带去了一些物资，并了解居家隔离情况。82岁的胡奶奶膝下无儿无女，是村中的五保户，她穿着拖鞋转来转去，弯着腰慌忙收拾好凳子上和周围的杂物，请我们坐下。屋里四个人使狭小的空间显得更逼仄。"恰（吃）了饭啵？"奶奶正宗的乡音现在还回荡在耳边。

和其他贫困户一样，我给她带了口罩等一些物资，详细讲解了疫情的防护措施。但我知道，这远远不够。"奶奶，过几天其他消毒物品到了，我给您家里做一次全面消毒，再教教您怎么用。您家里最近缺什么吗，有什么不方便的没有？"虽然奶奶笑着说没有，但我从奶奶犹豫的语气中觉察到有些异样，我站起身来向厨房走去，想亲眼确认一下。胡奶奶看到我如此较真，才告诉我生活物资确实已不太充足，怕频繁麻烦我，才未主动告诉我。我看在眼里疼在心里，在心中默默列出了明天要给胡奶奶采购物资的清单。

"看，多好看呀！"走出最后一户人家，顺着一声惊呼望去，夕阳将世界万物洒上了红色的光辉，温柔而不耀眼，远处由村党员干部、村小组长和村民志愿者们的"红袖章"组成的点点"星辉"也在卡口处汇集闪耀，感动之情油然而生。无论遇到什么困难，只要心中这一抹红色底色在，就永远涌动着生生不息的温暖力量。

个人简介

朱家欣，安徽萧县人，出生于1995年1月，北京大学软件与微电子学院2019届硕士毕业生，在校期间获北京市优秀毕业生等荣誉。作为江苏选调生，任职于无锡市工业和信息化局。

返工二三事

◎朱家欣

离　家

这是一个过分安静的大年初三。爸爸是医生，疫情暴发后就投入了工作。妈妈今天也开始上班了。

我独自待在家里，翻看着手机上的新闻——有医疗机构在募捐，防疫物资很紧张。"口罩还有，防护服不够。""能送来多少？什么时候到？"爸爸昨天接了一夜电话，这是我在房间里听到的只言片语。

回想起三天前到达安徽时，我在高铁站接受了严格排查，我知道，疫情已经发展到了极为紧张的阶段。

看着父母奔忙，我待不住了，也想返岗工作。我在工信局工作，负责对接集成电路和分立器件的企业，这些企业正是生产测温枪等防疫物资的重要单位。

"妈，我想现在回无锡。"晚上吃饭时，我跟妈妈商量。

"怎么了，要求你们返岗吗？"

"没有，但在家待着不安心，早两天回去，就能早些开始工作。"我迟疑道，生怕遭到拒绝。

妈妈沉默了一会儿，点点头："那你一定照顾好自己，到时候自己开车走，路上安全些。"

我鼻子一酸。"妈，谢谢你的理解。"没说出口的却是，"你和爸爸才是我的榜样。"

返回无锡的途中，我看着窗外的车流，每一辆车都"肃穆"地急驰着，似乎铆足劲和传播迅速的疫情赛跑。

到服务区时，看到餐厅、便利店、卫生间的每一个人都严严实实地戴着口罩，我更是惊讶。

"没想到大家都这么自觉！"我和同车的小叔说。

"那当然，老百姓很配合，疫情当前，人人有责嘛！"

人人有责，我更是责无旁贷。

隔　离

36.5度，看到体温计上的数字，我悬着的心总算落地了。

初六回到无锡，2月4号是在家隔离的第六天，时间本已过半，我却在当晚发起了低烧，吃退烧药也降不下去。我平时很少生病，在这个关头发烧，实在是紧张，躺在床上不住地胡思乱想。

室友推门进来，手上端着热腾腾的饭菜："家欣，吃饭啦！知道你没胃口，今天做的清淡。"

"你把饭放下就出去吧，别被我传染了。"

"别担心，肯定不会是新冠肺炎的！"室友和我是同一届的选调生，一个东北姑娘，性格颇有些大大咧咧。

我却苦着脸："咱俩天天待在一起，如果我确诊，最对不起的人就是你了。"

她在我旁边坐下，笑呵呵："有什么对不起，既然住在一起，有困难一起扛。"

第二天，我把情况上报给了单位。考虑到我是低烧，也没有可疑接触史，领导让我在家观察。

我还是忧心忡忡，瞪眼望着天花板。

"想什么呢？"室友走进来。

我看着她，眼睛里快挤出泪来："我有点害怕。"

她扑哧笑了。"别害怕！人是不会死的。"她换了一种深沉的语调，"人在死的那一刻已经不是人了。"说完冲我狡黠地眨眨眼。

我被她逗乐了,她是哲学系毕业的,常拿些神神秘秘的理论打趣我。

"心情轻松才能赶快好,我去给你做饭!"她说完转身出去了。

等我终于退烧时,室友高兴地抱了抱我。我一阵感动:身处异乡,能有她的陪伴何其幸运。

我小声向她道了声谢,有些不好意思。

她却听到了:"谢什么谢,咱俩都是选调生,相互扶持最重要。"

返 岗

因为生病,结束了二十来天的隔离后,我才正式返岗了。

"状态不错啊!来工作精神都变好了。"领导关心地对我说。

"现在都好了!好在没事儿,还能为人民服务!"我拍了下胸脯。

期盼返岗已久,在家时也做了不少准备,一身轻松的我迅速投入工作状态。企业复工在即,督导企业疫情防控工作是重中之重,走访企业成了我工作的主要内容。

检查企业防控措施是一个细致活儿,容不得丝毫马虎。生产车间有没有及时通风,食堂是不是采用分餐制,有没有设置应急隔离室,在岗人员是不是每天检测体温……每到访一个企业,我们都会按照流程认真核对,不放过一个细节。

任何纰漏都有可能影响复工复产,为此大部分企业都很配合我们的工作。遇到一些小问题,比如有员工没戴口罩,公共区域消毒不足之类,也会在我们的提醒下立刻整改到位。

与此同时,防疫物资不足是企业复工复产的最大难题。

一次巡查时,我看见一位企业员工把口罩戴反了,上去提醒他。他却说自己这个口罩戴了好几天,内面有气味了,他想翻过来戴干净些。我吃了一惊,赶紧让他把口罩摘了,从包里掏出一个新的给他。

这是一家船舶企业,对接我们的是一位中年男性,这家公司的总经理。

"您好,你们企业目前防疫物资是不是不太充足?可能要等我们调配下来再开工。"我例行询问。

"别别别,同志,我们还剩最后几箱口罩,我这就给工人们发下去,边干边等行吗?"

我看着他着急的样子,心里有些疑惑。

"我们企业做的东西本来就利润少,这次疫情更是吃空了老本。"他解释道,

"再不开工就养活不起工人们了,他们都指着我吃饭呢。"

走访一圈下来,我发现类似的情况不在少数。回到单位后急忙上报情况,盼着能尽快得到领导批示,及时把物资调配下去。

"今天感觉怎么样?"下班后,同事问我。

"感觉疫情期间,中小企业受到的冲击有些大。"我回答道。

"是啊,上游供货不足,员工复工受限……哪一项都会让生产效能下降。"

"等疫情结束以后,咱们一定要把帮扶中小企业放入提案!"

另一件大事是开辟"复工专列"。

如何确保外地企业人员安全返程,是我们的心头大事。湖北省疫情最严重,那里的企业人员目前还无法返工,为了复工率,最好的解决办法是让其他地区的员工及时返岗。

然而,疫情期间的公共交通受到限制,这个过程并不顺利。为了让企业员工安全返回,我们和企业、铁路部门两头对接,准备开行"复工专列",专为急需返岗的外地工作人员服务。

几天的忙碌之后,首趟无锡复工专列通车了!

这天,三百多名吉林籍员工乘坐着这趟复工专列抵达无锡。他们下车后会从绿色通道出站、测温,再由专门的大巴送到隔离酒店。"一条龙"的定制服务下来，感染风险被大大降低了。

刚接到好消息不久，领导就打来了电话，说有其他企业也想开行"复工专列"，让我尽快对接。

"收到！"

疫情刚开始时，我常常焦虑，看着空荡荡的街道，有些无力。返回岗位后，我好像悬空的双脚重新踩在了大地上，充满干劲和希望，对工作也有了更多体会。看着现在无锡街头车辆渐渐多了起来，人们脸上重新露出坚定的神情，我知道：疫情是打不垮我们的。

室友问我疫情结束后最想做的事情是什么。我回答说："和你一起去看场电影吧。"她笑了，像春天的阳光一样温暖。

个人简介

吕金童,山东泰安人,出生于1995年4月,北京大学外国语学院2019届硕士毕业生。作为山东选调生,现任青岛市市北区台湛路社区书记助理。

这次换我来守护

◎ 吕金童

2003年,非典疫情暴发时,我还是一名小学生,懵懵懂懂地只记得每天上学都要消毒测体温,每天的新闻报道中都能看到医护工作者匆忙的身影。虽然当时还未曾体会个中艰辛,但我知道他们做出了舍小家顾大家、选择守护我们的决定。那时我立下愿望,要成为和他们一样的人。

时隔16年的今天,我也踏上了工作岗位。虽然没有如愿成为一名医生,但是我选择加入选调生队伍,在后方守护家乡百姓的安康。

我们和你一起来

我所在的街道居民密度大,信息摸排是我们面临的第一项艰巨的任务。第一轮摸排进行时,正值疫情控制的初期阶段,居民对我们的上门问询很是反感:"没有病例,没有没有,赶紧走吧……"但是我和结对的同事依然要一层楼一层楼地敲。

第一个给我们开门的是一位独居的老奶奶。老人家因为不太关注新闻,还不太明白事态的紧急,孩子都去外地过年了,没能及时赶回来。看到这样的情况,我对她说:"奶奶,您别担心,这段时间咱们就待在家里,平常缺什么就告诉我们,我们给您带过来。这是我的电话,有事随时和我们联系。"老奶奶对我们连声道谢。

虽然排查工作很辛苦,但是一声声真挚的祝愿、"注意安全"的提醒让我们感到邻里之间的理解与亲切。

然而疫情工作时间紧、任务重,社区所有的工作人员都下到社区网格排查。因为到处都是生面孔和外地口音,有时就需要多次和居民确认信息。其中,有的居民不愿意透露具体信息:"怎么问得这么细啊,差不多了吧?"还有的居民不主动提供出行记录,对我们的工作提出质疑:"你们怎么证明自己是社区的啊,反正我都说没去过那边了,家里都好着呢。"更有居民因为过度担忧而提出:"我们在家隔离,政府能不能出点钱补贴啊,买菜买肉不要钱啊……"

对于居民的误解和要求,我们耐心细致地一一解答,让居民理解并配合我们的工作:"咱们辖区人口基数大,还有很多的外地租户,为了更好地保障大家的安全,需要大家都配合一下,提供咱们春节外出及出行的信息,配合工作人员一起打好这场疫情防控战役。给大家带来不便,敬请谅解。"虽然有的居民依旧不是很情愿，但是也渐渐接受我们的好心，我们的信息册逐渐完善。

返岗以来，我和同事们一直周末无休连轴转。白天登门摸查，晚上汇总数据，逐栋逐户地将湖北籍人员、自湖北返乡人员、有湖北旅行史人员等等一一摸排出来。

慢慢地，群众对我们的工作多了理解。有的外地返青居民在看到门上贴的通知后，主动致电向我们报备基础信息及出行情况；还有的居民，听到邻居家许久无人应答的敲门声，主动开门告诉我们："他们家没回来，好几天了，哪天回来了我再告诉你们。"

这一个个小变化不仅使工作越来越顺利，也温暖了每一个人的心。

这是我们共同的家

"您好，我们是街道的工作人员，想了解一下您近期有没有去过湖北地区或者有相关的接触史？咱们现在身体情况怎么样？当前疫情防控形势严峻，一定要做好自我防护，感谢您的配合。"

自返岗工作以来，这样的话不知道向群众说了多少遍。因为辖区内老旧楼院较多，我们每名同事都承担着社区网格员的工作。

所谓社区网格员，就是每人负责几栋楼，以网格为单位推进各项政策，比如创建卫生城市、垃圾分类、疫情防控等等，分担工作量。

除此之外，大家每天还要轮流负责开放式小区的值守工作，早七点到晚七点驻守小区出入口，做好体温检测、外来人员的登记和管理工作，风雨无阻。

记得那是2月15日，2020年入冬以来的第一场大雪不期而至。当时我和同事顶着鹅毛大雪在小区门口站岗，一个居民走了过来，说："小姑娘，拿着，这是阿姨从家里拿来的暖宝宝，贴上暖和。"之后，她还主动帮我们一起清扫路面积雪，方便居民出行。

"小姑娘来青岛几年了？""哦，第一年啊，第一年工作就没回家，真不容易。"

"谢谢您，大娘，现在青岛也是我家呀。"

随着时间的推移和慢慢熟悉，群众开始自发支持我们。每次都主动撸起袖口配合我们的测温工作，有时还热络地和我们聊起家常。同样的情况还有"无接触自取外卖"。一部分年轻人也从不情愿地被叫下楼拿外卖，到慢慢主动和外卖小哥约好，主动实行无接触自取，一切显得井井有条。

疫情面前，小区居民纷纷伸出援手，主动加入志愿者阵营，分担我们的压力。"疫情无情人有情"，台湛路37号1单元的七十多岁老党员夫妇相互搀扶着，自发到社区捐款。奶奶把一叠用报纸仔仔细细包着的钱交到工作人员手里："我们出不了力，只能出份心意了，小姑娘你们辛苦啦。"奶奶的话朴实真诚，把我们的心捂得暖暖的。工作前期，社区测温枪供应不足，于是我们紧急发出倡议函，征集居民家中的测温枪。很快，一把把家用测温枪陆续送到我们的手边，一下子缓解了防控的燃眉之急。送测温枪的居民还叮嘱我们注意安全。

这里，是我们共同的家。

我在家里等你们回来

"亲爱的姐妹，您在湖北前线还好吗？在这个疫情肆虐的冬日，你们同时间赛跑，毅然决然地奔赴战场……因为你们，这个冬天不再寒冷！祝福你们一切都好，等候着你们凯旋的好消息！"

一封来自青岛家乡姐妹们情真意切的家书，连同捐赠给二百多名女医护人员的500套系列生活用品，一起运往湖北。青岛中心医院的魏主任告诉我们："前线医护人员非常辛苦，为了节约防护服，经常十多个小时不吃不喝，尤其是女性医务工作者，因特殊的生理周期更是辛苦。"

了解到抗疫期间前线物资紧缺，机关工委的同事们连夜联系市直机关工会，号召积极捐赠，第一时间为前线的女医护人员送去最温暖的关爱。

后来我得知，一位我高中同校的学姐也在援鄂医疗队，我期盼着这封家书连带生活用品能送到这位姐姐手中，也送给和她一样奋战在前线的医务工作者们。同样作为女性工作者，我更能理解她们在一线工作所需要克服的困难。虽然不能亲自走上前线抗击疫情，但我们也希望在做好本职工作的同时，为医护人员送去我们的支持。

这场疫情对每个人来说都是一场考验。记得入职时，我们在党旗下许下誓言：到祖国最需要的地方去。疫情防控是祖国最需要我们的时候，社区村落是疫情防控最需要守护的地方。16年前立下的愿望依然清晰，只是这次，我已不再是家中需要照顾的小孩子，这次换我来守护大家。

曹珺然,河南信阳人,出生于 1995 年 5 月,北京大学社会学系 2018 届硕士毕业生,在校期间获得北京市优秀毕业生、北京大学三好学生等荣誉。作为上海选调生,任职于市人力资源和社会保障局,基层锻炼期间被评为"优秀共产党员"。

虽远却近的我们

◎ 曹珺然

冬雪未消岁未黄,江城患疫已成殇。今年的春节注定不同,没有绚烂的烟火,没有久违的谈笑。日子在以"静"制"敌"的战"疫"中变得绵延而模糊,不断更新的数据仿佛成了"日期"得以跳动的方式,牵扯着我们每个人的神经。居家隔离,让彼此相见变得困难;交通管制,让出行返沪尤为不易。好在我们没有被病毒完全束缚,借助互联网,分散在全国乃至世界各地的我们奋斗在同一个"战场";依托爱和希望,疫病的梦魇会被击碎,我们终将拥抱春与阳光。

"如果希望入群,可联系我。"

1 月 25 日,大年初一。

这是一个标志着新开始和新希望的日子,事实也确实如此,不过希望和力量从来不是等待别人给来的,而是依靠我们自己争取来的。

清早,打开微信,我看到研究生班级群里转发的消息:"为了给奔波于抗疫一线的社工提供更有效的支持,我们建立了高校与社区的对接群。目的是集中业内人士的专业智慧和资源,为奔波于一线的社会机构和社区提供干预方案和专业支持!如果希望入群,可联系我或武汉大学 XXX 老师。"

没有迟疑，我进群了。这或许是出于在北大学习社会学、接受社会工作专业训练的本能反应，也可能是出于对抗疫前线的担心，总觉得"这个时候应该要做些什么"。在陌生的群里，我却看到了不少并不陌生的"熟人"，有老师，亦有同窗，更有很多怀着相似心情的"同路人"。这个由一名武汉大学社工老师发起的"武汉疫情—社工高校社会对接"群，第一天便汇聚了一百多人，随后也不断有新人加入。

从武汉一线各类供需信息的对接，到哀伤辅导的社工教学；从为武汉方舱医院建立音乐治疗"空间站"的努力，到为湖北孩子打造疫情期间一对一在线辅导服务平台的尝试，再到持续无偿为抗疫创作手绘漫画并宣传推广……群里每天各种消息的更新、各种资源的传递、各种支持的持续，让我对于这场战"疫"的最终胜利始终充满信心。奉所学、有所为，这是母校传递给我的责任与情怀，也是社会工作这门具有社会性、实践性的学科赋予我的天然使命。我相信，聚沙终会成塔，在每个个体的努力下，我们终能夺取战"疫"的胜利。

"你们人社动作也挺快！"

2月3日，节后第一天。

"快讯！返还失业保险费、延长社保缴费……沪出台企业减负政策！"就在前一天，经信部门的好友还在与我讨论企业复产复工的扶持政策，今天上海人社部门最快最新的企业减负政策就新鲜出炉了。疫情的发生，束缚住的是我们的"手脚"，但切不断的，是我们的联系；挡不住的，是我们的应对。

受疫情的影响，回家过年的我被暂时阻隔，无法返沪，但是工作的"战场"可以移到"后台"、切到"线上"：最应需的政策调整应对、最应求的举措消息推出、最应急的留学人才线上双选会筹备……我们在与疫情抢时间、拼高下。

眼中所见，是虽远却近的"战友"以不同形式"战斗"的姿态：从各种迅速组建的线上工作小组，到踊跃报名的防疫志愿者；从"我们都抗压习惯了，处长都睡办公室两晚了"，到"我通常不敢喝水，担心总是要上厕所"……人社系统上下协同，与抗疫需求"同频共振"：无论是出台积极的就业政策"稳企业"，还是建立用工保障和线上招聘平台"促匹配"，无论是落实农民工返岗复工服务"保用工"，还是开展线上职业技能培训"提技能"，我们都用精准有力的举措全力以赴地支持企业有序复工、复产、复市。一批批支援社区疫情防控、开展顶岗工作的同志更是激励着我要不断做出自己的那份努力、贡献自己的那份力量。

这场与新冠疫情的较量，不仅是战场，更是考场。在这场考试中，没有选择题，只有必答题。

"你知道有哪家医院接受物资捐赠吗？"

2月4日，立春。

"求助！信阳疫情防控医用防护物资告急！"以《人民日报》为代表的各大媒体平台纷纷为信阳的艰难处境向各界求助。我的家乡——河南信阳，作为河南的南大门，自武汉返乡人员达7万之多，但在疫情暴发初期一线防护物资缺乏，防控压力极大。转发各类物资对接信息、呼吁力之所及范围内的帮助、响应不同渠道发起的捐款……可以做的"动作"都完成一遍，心里还是打鼓：我还可以为家乡再多做些什么呢？

"你知道有哪家医院接受物资捐赠吗？1500片安心裤，有天猫店的那种。"转机发生在2月16日的夜晚，微信上跳出的信息告诉我，可以出力的机会来了。"姐妹战役安心行动"，让战斗在一线的女性获得更多的关注和支援，让更多的公众将关切和力量送达"前线"，让阻隔在各处的我们心却靠得更近。经过同医院负责院长的接洽、与多家物流公司的联络，1500片安心裤最终顺利送达潢川县人民医院。隔着手机屏幕，我依然可以感受到来自远方的温暖，这种温暖的传递可能几经转折，可能来自陌路，却能量不减，却恣肆蔓延。

　　武汉、上海、信阳，三座城市，三个片段，串连起了可能微不足道的"抗疫"点滴，呈现出不同视角的战"疫"关怀。如果说全国是一盘棋，那么，我们每个人都是其中的一个节点。我们可能不在同一个空间，但正通过不同的方式彼此相连。疫情之下，没有局外；战"疫"之中，无法旁观。新冠肺炎本想给我们当头一击，却反而给了我们再一次正视自己、相互温暖、挖掘潜能的契机。愿我们只是向上走，有一分热，发一分光，如萤火一般以微光点亮黑暗。黎明终会到来，请相信——"相信"的力量。

余冬安，河南商丘人，出生于 1995 年 6 月，北京大学信息管理系 2018 届本科毕业生。作为四川选调生，任职于资阳市雁江区政府办公室。

体味幸福

◎余冬安

1月25日大年初一，下午4点40分，接到单位电话，取消了包括周末在内的所有休假，第二天起正式上班。我的抗疫故事，从那一刻正式开始了。

幸福是能发一分光

我的主要任务是外出督查。

每天，我要到负责区域内的各高速路口、乡镇、小区及城区街道卡点，与值班人员进行沟通，了解他们工作的进度、困难，并及时反馈。

那些往日常常走过的街道、公路，在疫情中显得冷清又萧条。看到病毒的阴影笼罩在这片生机勃勃的土地上，我的心情愈加沉重。

没有瘟疫的时代是稀少的，瘟疫始终伴随着人类，是人类永远要与之抗争的对手。大大小小的瘟疫影响了整个人类的变迁、民族的兴衰、战争的胜败、社会的枯荣、文化的起落、宗教的兴灭，乃至政体的变革、产业的转型和科技的进展。虽然瘟疫不是历史变迁的动力，但它确实改变了历史。

督查工作看似是一些"穿针引线"的小事，却关系着千家万户的喜怒哀乐。在此之前，我对基层的工作其实并没有那么清楚的了解，对于一些疫情防范措施还没有完全到位的社区，我们本能地会提出一些优化人员配置、加强防护措施和保证工作时长等的想法。

面对这样的要求，社区工作人员总会露出一副为难的表情和我说，确实有困难。工作中，我们也会遇到一些挑战和风波。记得一次在小区卡点处遇到一位非常不配合的老大爷，不遵守防控规定，在持有一张出入证的情况下，坚持要两个人一同出小区活动。当我们和社区人员共同进行解释并劝阻时，大爷言辞激动，我们只能顶着压力耐心解释、争取理解。

和社区的工作人员相处久了，我也渐渐了解了他们的一些真实状态，有的人除了这份工作之外还有其他工作，有的自己家里还有老人、小孩要照顾，社区的压力确实大。

疫情期间，很多家庭的情绪被焦虑包围着，我们能做的就是以更加用心的付出，赢得群众的大力支持。从走上抗疫岗位开始，我所负责的就是这样一些细微但重要的"小事"，替他们站一会儿岗，帮他们一起做一次社区的工作。虽然在工作中也会遇到困难和委屈，虽然也会感受到疲惫和沉重，但却有一种沉甸甸的真实和踏实在心里酝酿。

幸福是特殊时期的承诺

督查走访社区过程中，我也看到了很多老党员的选择令人感动。

有一次，我看到社区的值守人员是一个老大爷，不由得和他攀谈了几句。他说自己是在这个时候选择站出来，给社区做一些工作。问他为什么，他有些不好意思地笑了，说社区年轻人比较少，很多人都上了年纪，住了很久抬头不见低头见，自己作为党员这个时候能出来多干一些就干一些吧。他还和我说，比较担心市区里信鸽养殖的情况，不知道能不能通过我和市里面反馈一下。我和他说：好，我一定和市里说。他有些紧张的表情才放松下来。事实证明他是对的，后来全市对信鸽进行了集中约束管理。

再次见面时，我问大爷他平时在社区值守一日三餐怎么解决。他指了指正在颤颤巍巍走过来的老伴，说家里人会给他做好送过来，就像自己年轻时一样。看着老夫妻在值守处"细嚼慢咽"吃着并不丰盛的菜肴时，我突然觉得鼻头有些发酸。

没有从天而降的英雄，只有挺身而出的凡人。在普通人承载着煎熬与抗争的时候，我们总要有继续向前的勇气和力量，而选择了这条道路的人总会显得闪闪发光。我想常人的幸福其实很平凡,也很简单。守护家庭,守护社区,守护自己和别人,幸福也许就是特殊时期的承诺吧。

幸福是能成就期待

  从1月开始,我已经上了太多天的班了。职责所在、义不容辞,在这个特殊时期更是必须要做的,心中唯一难过的,就是对家人的亏欠。

  2月28日,这是疫情期间无比寻常的一天,但对我和我的小家来说,却是值得铭记一生的日子。因为我和爱人在这一天正式登记结婚,我正式成为一名四川女婿。

  疫情期间,完成结婚登记是非常独特的体验。当天本以为结束了全部工作,可以去做一些自己事情的我,突然又接到了要加班的通知,不得已只好和领导说了实情。领导笑着调侃我说,感谢为他们在这个冬天带来了一丝喜悦。

  相比于往日婚姻登记处热闹的景象,疫情中的婚姻登记平添了几分严肃和仪式感。看着三四对和我一样准备今天登记的新人,有种简单而直接的幸福扑面而来。看到朋友圈里大家宅在家里闲得发慌,想起了在各个小区值守的工作人员,忽然觉得自己和他们的工作也是一种被需要的幸福,而我们也在被需要中守护着这座城市的千家万户。

成为"四川女婿"的第一个下午,我再一次投入到日常的督查工作之中,更加执着,更加坚定。

疫情期间,有时候一个人穿梭在各个卡点,独处的时刻里,我的车子在路上,目的地在下一个卡点,我的职责也在路上,目的地在下一个期待。关于未来,我相信,将用自己的努力,成就更多的期待,也体味更多的幸福。

个人简介

唐阳,湖南郴州人,出生于1995年7月,北京大学软件与微电子学院2019届硕士毕业生。作为湖北选调生,现任咸宁市崇阳县白霓镇副镇长,驻桥头村、后溪村。

和村民一起抗疫的日子

◎ 唐阳

距离1月22日已过去六十多天,防疫工作一刻也未曾停歇。虽然紧张疲累,但能与村民一道坚守奋战在农村这片沃土之上,过程也是喜悦且自豪的。

一次逆行

这是我工作的第一个年头。腊月二十八一早,载着给家人置办的年货,我踏上了盼望已久的归家旅途,迫不及待与半年未见的家人团聚,分享这段日子的所见所感。

驾车七个小时,终于抵达郴州市区,此时离家只有近一百公里,但在服务区休息吃饭时看到的新闻却在我心头砸下一块大石头——武汉要封城了!封城,这是我没遇到过的事,这说明武汉的新冠肺炎疫情已经极度严重。一个个问题涌入脑海:

病毒会不会继续扩散?

白霓有多少人从武汉返乡?

是否影响白霓群众的生命健康安全?

过年镇上本来就缺人手,现在忙得过来吗?

……

一时间忐忑不安,短暂思考后,我下定决心——速回白霓。

怀着愧疚的心情拨通了家里的电话,我说:"爸、妈对不起,今年我可能不能回来过年了,武汉这边疫情可能很严重,我需要立马回去!"短暂的沉默后,电话那头缓缓传来父亲熟悉的声音:"儿子长大了,我们支持你,男儿志在四方,既然决定了那就放手去干,要干出一番名堂。你妈最担心你的身体,在外要照顾好自己,别让她担心。"

"父母唯其疾之忧",此刻,我终于明白。

北上的高速路上返乡车辆川流不息,我却开着车离家越来越远。这一路,我都在思考着接下来要做什么、怎么做,如何深入宣传,如何摸清底数,如何动员和组织群众……

第二天晚上十点,我刚回到桥头村,立马召集村"两委"开紧急会议。同事看到我很惊讶:"你不是才出发回家吗?"我笑道:"今年和你们一起过年。"开会一来是想提高村两委的紧张感,二来即刻安排疫情防控工作,争取提早预防。

过了零点就是大年三十,村民们都要聚起来过年,防疫必须争分夺秒。会上我重点安排了疫情防控宣传、组织、制度建设三个方面的工作,大家一起商讨了每个细节,把责任分到了每个人身上。凌晨一点,走出村委会时,心里踏实而坚定。

这个除夕很特别

今天是除夕,村里四处张灯结彩,年味十足,我却没心思过节。我和镇上的领导、同事们一起在食堂草草吃了早饭。饭后,大家就回到了各自岗位,开始了防疫工作。

我先与桥头村书记去村里巡查。过年了,大伙还是喜欢热闹。沿路许多人聚在家门口聊天,几乎没有村民戴口罩。大家没遇到过这样的疫情,一时还没意识到病毒的可怕性。这让我心里捏了一把冷汗,也让我意识到宣传工作远远不够。

我立刻带着村干部和村医,分成两组,拿着大喇叭开始在全村六个湾子巡回宣传,登记外地返乡人员的基本信息,对武汉返乡的群众进行体温测量,并要求每天向村医报告体温。

有些群众很不理解:"大过年的,本来要高高兴兴地,折腾什么?"我拿出手机，一条条给他们看实时新闻，告诉他们这个病毒就像"非典"病毒一样是可以人传人的。很多村民顿时警惕了起来。

一天下来我带着村干部跑遍了全村六个湾子，耐心地跑，耐心地讲，摸排出 40 名武汉返乡人员及 90 多名外地返乡人员的基本信息。

回到住处，已是深夜，世界仿佛顿时安静了下来。"故乡今夜思千里，霜鬓明朝又一年"，这个从未体验过的除夕夜，说实话我对家人甚是想念。

由 1 到 100

我主要负责桥头村和后溪村的疫情防控工作。防疫战任务庞杂，人手不足，要组织动员更多群众参与进来。

党员要带头。桥头村书记问："现在特殊时期，要不要开支部主题党日？"我说："开，越是艰难时刻，越要讲党性，越要把大家凝聚起来。"于是，2月3号，我们组织了一次特别的支部主题党日活动。二十多个党员间隔两米在操场上肃立,一起诵读党章和入党誓词。鲜红的党旗迎风飘扬,胸前的党徽闪闪发光。

随后,党员们分为六组,为群众发口罩、测体温,为公共区域消毒、清理卫生。大家还带着生活物资去慰问困难群众。村民们纷纷拿出手机记录这些瞬间,此时很多群众都戴上了口罩。

这个活动反响很好,我决定趁热打铁,当天就发布了志愿者招募公告。不久我们就招募到一百多名志愿者,有党员、普通农民、退役军人、货车司机、退休干部……

印象很深的是,村里一小伙,初中学历,平时游手好闲,总爱张家长李家短,缺钱的时候出去打打工,够糊口就回村继续闲逛。疫情防控时期,他戴着口罩有一次来"逛"村委会时,我们恰好在写志愿者招募令。他在旁边怯生生问:"我,可以参加吗?参加有钱吗?"我说:"没有钱,你要参加吗?"他没有犹豫地说:"好,我参加。"他是第一个加入我们志愿者队伍的,接下来他也成了村里志愿者队伍的"一号人物"。刮风下雨,天寒地冻,坚守在卡点,敲锣打鼓,分配物资,入户宣传都冲在最前面。

心的温度

2月14日,后溪村一户人家出现两位发热病人且有武汉返乡人员。

这是一个危险信号,听到消息我立马穿起防护服,赶到村民家里做流行病学调查工作。我把每一个相关人物和事情都问到,仔细梳理逻辑线,找出发热根源,以及时切断可能的传染路径。这户村民隔离期间,我与村干部、志愿者们一方面每天给他们配送生活物资,一方面努力安抚邻里。

为了及时发现发热病人,我们决定进行全民测温。我提出要建立"邻里联防"的制度,做到每户每人都有人测体温。我们选出36位积极性高、有责任心的"邻长"负责全民测温,平均每位"邻长"负责十户。

推行这个制度时,出现了两个问题:一是部分群众不配合;二是体温计不够。

出现不配合的群众,我便带着村干部上门做思想工作。家里有中青年的,我们重点做中青年人的工作,"中青年人包围老年人"战术很快就达到了效果。家里只有老人的,我们的方法是,通过邻里对比的方式沟通,如"你看隔壁邻居家家户户都测体温,你们不测的话,大家都会害怕你的呀"等。经过持续的沟通,村民都愿意配合我们的工作,慢慢养成了每天测体温的习惯。

第二个问题,体温计不够。于是,我们进行了一次主题为"保卫后溪(桥头),共同抗疫"的募捐活动,很多村民主动捐款,你一百我一百,不到几天,两个村就收到近八万的捐款。有微信转账的,有直接来村委会捐款的,还有仍滞留在外地的村民也打电话要捐款,数百人参与。

有两个场景我印象非常深刻。有一个雨天,一位老人拄着拐杖,来到村委会。他没打伞,顶着风冒着雨就这么来了,一进门便说:"我是老党员,我要捐款。"随即颤颤巍巍拿出准备好的200元,说:"我要捐款,为国家做贡献。"看到我们都戴着"党员先锋队"的红色袖章,他又说:"我今年72岁了,但我也要冲锋在前,能不能给我一个袖章?我也要做志愿者。"于是他也参与到路口值守的工作中。还有一次,一位老奶奶带着一篮子热乎乎的鸡蛋来了,她说:"我看志愿者们都很不容易,这些鸡蛋想给大家分着吃。"那时天很冷,而我内心却无比的温暖。

与此同时,母校也传来了喜讯,在学院田渊老师的积极联系下,软微学院2007级校友会为我们捐赠了包括口罩、酒精、消毒液、体温计等价值三万余元的抗疫物资。

线上无限

封村近一个月,大家一直宅在家里,不少人开始出现焦虑不安的情绪。疫情形势逐渐好转,一些村民慢慢放松警惕,又开始聚集聊天、晒太阳、打麻将。

为了让村民们继续坚持严格防疫,同时丰富大家的精神生活,我策划了一场"宅家战疫秀风采"大赛,动员村民们参与线上才艺比拼。参赛类型分"家的味道"系列、"我爱我家"系列、"美丽家园"系列……大家可以把不同主题的生活视频发到后溪村群里供大伙评选,奖励设置包括大家非常紧缺的猪肉、油、米、口罩等。

活动仿佛打通了村民们"才艺穴位"的任督二脉,大伙的创作热情一下被激发出来,通知发出不到五天,就有七十多户村民传来参赛视频作品。有乡土版"李子柒"、全村参与的《梦想改造家》,还有隐藏的"后溪梵高"……全村男女老少齐上阵,使出唱歌、跳舞、作诗绘画、做拿手菜、制作手工等十八般武艺,真是创造力无穷。

在线交流比赛的同时,大家发现,从作品评选还可以延伸到谈家常和乡情,线上聊天也很有趣,全村的微信群热闹了起来。这些每日线上交流,不仅拉近村民与家乡、村民与村民间的距离,还能帮助大伙第一时间接收信息、反映问题,与左邻右舍互动，找回乡情纽带，通过指尖参与到乡村治理。

这段日子，我每天都戴着党徽，它在我的胸前，让我更踏实，更有动力，更不知疲倦了，也让我时刻想起"我要为这片土地、这片土地上的群众做一些事情"的那份初心。回想起来，我很庆幸当时在返乡路上，没有犹豫地选择了打道回白霓。我为村民们奔走着，大家也给予了我温暖和力量。这场没有硝烟的战斗还在继续，我还会和村民们一起彼此陪伴、坚守下去。

沙迪，河南舞阳人，出生于1995年8月，北京大学社会学系2019届硕士毕业生。作为河南选调生，任职于郑州市纪委监委，现挂任郑东新区豫兴路办事处小冉庄村书记助理。

战"疫"心得

◎沙迪

我，生于河南，长于河南，从北大毕业后又作为一名选调生回到河南工作。疫情像是大考，考验我如何守护自己的家乡。

把住门——严

河南紧邻疫区中心，是由鄂北上最常经过的省份，且是人口大省。

春节期间，贯穿两省的京广线每日输送着几十万旅客，伴随于此的是莫大的病情隐患。因此，湖北疫情警报拉响时，河南立刻启动一级响应。

节前，看着网络新闻，我的心里就已经开始敲鼓。大年初一，接到单位电话，没有犹豫迟疑，我匆匆回到工作岗位。

最初那几天，来自前线的消息都不太好，确诊、疑似的病例一直剧增，眼前还面临着物资不足、群众配合不够的棘手问题。疫情紧急，但事不等人。

我所在的郑东新区豫兴路办事处的重点工作，是外地返郑人员的管控监测和居家隔离。而我的任务，是负责联络、沟通、协调各单位的疫情防控工作，确保整个辖区的疫情防控网络足够严密。

那段时间，我几乎每天无间歇地守在电话旁，保持24小时通信顺畅，一度甚至夜里都睡不着觉，不敢有丝毫松懈。疫情最吃紧的日子，每一天几十个电话打进来，几十个电话拨出去。各单位疫区返郑人员最新情况表一旦发来，我肯定是一条一条核对信息、一张一张汇总数据，紧接着就要打包发送给办事处疫情防控指挥部，并接收下一步的指示。而当遇到紧急情况时，更需要做出迅速判断、快速处理。所有努力，只为把疫情防控这道门把得严严的。

守住人——稳

那天，我接到一个异常发热、咳嗽病例的报告。

内心的第一反应是慌张和害怕：万一有了确诊，整个街道社区都要封闭的。我稳了稳神，立刻拿起电话询问发病过程和目前处置情况，并详细记录了病人的行踪轨迹。

放下电话的一刻，我舒了一口长气，这是第一次接到关于病例情况的电话报告。虽然早已熟悉处置措施，但实操起来真的没有什么经验，心里默默念着"疫情无小事"，以细之又细、慎之又慎的态度询问记录。

联系卫生部门、反馈汇报单位、协调就近隔离、医院检测医治。一个病例，几十次的电话沟通，无数次的重复表述，信息上报、确认、再确认，稳稳妥妥地把人守住。

成为选调生以来，我发现每天都是"考试"，基层工作千头万绪，每项工作都与老百姓的生活息息相关，容不得半点儿马虎。尽管已经对"考试"习以为常，但这次疫情的"大考"还是让我面临了很多棘手的"第一次"。

抓住情——真

学生时期，我酷爱读书，偶尔也写点文章，工作后承担了更多写作任务。应对疫情，不光要严防死守，更需要动之以情、晓之以理，做好实实在在的政策讲解。

脚下沾有多少泥土，心中就沉淀多少真情。

要想写出打动人的好文章，首先要获取第一手资料，于是我时常深入各村(小区) 监测卡点调研寻访。一些基层乡镇办的工作人员看着我到处奔走记录，都劝我歇歇，跟我打趣说"各个地区的疫情防控工作内容差别不大，猜也猜得到，不用都去看"。可我并不想停下行走的脚步，不想错过村庄里一个个鲜活的个体的独特记忆，那些沾染泥土气的细节，应该是每一篇文章里最宝贵的部分。

抗疫的这些天，我用笔记录了很多感人的故事：有党员干部牢记抗击疫情使命的记载，有境外入郑人员配合排查工作的汇报，有退伍老兵重返前线、预备党员上岗抗疫的勇毅，有爱心企业家及村民捐赠物资的温情……50多篇抗疫报道累计已取得 50 万 + 的阅读量。

每每想到那些触及心灵柔软处的故事，能借我的笔端被更多人知晓，那些好人善事能在转发、点赞中被更多人认可，内心就觉得分外充盈和感慨。好的文字不在于辞藻多么华丽，而在于渗透在字里行间的感染力。

把真实的抗疫故事写出来，并不是一件复杂的事，但对于在疫情中倍感焦虑的人们来说，我希望我写下的每一篇文章都能是一剂强心剂。

在基层，万千工作者的坚守仍在继续，拼搏不曾停止。我想，这样的人多了，希望和力量也就自然壮大了。

王壮飞,山西临汾人,出生于1995年10月,北京大学药学院2019届硕士毕业生、国家发展研究院2017届经济学双学位,在校期间获北京大学三好学生、优秀毕业生等荣誉。作为浙江选调生,任职于省卫生健康委员会。

"浙"里的路上

◎ 王壮飞

再次坐上回杭州的班车,我的心里踏实了不少。

一个月以来,从杭州到绍兴、从绍兴到衢州,我奔忙在城市之间,在各地疫情防控前线留下了脚印。

看到浙江省的抗疫工作走上正轨,复工复产也如火如荼搞起来了,我有些自豪。春天已经来了。

返岗杭州

腊月二十九,我返回家乡临汾,与父母团聚。

和往年的欢乐喜庆不同,疫情让团聚的日子也染上了一层阴霾。待在家,我每天做得最多的事就是刷新闻。看到确诊人数成倍增长,我实在坐不住了:浙商遍及全国,在武汉的更不少,浙江现在面临的防控压力不言而喻。

我给疾控处的几个同事发了微信,询问工作情况,得到的回复不外乎两个字:"忙"和"累"。刚收到的小视频里,是同事们裹着大衣,挤在办公室靠椅上闭目休息的倦容。

我下了决心,现在就要回杭州去。大年初二,告诉父母提前返岗的决定后我便离开了家。

回到杭州，第一件事就是去单位报到，为了帮同事们分担些辛苦，我自告奋勇留下值夜班。晚上九点，接到了一个特别的电话。

听筒另一边是杭州当地一家企业的负责人，他们公司想要生产一批消毒液，却不知道到哪里申请许可证。电话从市场监督局打到药监局，又从药监局打到卫健委，兜了几个圈子也没摸清门道。

我刚来卫健委不到一年，也不太清楚这项工作归哪个部门管。想到多一家企业生产消毒液，就能多一家医院得到防护，我赶紧联系委里同事咨询，一个电话接一个电话，找到了具体负责人的联系方式，反馈给了企业负责人。

一个月之后，单位内网上挂出了一封感谢信，来信者正是这家企业。对方对我们卫健委表示感谢，言及这批消毒液已经投入生产。我满心欢喜——又一批消毒液将要补给到前线了！

下班后我也没闲着，常常在住所周围几个社区和大型超市转悠。两天下来，果然发现了问题——社区的出入口管控很严，居民进出都要一一登记在册，但社区内部人员流动却更加频繁，天气好的时候，还能碰见老人们三三两两聚在一起聊天，是典型的"外紧内松"。

如何说服社区里的老人增强防护意识，成了我每天都在琢磨的问题。

"阿姨，今天太阳好，你们出来聊天呀。"

"是啊，小伙子来一块晒晒太阳嘛。"大妈冲我招了招手。

"好啊！"我走上前去，心里盘算着怎么劝说叔叔阿姨戴上口罩。

"阿姨，听说隔壁仓桥社区有一例确诊住院的？"

"听居委会说好像是有这么回事儿。"

"那咱们还是戴上口罩比较安全，离得这么近，说不定周围哪个行人就带着病毒呢！"我趁机劝道。

两位阿姨将信将疑，却又觉得害怕，于是收拾东西上楼去了。此后再碰到她们时，也都戴上了口罩。

我想，在社区做些力所能及的小事，虽微不足道，却能实实在在帮到百姓。

奔赴绍兴

回到杭州的第三天，我就被单位派往绍兴，做基层督导工作。

"你们来绍兴干什么？"绍兴市高速收费口的执勤干警正在一一排查车辆。

我们出示督导证后，车辆被放行了。其他外地车却没有这么轻松，除非是紧急要务，一概不准进入绍兴，当场被劝返，没有丝毫商量的余地。

指挥队长横眉冷对，一圈圈巡查着，如果出现双方争执不下的情况，要立刻做出判断。交通卡口的防控工作比我们想象的严格许多，大部分情况下，队长都会用一句不容置疑的"不能过"结束车主的争辩。

严苛的标准或许听起来有些不近人情，但值此非常时期，各地正是通过这样的严格管控保卫了一方平安。

通过收费口后，我和同事下车察看卡点的工作情况。

"同志，你们的车不能停在这！"有人在我们身后喊道。

我回过身，看到一个穿着制服的年轻交警。"车停在这儿会挡着路！"他满脸严肃地说，又伸手指了指车身上的公务证明，"公务车也不能乱停，我们不搞形式主义，不搞官僚作风！"

我连忙上前挪车，嘴里道着歉，心里却敬佩不已："基层干警，真是好样的！"

虽然名义上叫作督导组，但在我看来，我们工作的重点是要及时发现问题，真正帮助一线人员解决困难。

"喂，壮飞，你在绍兴么？"

"对，我在。"

"有群众反映柯桥区漓渚镇棠二村工作人员口罩物资不足，你在绍兴的话看能不能帮忙解决一下。"

"好的，我马上联系。"接到省卫健委的电话后我心里一沉，一线工作人员不能没有口罩！

我立刻拨通电话，向柯桥区卫生健康局反映了这一情况。对方没问为什么，一句"马上落实"，在当地统一调度下，半小时内口罩便送达棠二村。

物资问题解决了，我心里却存下一些疑惑：根据当地物资保障组所说，各地防控指挥部做好了工作人员防疫物资的保障，一般不会出现物资不足的情况。棠二村的口罩为什么会短缺？难道是我们的物资调配机制存在问题？

想到这一层，我又把电话拨向区卫健委了解情况。询问之下，负责人向我解释：防控初期，各单位都登记了所需的物资数量，物资保障组正是根据这个数据准备和派发物资的。现在，疫情防控到了最吃劲的阶段，棠二村的党员同志纷纷踊跃报名，希望到防疫一线贡献力量，这才有了口罩短缺的一幕。

一通电话彻底打消了我的疑虑，取而代之的是对基层工作者们深深的敬意。正是因为有了这些自愿到社区、到村头站好一班岗，奉献一份力的热心人，我们的工作才足够扎实有力。

助力企业

"壮飞！壮飞！"我被同屋的同事从书桌前摇醒，"快两点了，上床睡吧，明早还要下企业呢！"

我迷迷糊糊睁开眼，一时竟没反应过来自己身在何处。正茫然间，余光扫到了桌上的工作材料，立马清醒了——时间进入2月底，保障疫情防控效果的同时，复工复产也迫在眉睫。为此，单位派我到衢州市衢江区开展企业健康指导工作。

这项任务是我陌生的领域，为确保企业安全复工，我必须赶紧学习不同企业的复工指南和防护手册，为企业提供政策解答。到达衢州的第一个夜晚，我就在宾馆房间苦读了起来。"挑灯夜战"在第二天派上了大用场。

企业人员出入需要实名登记，登记用笔也是人们间接接触的隐患。由于消毒液数量有限，不少企业都把消毒液集中分配到了车间，保安室则少有配备。"保安室必须配备消毒液，登记用笔需要随时消毒！"每走一家企业，我和同事都要嘱咐一句。

不少企业复工后沿用指纹考勤机，这种打卡方式虽简便高效，但每位员工摁下指纹,大大增加了接触传播的风险。考勤机体积不大,我和同事却像开了"天眼",一抓一个准,没漏过一处可疑目标,逐一要求企业更换打卡方式。

这样的例子多得数不过来:出入体温检测能否做到不遗漏,食堂是否采用分餐制,生产车间是否按时通风……我和同事每到访一个企业,都会按照流程仔细核对,生怕漏掉任何一个细节。

一趟趟走下来,我们的心里安定了不少——复工,总算有了安全保障。

虽然大部分企业对我们的健康指导表示非常欢迎,但仍有部分企业不够重视疫情防控。一家企业因为未设置应急隔离室而被要求整改,对方却以"我们一发现病人,就会送去医院"为由,拒绝配合工作。

我并不着急:

"送去医院途中司机的防护措施怎么做?

救护车到现场的等待时间病人待在哪里?

没地方待,其他员工感染怎么办?"

一个个问题列出来,负责人这才意识到设置应急隔离室的必要性。

意识到重要性不代表会马上落实。我心里放心不下,担心对方只是表面答应。于是将企业的名字和对应的问题详细记录在笔记本上,三天两头"回头查看",登门次数多了,企业也就更重视了。

就这样,整个驻企服务期间,我到大大小小82家企业开展了工作。看到现在复工复产如火如荼,顺利推进着,心里涌起止不住的满足感。

回想我在抗疫期间所做的工作,似乎并没有什么惊天动地的大事。相较于与病毒搏斗的医护人员,奔走在基层、社区、企业也并非大众心中"一线"工作该有的样子。然而,基层工作者千千万万,每人贡献"拾柴"之力,我们共同燃起的火焰却足够温暖、明亮。

靳高灿，山东济宁人，出生于1995年11月，北京大学国际关系学院2019届硕士毕业生。作为山东选调生，任职于省政府办公厅，现挂任菏泽市曹县阎店楼镇赵白堂村书记助理。

与贫困斗争

◎ 靳高灿

我的故事，从2月中旬的一条通知开始。

接到单位驻村工作队通知后，我立刻购买了返程的车票。当时的心情可以说是既兴奋又紧张，兴奋的是回去之后可以跟同志们同舟共济，抗击疫情；紧张的是返程途中有感染的风险，若是防护不周，还会给同事们带来风险。

到达乡镇之后，依照地方要求隔离观察了一段时间，好在没有问题，于是迅速回到了工作岗位。

米面粮油，做好生活保障

居家隔离就意味着"抢购＋囤货"。对普通居民而言可能并没有什么，但对贫困户而言，米面粮油的问题就是大问题，"温饱解决了，啥事就都不慌了"。

返岗不久，乡镇主要领导找我谈话，希望我去扶贫办公室见习一段时间。今年是脱贫攻坚收官之年，我镇是重点贫困镇，受突如其来的疫情影响，脱贫攻坚任务非常重。服从安排、当即调动，我就开始了驻村生活。

年前，乡镇和第一书记们为村里的贫困户筹集了米面油等物资，春节过后，这些物资基本被消耗殆尽。疫情下，低收入的困难群众家里粮食还够不够吃？

贫困户家里有没有防护用品?这成了我心里最牵挂的两个问题。于是我立刻和同事们展开工作,联系乡镇企业,面向社会募捐,"化缘"得来口罩、酒精、消毒液等防护用品和食品,解了燃眉之急。

受疫情影响,大多数企业的效益都不好,但仍然第一时间筹集物资送到乡镇,"我们疫情期间不开门,大不了不挣钱了,但村里的老人孩子得吃饭,咱不能对这不管不顾呀"。

入户分发募捐物资,说实话还是挺紧张的。尽管事先已经了解到贫困群众没有疫区旅行经历和确诊病例的密切接触史,但入户时一个大爷咳嗽了两声,这让我心头一紧,当即打了个冷颤。好在走访一多,跟同事和乡亲们聊天,听着一次又一次的感谢,这种恐惧感就慢慢消除了。

一枚口罩,守好一方乡土

口罩在农村并不少见,但群众的口罩是下地干农活时防尘的口罩。对于医用防护口罩,他们不了解,也不相信,"这口罩这么薄,怕不是一扯就坏了"。在这几十天里,正是一枚枚口罩帮我守护着村民。

米面粮油人人都喜欢,但对小小口罩,有的村民并不是那么"领情"。

筹集到了防护"硬件",只能说完成了一小步,难点在于把"防护程序"植入群众心里。我们带着印好的"疫情明白纸"和防护用品,入户发放,并且开展回访。

在一次回访中,我发现一位贫困户在村里的小路上闲逛,赶忙跑过去:"大爷!怎么还在外面,小心有病毒啊!"

谁想到大爷一回头:"干嘛!我出来转转碍着你事儿了?你们管得忒宽了吧!"

好说歹说把他劝回家后,看到上次发的口罩被他扔在窗户旁,我有点生气,压着火说:"大爷,上次我给您拿的口罩是乡镇专门给咱发的,一人一个,别人想要还不给咧,您怎么放一边儿了?"

"你们那东西我戴着直难受,戴上也不知道谁是谁。"

"戴口罩是遭小罪,您这么大岁数要是真有个闪失,那才是遭大罪哩!到时候家回不了不说,孩子们也得跟着一块隔离!"面对群众,有时糙话更管用。这次他终于听进了我的话:"好好好,我戴上就是。"

一次回访不够,我就多跑几次。每次回访都能看到几位晒太阳或聊天的村民,其中有不戴口罩的,我都会发上一两个。慢慢地,大部分村民出门有了防护意识,路上的村民都戴起了口罩。

一张健康码,力促脱贫攻坚

当疫情逐渐得到控制,贫困户们对离乡返工的需求比其他人更加迫切,"一天不干活,就一天没有钱"。我们能做的就是尽快开具相关证明,为他们打开绿色通道。

2月底山东省出台健康码认证政策之后,我们一方面通知外出务工的贫困群众及时办理手续,另一方面主动上门询问相关需求。

根据以往经验,我们发现很多群众反映的"办事难"主要集中在两个方面:一个是信息渠道不畅通,不知道有此类政策;再一个是不了解申请的手续,哪里该填写,需要出具何种证明……

为此,我们把相关手续做成模板表格,让群众照着填,提高了效率。

一次我遇到了一位年纪和我相仿的小伙子,他要去济南找点活儿干,在家待的时间长了很是着急。"家里天天催我干活,我也没钱了,现在他们给我打电话说那边儿有活,说是有个啥健康证明,你们知道吗?"

"不要着急，咱们这里可以开这类证明，你先看一下这个。"

我给他发了模板表格，统一开具了证明，又通知村干部尽快盖章。在他成功外出打工后，还对他进行了电话回访。这次他说："谢谢你啊哥，我拿着你帮我申的健康码，跟着他们到济南了，麻烦你们了。"听到这句话，我由衷为他高兴。

一句家乡话，换来理解沟通

3月6日，中央开会提出贫困户住房和饮水安全扫尾工程任务上半年要完成，我跟随工作组马上行动，去村里验收。但是，遭遇了点曲折，部分群众认为住房改造和安装自来水管道是无用功，还扰乱了他们的正常生活。

一位大娘跑过来跟我讲："恁说恁们安的啥呀！这不都一样的水？俺还得先垫钱，恁们啥时候把钱返给俺？"

我们只能耐心讲解扶贫政策："大娘，自来水干净，恁们吃这个水以后不长病！钱下周就下来发村里，甭担心！"大娘听到熟悉的口音，对我多了一份信任，最后表示了理解。

验收过程中还有意外惊喜。此时疫情形势已经不再那么紧张，加之全镇一直没有出现确诊或疑似病例，我担心群众的警惕性开始下降。没想到经过前期宣传，大部分群众真的听进去了，"洗手啦！天天洗手，一天要洗三遍咧"。

一项原则，推动复工复产

最后也最难的是企业的正常复工。

乡里的很多企业本身就是扶贫项目的一部分，为当地村民提供了不少就业岗位。疫情期间生产受阻，我们只能结合实际，应帮尽帮。

在一处扶贫车间，企业主告诉我，原本他们车间制作的服装是出口韩国的，疫情之下，销量受阻，他们只能根据市场需求调整生产规模，改变生产方向。同时还有一些外地的务工人员不能及时返岗，无法100%恢复生产，企业效益大打折扣。

尽管如此，该企业还是第一时间筹集了口罩、消毒液等防护物资捐给了乡镇，"知道咱政府也不容易，弄了这点口罩，给村里老人、小孩们发一发"。

在"战疫"和"扶贫"两大战场，企业和社会团体，同样是一支生力军。

对于当地企业，特别是积极配合防疫工作的企业，我们坚持"应帮尽帮"的原则。"现在能解决的困难咱都尽量给你解决，千万别着急！"缺防护物资的帮助协调防护物资，缺人手的帮助宣传招工，对务工场所进行专门消毒。给企业以信心，让政府的输血转化为企业的造血，为社会经济注入活力。

两股力量，静待春暖花开

刚参与疫情防控为群众协调物资时，天气还很冷，天空中有时还会飘着雪花。等到我们推进复工复产，上门入户验收住房和饮水安全工程的时候，已经是春暖花开了。

看着新闻中新增病例不断下降至个位数，着实是松了一口气。从办公室里望着远处麦田里辛勤劳作的村民，我相信一定能打赢疫情防控这场硬仗。

信心源自我们的干部。疫情防控期间，干部们吃得少、睡得更少。每逢吃饭的时候，大家都是端着一桶泡面，互相隔开，狼吞虎咽，旁人看来还以为是在享用美味佳肴。有时候为了第二天能顺利发放物品，前一晚要加班到深夜，统计好数据、印制好表格。在下村工作的时候，可能遇到委屈，遇到一些年龄大、脾气大的村民，只能软硬皆施；遇到阴冷的天气，只能拿着保温杯，用"多喝热水"来安慰自己；最紧张的还是自己打了个喷嚏或者嗓子发干，生怕是被病毒袭击了。可是在整个工作中，我没有见过有干部临阵脱逃，用有事请假来逃避责任，也没有见过谁抱怨过什么。大家都是踏踏实实，想把事情做好，把群众服务好，众志成城，抗击疫情。

信心源自我们的群众。在发动干部群众捐款捐物的时候，村里有一些家境不是很宽裕的老党员，也主动拿出自己的积蓄，积极捐款。有的群众还主动协助村干部为贫困户家门前消毒。有时候我会问那些捐款的企业主和群众为什么这么踊跃，他们的回答都是相似的："在集体有困难的时候能够贡献自己的力量，觉得很光荣很自豪。"深夜也总能看到一个个熟悉的身影在村口值守，那是群众自发加入我们的队伍。

天气渐暖，寒意渐消，战胜疫情的曙光近在眼前了。有这样一支坚强的队伍，这样一群可爱的人，有什么理由不相信我们能取得最后的胜利呢？

我的故事，一定是春暖花开作结尾。

个人简介

郭瑞丽，山西乡宁人，出生于1995年11月，北京大学对外汉语教育学院2019届硕士毕业生，被评为北京大学优秀毕业生。作为北京选调生，任职于朝阳区崔各庄乡政府经济发展办公室。

勇敢战"疫"

◎ 郭瑞丽

隔离备战

返京后，我被安排到单位宿舍单间隔离。

这是间闲置的屋子，同楼层已经有几位同事隔离了快一周了，大家都开玩笑说像在关禁闭，尤其是保安大叔把一日三餐送到门口的时候。

没有WiFi的隔离像是一场没有杂念的修行，也有别样趣味。某日中午我发现从家里带来的小橘子有一个坏掉了，于是我把其他橘子都拿了出来，给它们挨个进行了体检和隔离。"排查"结束后把它们摆在窗台上，看起来安全又健康，我不由得想到"庄周梦蝶"的故事，忍不住笑出声来。这几天全国疫情形势严峻，这是不是也算某种形式的为日后投入工作的"备战"呢？

返京前，没有离京的同事们大年初三就返岗了，其实我在老家也早已待不住了。

虽说能远程帮着整理些材料、报送些信息，到底不如在单位能发挥更大的作用。然而，老家当地的第一例确诊病例就离我家不远，大家都绷着一根弦，再加上家里亲戚有些武汉相关人员，陆陆续续有村委会、派出所等部门的工作人员打电话来了解情况,我还是只能按照当地疫情防控部门的安排乖乖"宅"在家里。

早返京、早隔离,就能早上班。刚过14天观察期,我就向领导请示,在家没有症状,准备返京。近六个小时的车程,爸妈怕我渴,给我带了温水和水果,看着爸爸已经斑白的鬓角,听着妈妈不住口的叮嘱,转身那一刹那我忍不住掉下了泪。由于疫情紧张,一路上我还是没敢摘下口罩。

虽然心里也带着对病毒的恐惧,但我也同样感受到责任的力量,在这场没有硝烟的战场上,我没有理由退缩和逃避。

首次"迎战"

返岗第二天,我就开始随区检查组到园区楼宇检查企业。

从办公室出发时,同事们叮嘱我一定戴好口罩、戴上手套,这时我切身体会到一种"上战场"的感觉。

到了园区,这种感觉就变得更加强烈。

我平时在科室负责的工作主要就是和企业对接，入职五个月以来，我已经多次到领科时代中心走访企业。但这一次走访检查，不再是因为这个园区企业多、人员多，而是因为它的位置非常特殊：领科园区有23栋楼宇，员工人数多，和地坛医院仅一条马路之隔。

疫情暴发后，这里一直是市区防疫的一处重点。刚刚结束隔离，就来到防疫第一线，我更直观地感受到防疫工作的严峻和重要。

从园区回来，怕家人担心我的安全，我没有和家人说去了哪儿；碰到同事或熟悉的人，我也尽量保持一米安全距离，生怕自己给别人带来危险。

虽然人与人之间保持着安全距离，但我们的心却因为这场突如其来的考验更贴近了。在检查过程中，我看到物业人员科学防护、消杀到位，也对疫情能尽快结束充满了希望和信心。衷心希望疫情能够快点过去！

线上"战场"

因为接手了乡里汇总报表的工作，还要及时对市区文件上传下达，每天几乎从早上六七点钟睁眼就开始工作，一直忙到深夜十二点甚至凌晨一点钟。

比如，辖区内18个园区的表格，下午一点前要报管委会，五点前要报发改委，在开始的几天甚至到夜里十点还在整理数据。大概这就是万事开头难吧，但我知道，之后都会慢慢好起来的。

有的通知比较紧急，来不及出红头文件，只有微信的书面通知，但下发给企业后，难免有人要求给出红头文件等正式通知，这给我们的工作加大了难度。

但我觉得更辛苦的是园区物业负责人员，在京且可以到岗的人只有几个，但安监、经济办、城管等各部门都有需要统计的数据。有位负责人连着给我发了大段的60秒语音方阵，解释他们的统计情况，确实很不容易。我也只能给他宽慰和鼓励，尽可能帮着分担一些。

突如其来的疫情确实打乱了我们正常的工作模式和节奏，但也让我们和楼宇、企业之间建立起了"革命情谊"，就在这彼此还不算熟悉的紧急联系和交流中，我们的关系更加紧密了。看到园区负责人们报信息时回复的一句句"辛苦了"，一种温暖和共情也缓缓流淌在我心里。

有关"责任"

这几天，我一直在适应自己新的身份——属地楼长。

为了落实"四方责任"，保证商务楼宇有效防控疫情，朝阳区开始实行"双楼长"制，由属地街乡一名干部和物业管理方一名负责人共同担任楼长，分别承担属地责任和单位责任。

"责任"，阳平加去声，高起稳落，笔画不算多，写起来却要小心着墨。

在我选择成为一名选调生的时候，我常想到"宰相必起于州部，猛将必发于卒伍"并以此自勉，我深知担子越重成长越快。但在参加工作的半年时间里，我也会感觉到基层工作的琐碎和职能的受限，更多的是交流沟通和执行工作。我想，就做好当下吧，一定有更多锻炼的机会的。

意料之外的是，因为这次疫情，责任和成长的机会来得这样猝不及防！

接受楼长任命后，我第一时间上门、认人员、摸底数、建立微信联络沟通群，尽己所能扛起属地楼长的责任。在园区，我代表着政府，要管理、要监督，更要服务，一言一行都要谨慎周全。这实在是个神奇的过程，但我对自己充满信心，并且活力满满，我清楚地知道，这对我来说将是一次无比珍贵的锻炼和成长。

随着疫情形势好转，很多科室工作开始恢复正常。楼长工作不能脱岗，科室工作也缺人手，我就开始了"下班即上班"的日子，每天从园区下班就到单位上班，半夜赶工作汇报，出《基本农田高效利用方案》，协助企业办理注册和迁址……

为了让自己更有精神，我已经学会了如何在跑步时和口罩"和谐共处"，每天下午赶在天黑前跑七八公里，再接着加班，然后倒头就睡。

白天在检查的时候，园区有人问我，为什么周末都不休息，觉得我辛苦。我回答说，最近境外输入形势严峻，有同事到新国展支援，和她们比，我实在说不上辛苦。是啊，疫情面前实在不忍言累，只盼望着春天快点到来！

个人简介

李晓鹏,河南鹤壁人,出生于1996年6月,北京大学社会学系2019届硕士毕业生。作为河南选调生,任职于郑州团市委,现在惠济区古荥镇进行基层锻炼。

与子偕行

◎ 李晓鹏

当我准备离开家,返回郑州参与防疫工作时,家人满是担忧和不舍。我跟他们说,不用怕。坚定前行,不是因为没有任何担忧与恐惧,只是心中更多地涌动着的是一股热血。

62岁的老支书

"记者"是疫情防控工作赋予我的新身份,要深入一线与前哨,用手中的笔记录下每天在抗疫一线发生的故事。

在众多采访对象当中,带给我触动最大的是纪公庙村的村支书,一位62岁仍有着饱满战斗热情的老将。

采访过程中,他说得最多的一个词,就是责任。"我的责任在这儿呢,万一村上出现了什么问题,我对不住老百姓啊!"疫情暴发后,他扑下身子,带领村干部在与高新区交界的卡点值夜班,从晚上十点开始,一直持续到凌晨四点;在全镇防疫物资紧缺的情况下,他不等不靠,想方设法购买消毒液、口罩、电动喷药桶等物资,安排八个消毒员对全村进行消杀。因为担心自己接触的人多,怕传染给家里人,从大年初二至今,他没有进过家门,给家里买的东西放在门口就匆匆离开；他一直牵挂刚满一岁的外孙，但只能靠看微信视频"过过瘾"。疫情以来，他平均每天睡眠不足五个小时，趴在办公室桌子上可以睡，在简易床上也可以睡……他似乎忘记了自己的年龄。

当你和这样一个鲜活的人物面对面交流时，带来的冲击和感动是巨大的。而我的任务就是将这种感动传达出来，让更多的人看到这些基层工作者的真实工作状态，看到是谁在背后保护着我们，却从来不求回报。

这些日子的经历让我坚信，每一个这样的人和故事，都足以为受困于疫情的人们注入希望与信心。"些小吾曹州县吏，一枝一叶总关情"，不顾自己、心念群众的村支书，是我笔下的抗疫主角，慢慢也成了我成长的方向标。是无数像他一样的人，让我更加为自己的职业选择感到庆幸，让我明白我们要做的，便是用拳拳之心回应群众殷殷之盼，用勤勉与实干守护万家灯火。

我不是一个人在战斗

防疫一线人手紧张，除了做好抗疫一线的"记者"，大家都要承担其他角色。我是"村级联络员"，将居家隔离、扫码登记等事项传达给在村的卡点值守人员，并保证后台数据清零；我还是"资料汇总员"，负责收集下沉干部的台账和照片、积累素材等工作。

疫情期间加班是家常便饭。男朋友和我一样，同是北大毕业、同在基层锻炼，每天也只有吃饭的时候，才能通过微信跟他简单说上几句话。此时此刻，我俩虽然分隔两地，却共同投身于这场防疫阻击战，用实际行动筑牢第一道防线；此时此刻，还有成百上千的北大选调生和我们一起夜以继日、艰苦奋战，为抗击疫情的火炬添火加柴。"岂曰无衣，与子同裳"的鼓励互助，便会汇聚成"修我甲兵，与子偕行"的热血和激情。

还记得工作最繁杂，甚至有些心力交瘁的时候，我收到了母校寄来的家书和口罩。一字一句读完那份家书，我的眼里已经满是泪水，母校用这翻山越岭的爱，告诉身在基层的我们并不是独自在战斗。一封家书抵万金，不管我们身在何方，母校永远牵挂着我们，就像树再高也离不开根。现在，我们用抗疫的实际行动向母校报告：祖国和人民的需要就是我们不倦的追求，时代的重任就是我们肩上的责任！

臧克家的《有的人》里有这样一句话：有的人，他活着为了多数人更好地活。在疫情防控中，很多基层工作者都在默默付出，简单朴实地"做好分内事"。"船的力量在帆上，人的力量在心上"，或许我现在的力量还不够强大，但我愿意尽己所能，不负青春韶华！

个人简介

华宇涵,江苏南通人,出生于1996年11月,北京大学信息科学技术学院2019届本科毕业生,在校期间曾任学生党支部书记。作为上海选调生,任职于市经济和信息化委员会,现挂任浦东新区航头镇牌楼村书记助理。

"新手"战"疫"小感

◎华宇涵

疫情当前,临危受命——我所在的浦东新区航头镇牌楼村村委会迅速转型,成为疫情防控中心和抗疫前线指挥部。

还记得去年来到这里的第一天,书记就拍拍我的肩膀,笑着对我说:"基层是个大熔炉,是锻炼人的好地方,对今后的工作会很有帮助。"

当时的我似懂非懂,而2020年这场意料之外的疫情对仍然还算得上"新手"的我而言,着实是一场历练。

将心比心

刚来到基层的我还保留着对于村委会工作的"刻板印象",以为大家都守在办公室,各司其职,做自己分内的事就好。真正上了岗,才发现并非如此。

平日里,村委会一楼大厅是为村民们提供"一站式"的"家门口"服务的地点,经常能看见村里的大爷大娘走动。

"最近村里有什么新鲜的表演吗?"

"闺女前些天说村里有个关于诈骗的科普讲座,我可得来看看。"

定期开展党员教育,帮助村民解决矛盾纠纷,组织村民观看沪剧表演,邀请专家来进行科普教育……村委会的服务涵盖了村民生活的方方面面，是村里名副其实的"多功能综合服务中心"。

可是，疫情期间，这个"多功能综合服务中心"没有了往日的热闹。

防疫物资要送到，各项通知要入户。尽管我们早已习惯把工作做在村子里、走出村委会给大家提供便利和服务，但每天都如此大规模、高强度的上门服务，需要更多的耐心和更仔细的关心。

3月24日，我和同事上门给一位村里的五保户（我们村的五保户主要是无劳动能力、无生活来源、无法定赡养扶养义务人的老年人。五保，包括保吃、保穿、保医、保住、保葬）送口罩和消毒液。我们到达时，老人还在午休。我和同事都不忍心打扰他，看到老人家还有没干完的活儿，干脆就在他家门口忙活起来，把院子里的卫生打扫了。

老人醒来后，赶忙把我们请进家里，拿着口罩和消毒液，又是感谢我们送物资，又是感谢我们帮他打扫卫生，屋里屋外招呼个不停。

我们连忙拉着他坐下，询问生活上是否有别的困难和需求。老人家半天没有开口，最后有点不好意思地说了一句："家里没有笔可以用了，不过也不要紧的……"

听完老人的话，其实心情有些复杂，小小一支笔，对有需求却没闲钱购买的村民来说，都是大事。我赶忙把随身携带的一支圆珠笔塞到了老人手里，并告诉他有任何需求都可以随时给村委会打电话。

临走时，老人握着我的手说："这么长时间了，村委会一直都这么照顾我，现在外面情况这么紧张都还记得我，真的谢谢你们。"

村里无小事。村委会不只是提供政务服务的地方，村干部也不能只坐在办公室里。或许村民们更加需要的，是一份家的温暖和牵挂，要将心比心——于他们而言，我们做的每一件事都可能是雪中送炭。

全力以赴

我是"95后"。作为村委会里的"小年轻"，又熟悉电脑操作，于是我被安排主要负责收集和整合各类数据，包括口罩发放和人员登记等。

2月2日，口罩预约登记开始。

为保障村民们都能第一时间买到口罩，我们开通了网上预约通道，避免村民在村委会聚集而产生交叉感染，同时也接受部分村民到村委会现场进行登记，以照顾不熟悉手机操作的老人。

每一轮口罩发放前，我都需要将现场预约登记的信息录入系统，与网上预约购买的信息一并进行汇总和排序，并将重复预约的村户筛查出来，联系户主进行核实。确定预约购买口罩的人员名单后，再根据每天药房提供的口罩数量通知村民，为他们制作口罩购买凭证。

所有工作都需要极为细致的梳理和核对，为此我总是目不转睛地盯着电脑，有时甚至连水都不敢喝一口，生怕精力一分散就弄错了数据。

由于口罩供货紧张，长时间处于供不应求的状态，群众难免会产生各种疑虑。

"为什么我父亲也预约了，但我们家只能拿一份口罩？"

"为什么昨天我邻居买口罩每个只要八毛钱，我今天买就要每个一块钱？"

每天我都会接到大量村民来电，问的都是类似的问题。然而，对我来说是无数遍回答了的重复答案，对于每一次打电话的村民来说，却仅仅是第一次被解答困惑。我一遍又一遍耐心解释着，尽力消除大家的疑虑。

除了口罩预约，人员登记也是我们工作的一大难点。

起初，由于外来人口相对于本地村民的流动性更强，外地租客的信息没有及时更新，村委会原有的信息有时会出现与实际不符的情况。

为此我赶忙制作了问卷和二维码，方便外来人员进行线上登记。在排查确认他们的基本情况后，再根据这些信息构建牌楼村外来人口的数据库，方便同事们对不同类别返沪人员实施精细化管理，辅助村域防控决策。

与核查预约口罩登记信息一样，每一条信息我都要对上好几遍——这些工作看起来很微小，却关系到全村每户人家能否按时拿到口罩，关系到能否"无死角"排查全村人员的出行情况。兹事体大，马虎不得，必须全力以赴。

我和同事们已经连续工作好几周，双休日也未曾休息，但每次村民们买到口罩、拿到通行证后的那声"谢谢"，电脑上每天"零新增"的确诊病例数据，就足以让我们感到无比欣慰与释然。

携手同行

全民战"疫"，从没有旁观者。

在我们村干部每天焦头烂额地思考怎么安排工作，怎样进行宣传才能达到最好的防疫效果时，很多村民们也不想"赋闲在家"，而是积极主动报名成为抗疫志愿者。

2月10日，我们迎来了村里第一个志愿者——李大爷。65岁的李大爷是一位老党员，也是我们牌楼村四组的村民代表。对于返沪后隔离在家的人员，他每天上门询问情况，并反复提醒注意事项，一旦发现新情况，马上就汇报给村委会。

随后，越来越多的人加入了我们的防疫队伍——

村里的公共设施每天都需要进行消毒，在我们忙不过来的时候，小张就带着几个街坊邻里默默地把活儿给干了。

道口的值勤也不总是人手充足，捉襟见肘的时候，刘大妈就带着经常在村委会老年活动室里健身锻炼的大爷大娘们，一起穿上红马甲出现在村口。

村委会大厅经常会收到捐赠的防疫物资，还有些手艺好的阿姨会送来家里刚做的点心。

更有一位村民，作为上海市公共卫生临床中心的主任医师，在2月28日他生日那天，登上了前往伊朗的专机，加入到援助伊朗抗击疫情的专家团队。我和同事前往他家探望他的父亲时，老人说："在工作上，志平一直都是冲在最前面，这次被派去伊朗支援，也是国家对他的信任。我们一定是支持他好好工作的。"

从闻令而动、坚守岗位的冲锋在前,到告别家人、星夜驰援的挺身而出,村里的每个人都是这场抗疫斗争里的平凡英雄。

而我这个来村里没多久的"生面孔",在疫情的奔波中与村民们也逐渐熟络起来。

年后刚回到村委会工作的那几天,出入通行证还没有开始使用,每当我要经过村口时,路口的值勤阿姨都会对我再三"盘问"。但经过这段时间的走街串巷,越来越多的村民认识了我,再经过村口时,早已没有了"盘问",取而代之的是远远的招手与几声家常的问候。

面对灾难,人类社群的互助与个体身上的坚韧和大义,成为闪烁在黑暗中的微光。才开始基层生活没多久,学到与领悟到的,已经值得我用漫长的时间去回味。

后 记

"聚是一团火,散是满天星。"每个人的故事或许平凡,每个人的力量或许微弱,然而,成百上千人的不懈奋斗汇聚在一起,就是一把点亮光明未来的熊熊火焰,就是一股推动历史前行的蓬勃力量。

习近平总书记指出,"新时代的中国青年是好样的,是堪当大任的"。几个月来,北大选调生以无畏的气魄、逆行的执着,坚守在祖国各地抗疫第一线,冲锋在前、迎难而上。他们有的辞别父母主动逆行返岗,有的毅然留守基层无法还家,有的刚刚成为父亲,有的家中还有嗷嗷待哺的儿女,有的选择推迟婚礼,有的连续五十多天吃住在战"疫"一线。风雨面前,没有人放弃、退缩或犹豫。不需要热血沸腾的滚烫话语,他们以最朴实的实际行动诠释了北大人的初心和使命,践行了家国天下的铮铮誓言。他们是坚强的基层干部,也是平凡的父母子女,是值得信赖的北大青年,是这个春天的英雄。

这些优秀年轻干部的榜样故事,振奋人心且催人奋进,对大学生成长,更是宝贵的教育资源。为此,三月初我们发出约稿函,为默默牺牲奉献的他们提供一个自我讲述的平台,记录下这段特殊的经历,同时亦能够向更多读者传递他们的家国情怀和使命担当。

本书编辑出版过程中,邱水平书记、郝平校长给予了亲切关怀和悉心指导,学校领导始终关心支持选调生成长。学校就业指导服务中心根据部署具体牵头负责,成书过程中,吴扬、李珣、周伟、张润芝、杨森、杨薏璇、袁苗苗、张辰、王婧、刘东奇、侯梦旭、贺凌等数十名师生,作为编辑参与了书稿的完善。新闻与传播学院本科生李政根据选调生提供的抗疫场景照片,为每位师兄师姐绘制了插画。北大出版社王明舟社长、刘乐坚副总编辑,以及总编室陈健主任,责任编辑郑月娥、曹京京老师,为本书尽早出版提供了大量帮助。

青春是一面招展的旗,青春是一条奔腾的河,青春是一团不灭的火。习近平总书记指出,"青年是整个社会力量中最积极、最有生气的力量,国家的希望在青年,民族的未来在青年"。历经此役,我们更加深刻体会到,中国青年是值得信赖、大有希望的。当国家需要的时候,他们会义无反顾地顶上去,接过前辈们手中的旗帜,在风浪中淬炼成长,在奋斗中坚定意志。未来,他们必将成为推动社会发展进步、推动实现中华民族伟大复兴的中坚力量。我们希望通过此书,能使北大选调生的抗疫事迹与奋斗精神感染更多读者,坚定报效国家、服务人民的理想信念与价值追求,到祖国和人民最需要的地方去,始终保持艰苦奋斗的前进姿态,让青春飞扬与祖国奋进同频共振,在实现中华民族伟大复兴中国梦的新长征路上奋勇搏击!

本书编委会
2020 年 6 月